本丛书得到何东先生独资赞助

This series of books is financially supported exclusively by Mr. Eric Hotung.

*20世纪中国文物考古发现与研究丛书*

# 蜀文化

宋治民 /著

文物出版社

一　三星堆遗址
1 号坑金杖

二　金沙遗址
金面具

四　三星堆遗址 2 号坑铜人头像

三　三星堆遗址 2 号坑铜立人像

五　三星堆遗址 2 号坑铜兽面具

六　三星堆遗址
2号坑铜尊

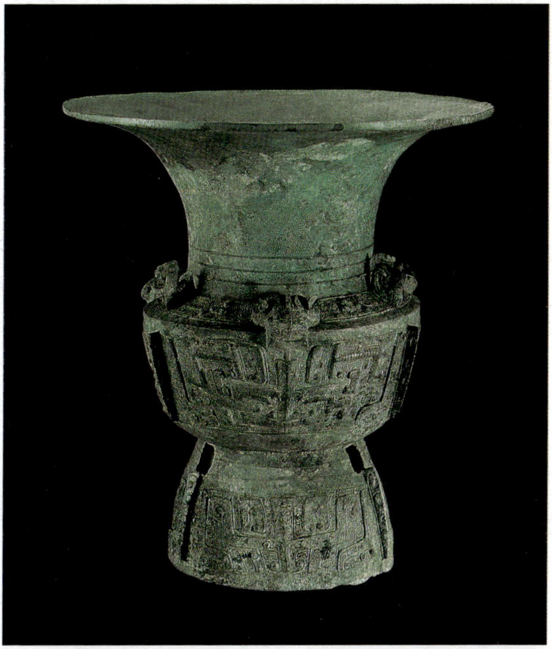

七　三星堆遗址
2号坑铜瓿

八　三星堆遗址2号坑玉牙璋

九　金沙遗址玉牙璋

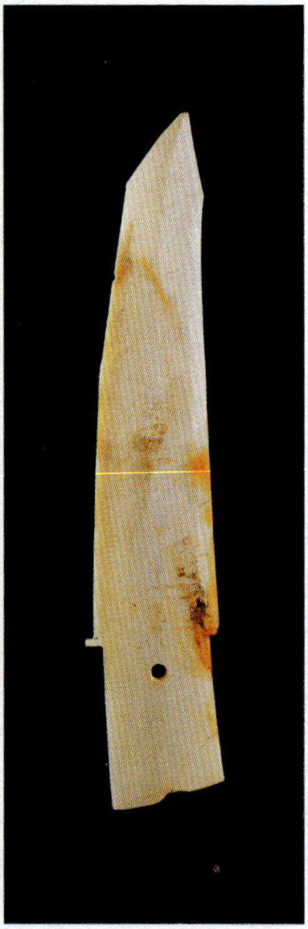

一〇　金沙遗址玉戈

*20 世纪中国文物考古发现与研究丛书*

# 序 / 张文彬

俗称“锄头考古学”的田野考古学的诞生以及中国考古学学科体系的基本完善，由此而引起的古物鉴玩观赏著录向科学的文物学的转变，是 20 世纪中国学术与文化界的大事。它从材料与方法两个方面彻底刷新了持续了数千年之久的中国古代史学传统，不但为中国学术界和文化界开拓出更加广阔的研究天地，也为一切关心中华民族悠久历史和灿烂文明的人们不断地提供了可贵的精神滋养和力量源泉。

仰古、述古、探古，进而考古，向来为我国传统文化中一个明显的学术特点。先秦时期诸子百家发其端，汉代司马迁撰写《史记》，北魏郦道元作注《水经》。他们对相关的遗迹遗物，尽可能地做到亲自考察和调查，既能辨史又可补史。这种寻根追源的治学态度，为后世学术上的探古、考古树立了榜样。此后，山河间的访古和书斋式的究古相继开展，特别是对古器物的研究，成了唐、宋时期的文化时尚。不少学者热衷于青铜铭文、碑刻、陶文、印章等古文字的考释，进而有了对器物的辨伪鉴定、时代判断、分类命名等，逐渐兴起了一门新的学问——金石学，涌现出许多著名的古器物鉴赏家和收藏家。只是囿于当时的历史条件，金石学家们无法了解所见文物的出土地点和情况，也难以涉及史前时代漫长的演进历程，因而长期以来始终脱离不了考证文字和证经补史的窠臼。即使如此，他们的艰辛努力和取得的成绩，还是为推动我国传统文化的发展起到了积极作用，并且在事实上也为中国考古学和中国文物学的起步铺设了最早的一段道路。

20 世纪初，近代考古学由西方传入。中国学者继承金石学的研究成果，学习并运用西方考古学方法，开始从事田野考古，通过历史物质文化遗存，探寻和认识古代社会，揭示人类社会发展规律。早在 1926 年，中国学者就自行主持山西南部汾河流域的调查和夏县西阴村史前遗址的发掘。随后，我国学者同美国研究机构合作，有计划地发掘周口店遗址，发现了北京猿人。从 1928 年起至 1937 年，连续十五次发掘安阳殷墟遗址，取得了较大收获，引起了国内外学术界的重视。自 20 世纪 50 年代以后，随着国家大规模经济建设的进行，田野考古勘探、调查和科学发掘工作在全国范围内蓬勃有序地开展，许多重要的典型遗址和墓地被揭露出来，重大发现举世瞩目。它们脉络清晰，层位分明，文化相连，不仅弥补了某些地域上的空白，而且衔接了年代上的缺环，为研究中国古代史、文化史、科学史以及其他学科领域，提供了珍贵、丰富的实物资料，极大地影响着人文社会科学诸多学科专业的研究与发展。这段时间被学术界称为中国考古学的黄金时代。在马列主义理论指导下，具有中国特色的考古学理论体系和方法论逐渐形成。有关研究成果不仅极大地改变和丰富了人们对中国文明起源、中国古史发展等重大问题的认识，同时也扩展了中国文物的研究领域和研究方式。可以说，考古学的发展与进步，直接影响到文物学的形成与发展，而且影响到全社会对文化遗产重要作用的认识以及世界学术界对中国古代文明的重新认识。

从20世纪80年代开始，文物界就中国文物学的创立，逐渐取得共识，在共同探讨的基础上，初步形成了学科体系。不少学者发表了有关论文，出版了专著，就文物的历史价值、科学价值、艺术价值以及在社会主义的物质文明与精神文明建设中如何对文物进行有效保护、合理利用发表意见。这些研究成果已获得学术界的赞同。

在这世纪之交和千年更替之际，对中国考古学和中国文物事业作一次世纪性的回顾和反思，给予科学的总结，是许多学者正在思考和研究的问题。如果能通过梳理20世纪以来重大发现和研究成果，透视学科自身成长的历程，从而展望未来发展的方向，以激励后来者继续攀登科学高峰，无疑是一件很有意义的事。为此，经过酝酿、商讨和广泛征求意见，我们约请一批学者（其中有相当多的中青年学者）就自己的专长选择一个专题，独立成篇，由文物出版社编辑出版一套《20世纪中国文物考古发现与研究丛书》，并以此作为向新世纪的献礼。

从某种意义上说，《20世纪中国文物考古发现与研究丛书》是一套学科发展史和学术研究史丛书。其内容包括对20世纪考古与文物工作概况的综合阐述；对一些重要的考古学文化和古代区域文化研究情况的叙述；对文物考古的专题研究；对重要的文物考古发现、发掘及研究的个例纪实。

此套丛书的内容面广，而且彼此关联。考虑到各选题在某些内容上难免会有重叠或复述，因此在编撰之初，我们要求各选题之间互有侧重，彼此补充，以期为读者了解 20 世纪中国考古学和文物学的发展提供更多的视角。

我国的文物与考古工作，虽在 20 世纪得到了迅速发展，但仍有许多重大学术问题需要进一步探索。我们主持编辑这套丛书，除了强调材料真实，考释有据，写作态度严谨求实外，也不回避以往在工作或研究上曾经产生的纰漏差错和不足之处，以便为今后的工作和研究提供借鉴。虽然我们尽了很大努力，但限于水平，各篇仍很难整齐划一。由于组稿和作者方面的困难和变化，一些计划之中的题目也未能成书。这些不周之处，敬请专家、学者和广大读者批评指正。

在丛书编印过程中，我们得到了文物、考古界的广泛支持。何东先生在出版经费上给予了热情帮助。在此，一并深表感谢。

2000 年 6 月于北京

# 目　　录

# 插 图 目 录

# 前言

## （一）蜀文化的命名

这里说的蜀文化是考古学文化。考古学是通过古代人们生活、生产活动所留下的遗迹、遗物来研究人类的历史。关于考古学文化，夏鼐先生指出“这是某一个社会（尤其是原始社会）的文化在物质方面留下来可供我们观察到的一群东西的总称”[1]。一个考古学文化，为同一时代，有一定的分布区域，有同样的生活用具、生产工具及生产技术，并且具有同样的居住遗址和埋葬习俗。

关于考古学文化的定名，夏鼐先生提出的三个条件为学术界所接受。这就是第一，“一种‘文化’必须有一群的特征。像英国进步考古学家柴尔德所说的：一种文化必须是有一群具有明确的特征的类型品。这些类型品是经常地、独有地共同伴出”。第二，“共同伴出的这一群类型，最好是发现不只一处。换言之，不仅在一个墓地中几个墓葬内，或一个居址中几座住宅内发现，而是在不同的墓地和居址中都发现过它们在一起的”。第三，“我们必须对这一文化的内容有相当充分的认识”[2]。

给一个考古学文化定名称，惯常的做法是以最先发现的小地名来命名，尤其是史前的考古学文化。“至于时代较晚的原始社会，因为它们毗邻的各个社会中有些已有文字记录，所以这些文化有时便用文字记录上的族名来命名，例如我国的

‘巴蜀文化’”[3]。

根据这些原则，在以成都平原为中心的四川盆地西部地区，对相当于我国商周时期的一些考古遗址、墓葬和遗物进行分析。由于各家的着眼点不同，提出了下列几种名称的考古学文化：

第一，三星堆文化。这是以四川省广汉市三星堆遗址命名的考古学文化。三星堆遗址共分四期。在1980～1981年的发掘报告中，最先提出了三星堆文化。三星堆文化涵盖了三星堆遗址的四期[4]。随着研究的深入，孙华指出三星堆遗址的一期和二、三期文化面貌差别较大，且有缺环。二、三期文化面貌较为一致，联系紧密。四期和二、三期相比，文化面貌变化也较大。因此，将三星堆遗址的四期合并为三期。即第一期属史前文化，命名为“边堆山文化”，其下限可至二里头文化初期。第二期包括原二、三期，命名为三星堆文化。第三期即原四期，另归属十二桥文化[5]。这一命名是科学的，对三星堆文化的研究具有重要的意义。三星堆文化的时代大体相当于我国夏商时期。其代表性陶器有小平底罐、高柄豆、圈足盘、鸟头柄勺等。

第二，十二桥文化。这是以四川省成都市十二桥遗址命名的考古学文化。1985～1987年，四川省文物考古研究所、成都市博物馆联合发掘了十二桥遗址，发现其陶器和三星堆文化有区别。除了三星堆文化的某些因素，还新出现了一组尖底陶器，有尖底罐、尖底杯、尖底盏。由于与三星堆文化有不同的文化面貌，且特征明显，因此命名为十二桥文化[6]。将三星堆遗址四期归入十二桥文化。这一命名得到了广泛的认同，是对成都平原上商周文化研究进一步深入的标志。十二桥文化的时代大概从殷末周初至春秋时期，晚于三星堆文化并脱胎于三星堆文化而又有发展。

第三，青羊宫文化。这是以最先发现的成都市青羊宫遗址第3层、第4层为代表命名的属于战国时期的考古学文化，包括遗址和墓葬[7]。这一命名目前尚未得到考古学界的普遍认同。其原因大约是这一时期发现的遗址很少，而主要是墓葬。也因它们的年代明确，涉及到历史时期考古学文化命名的问题。

第四，蜀文化。这是以族称命名的考古学文化。“巴蜀文化”的提出始于20世纪40年代。当时有一批据传出于成都白马寺的青铜器，其兵器的形制、器物的花纹有别于中原地区。卫聚贤先生据此提出了“巴蜀文化”这一称谓[8]。限于当时的条件，对这一批青铜器的归属颇有争议。新中国成立后，在四川广元昭化的宝轮院和重庆的巴县冬笋坝发掘了两个船棺葬墓地，这样巴蜀文化从考古学的角度得以确认。随着考古的新发现和研究的不断深化，从巴蜀文化中分出了蜀文化和巴文化。例如，冯汉骥先生在《西南奴隶制王国》一文中就提出了蜀人和巴人在物质文化上的区别[9]。《中国大百科全书·考古学》中的“巴蜀文化”条也是分为蜀文化和巴文化分别加以叙述的[10]。佟柱臣先生在《巴与蜀考古学文化对象的考察》一文中也认为巴与蜀是两个不同的考古学文化[11]。

蜀文化虽然目前尚未发现文字，但是已进入历史考古学的范畴，在甲骨文中已有“蜀”的记录。四川彭州市竹瓦街青铜器窖藏中出土的两件铜觯的铭文为“覃父癸”、“牧正父己”。经徐中舒先生考证，这是殷商晚期两个家族的铜器。它们出现在成都平原，和蜀参加武王伐纣这一重大历史事件有关，并认为当时的蜀就在成都平原[12]。

蜀文化虽以族称命名，但它包含了考古学文化的内涵，有一批独具特征的遗物、遗迹。它们在不同的遗址内共同地、独有地伴出。它有一定的分布地域和时间空间。这就是说它是蜀人创造的文化。孙华指出："一是成都平原的先秦文化至迟从第二期（著者按：系指三星堆文化）就与古蜀人结下了不解之缘。该文化系列的主体是古蜀人的遗存。"[13]成都平原相当于商周时期的考古学文化，从三星堆文化到十二桥文化，再到战国时期的考古学文化，从陶器看是以夹砂褐陶和夹砂灰陶为主要陶系，陶器的器形从早到晚有一个发展、演变的过程。三星堆文化是以小平底罐、高柄豆、圈足盘、鸟头柄勺为基本的器物组合。到十二桥文化除了小平底罐、高柄豆和鸟头柄勺，新出现了一组尖底陶器，另新出现圜底陶釜，而圈足盘消失。最后到战国时期流行圜底釜、小口圜底罐、无柄豆，高柄豆依然存在只不过豆柄相对变矮，尖底器只有尖底盏一种。可以看出它们的阶段性、连续性都很清楚。这三个阶段从考古学的角度看，是一个考古学文化的不同发展阶段，而不是一个考古学文化取代另一个考古学文化。

以族称命名的考古学文化，前引夏鼐先生的论著中已提到，并且得到学术界的认可。例如，商文化是以族称命名的，同时也有二里冈文化和殷墟文化的命名。大家都清楚它们都属商文化，所以也称商文化的二里冈文化期、殷墟文化期。关于历史时期考古学文化命名的问题，安志敏指出"历史时期遗存一般可以时期为名，如商文化、周文化等，虽然具有广义的文化含意，但都含'标准器物'，同样可以观察它的共同体，基本上也属于考古学文化的范畴"[14]。张忠培指出"有的考古学文化可以和历史上的族挂上钩。可以叫某某族文化，如夏文化、商文化、周文化"。"实际上商文化是把族和考古学文化合在一个概念里了，但内涵还是分开的。因为商文化这一概念包含了‘二里冈文化’和‘殷墟文化’两个考古学文化”[15]。战国时期的遗存一般都是以国别命名的，孙华说“就如同东周时期的周文化可以划分为晋文化、秦文化、楚文化、齐文化和燕文化一样”[16]。因此，在以成都平原为中心的商周时期的考古学文化，可以命名为蜀文化，用以表明是由当时的以蜀族为主的先民们创造的文化。三星堆文化、十二桥文化和战国时期的文化都是蜀文化的一个阶段，也可称为三星堆文化期、十二桥文化期和战国时期。从考古学文化方面看，十二桥文化和三星堆文化接近，而和战国时期相比阶段性明显。为研究方便，故将前二者称为早期蜀文化，后者称为晚期蜀文化。战国时期因为巴蜀两地文化面貌有许多相同之处，故也有称为晚期巴蜀文化。以族称命名和最早发现的小地名命名，这两种考古学文化的命名方式可以并行不悖，可以并存，在研究中它们也都在被使用。

## （二）蜀文化的分布

关于蜀文化的分布范围，目前主要有三种意见：

第一，以成都平原为中心，向东达川东三峡地区。考古工作中在重庆市和湖北西部地区都发现了三星堆文化的因素。孙华指出在四川盆地青铜文化第一时期（著者按：即三星堆文化），“比较成都平原、重庆地区和鄂西地区三星堆文化陶器器类、形态和纹饰的情况，可以看出，这三个地区的文化面貌是非常接近的”。“如果要机械地对该文化进行类型划分的话，可以将成都平原和鄂西地区各自作为三星堆文化的一个类型”[17]。赵殿增认为“川东三峡地区的三星堆文化分布在西起涪陵东至宜昌的长江沿线。自20世纪70年代以来，峡江地区就不断发现了一批与中原和湖北古文化判然有别的夏商时期的文化遗存，其文化面貌与四川盆地的古文化，特别是三星堆文化相似，被认定为早期巴蜀文化或巴蜀文化”。“其中中坝子遗址、哨棚嘴遗址中期遗存、中堡岛遗址晚期遗存等最具有代表性，展示了川东三峡三星堆文化遗存的特殊面貌”。他从而提出“三星堆文化的分布范围并不很宽，主要从成都平原到三峡内外的一条带状地区”[18]，并且分为成都平原和川东三峡区两个类型。

第二，成都平原和汉水上游地区。在汉水上游发现了一些蜀文化因素，一些学者提出蜀文化向北到达汉水上游地区。李伯谦根据城固县出土的铜器群，认为蜀文化在汉水上游，只是到了西周时期才转移到成都平原[19]。张天恩把巴蜀文化分为四个区域，即“以四川三星堆遗址为代表的川西地区；以湖北宜昌中堡岛三期遗存为代表的鄂西和川东地区；以陕西紫阳白马石遗址为代表的陕南东部地区；以陕西城固、洋县有关遗址为代表的陕南西部地区”[20]。林向认为蜀的中心地区在成都平原，蜀文化圈的范围大体和后来《汉书·地理志》所载“与巴蜀同俗的地域相当。它在江汉地区与南传的二里头文化（夏文化）相遇，在陕南与商文化相遇，在渭滨与周文化相遇。蜀应该是殷商的西土外服方国”[21]。孙华认为：“十二桥文化的分布范围比先前有所扩展，陕南地区已经受到该文化的巨大影响。”“这是否意味着以成都平原为中心的四川盆地青铜文化已经将中心北移，转移到了陕南汉中地区？或者四川盆地青铜文化已经由过去的单一中心（广汉三星堆遗址）演变为陕南城洋地区与川西成都地区两个中心（或更多中心）？”[22]

第三，以成都平原为中心的盆地西部地区。根据成都平原上月亮湾、三星堆、水观音等遗址的发掘，宋治民提出“在川西平原上发掘的几处早期蜀文化遗址，从早到晚自成一系，虽然在不同阶段文化面貌有一些变化，但是陶器发展继承的演变可以清楚看出它们是属于同一文化”。“从川西平原上这几个早期蜀文化遗址和其周围地区新石器时代诸文化比较，可以看出川西平原上的早期蜀文化是独立发展起来的”[23]。根据近些年在三峡地区的考古发掘，发现了一些蜀文化因素。无论是万州中坝子遗址，或是忠县哨棚嘴遗址[24]，都发现了蜀文化因素。它们和成都平原上相比，一是数量、器类、某些器型都有差异；二是伴出的都是本地有特征的陶器。杨华著文指出鄂西和成都平原两个地区的考古学文化的一组陶器是共有的，也有一组各自独有，不见或少见于对方的器物群[25]。特别是它们的炊器不同，证明它们各有自已的传统和不同的渊源。相同的因素是文化交流的结果。长江是连接两地的交通孔道，蜀文化沿长江东下是很自然的事。何驽指出了从成都平原经三峡到江汉平原一些器物的传播情况，“从表四中可以看出传播源——成都平原输出了至少十二种器物，传播中介只接受了七种，而且数量减少”。荆南寺“接受的四种器类，数量又减”[26]。由此可以看出蜀文化沿长江向东传播的趋势。汉水上游方面，随着城固宝山遗址的发掘和城洋青铜器群的科学整理，已能看清汉水上游商周时期考古学文化的面貌和成都平原不同。《城固宝山》一书在结语部分指出“以鄂西及川东地区的路家河二期后段遗存，是上属范围内三星堆文化之外，文化内容丰富、涵盖地区较广的遗存，与三星堆文化存在并行发展的阶段，但主体文化因素却存在明显的差别，因此其应是与三星堆文化属不同性质的文化遗存”[27]。此书同时提出宝山文化属巴文化的范畴，“古代的巴与蜀很可能一开始就使用的是不同的文化，它们有各自的文化渊源”[28]。《城洋青铜器群》一书认为“城洋青铜器群应为宝山文化的组成部分”[29]。

关于蜀文化分布范围问题，目前分歧还比较大，将是一个长期探讨的问题，也是蜀文化研究必经的历程。

## （三）蜀文化研究的回顾

从考古学的角度研究蜀文化可以上溯至20世纪30年代，而全面深入地研究是在新中国成立以后。根据研究的进展情况，大致可分为三个阶段：

第一阶段，20世纪30年代到40年代，是蜀文化研究的肇始时期。1931年（一说1929年），四川广汉燕姓农民在修整水沟时发现了一座玉器窖藏。随后，这批玉器多数散失，仅有一部分被四川省博物馆和四川大学博物馆收藏。玉器的出土引起各界注意。1934年，华西大学博物馆对玉器出土地点广汉月亮湾遗址进行了发掘。上世纪40年代，据传在成都白马寺出土了一批青铜器。卫聚贤先生根据其兵器的形制、纹饰与中原地区不同，率先提出“巴蜀文化”。虽然这一称谓尚缺乏科学依据，却得到以后田野工作的验证而一直延用至今。

第二阶段，20世纪50年代至70年代，是蜀文化研究全面开展时期。新中国成立后全面开展了科学的考古工作。1952年就对广汉月亮遗址和新繁水观音遗址进行了田野调查。1962年又第二次对月亮湾遗址进行了调查。两次均采集到许多标本，为进一步发掘研究打下了基础。1954年，在广元昭化的宝轮院发掘了一处墓地，以船棺作为葬具，出土了一批颇具特色的陶器和青铜器。此次发掘使得“从考古学上确认巴蜀的物质文化”[30]。1956年，在成都北门外一个叫羊子山的地方清理了一座西周时期的夯土台，应属于礼仪性的建筑。1957年，发掘了新繁水观音遗址，出土了一批陶器和青铜器。1959年，清理了彭州市竹瓦街青铜器窖藏。1963年，发掘了广汉三星堆的月亮湾遗址，虽无惊人发现，但弄清楚了两个不同时期文化层的叠压关系，从考古研究的角度看却具有十分重要的意义。这一时期发掘了众多的属于战国时期的墓葬。例如，1955年发掘的成都羊子山172号墓和1964年发掘的成都百花潭中学10号墓等，出土了一批青铜器，显示了蜀地和中原地区的关系。上世纪60年代中期以后，由于众所周知的原因，田野工作基本上处于停顿状态。这一时期出版的一些论著，对研究巴蜀文化颇具指导意义。例如，蒙文通在1959年出版的《巴蜀史的问题》、徐中舒在1959年出版的《巴蜀文化初论》和在1960年出版的《巴蜀文化续论》、童恩正在1979年出版的《古代四川的巴蜀》等。

第三阶段，20世纪80年代以后至本世纪初，为蜀文化研究进一步深入的时期。1980～1981年发掘了广汉三星堆遗址，发现一批房屋建筑遗址，还发现三组陶器组合的地层叠压关系，为以后三星堆文化的研究打下了基础。从此开始，三星堆遗址发掘工作不断有重大的发现，如1986年两个大型祭祀坑的发现、1988年三星堆城墙的发掘和确认等，同时提出了“三星堆文化”的命名。1985年对成都市十二桥遗址的发掘，发现了大型木构建筑遗迹。出土陶器除了三星堆遗址的以小平底罐为代表的一组，还有以尖底器为代表的一组陶器，并且尖底陶器发展演变的地层关系清楚。根据遗址文化面貌提出了“十二桥文化”的命名。从三星堆文化发展到十二桥文化的序列得到认同，为蜀文化研究的进一步深入提供了科学的资料。此后发掘的一些遗址都属十二桥文化的范畴，如1986年发掘的成都指挥街遗址和成都抚琴小区遗址、1995 年发掘的十二桥新一村遗址等。1999 年在三星堆遗址月亮湾的发掘，发现了宝墩文化向三星堆文化过渡的文化层。这样就使属于史前时期的宝墩文化和三星堆文化、十二桥文化这一系列较为紧密地联系起来。1999 年出版了《三星堆祭祀坑》发掘报告。2001 年发现并开始发掘的成都金沙遗址，是继三星堆遗址后又一次重大发现。此前已发掘的黄忠村遗址也属金沙遗址的范围。金沙遗址规模宏大，发现大型建筑遗址、祭祀区、居住区和墓葬区，出土大批金器、玉器、青铜器、石器、象牙、兽牙等，目前还在继续发掘中。根据出土陶器来判断，金沙遗址属十二桥文化。这一时期在成都平原上还发掘了许多战国时期的墓葬。例如，1980 年发掘的新都战国木椁墓，出土大批青铜器。2000～2001 年发掘的成都商业街船棺独木棺墓，出土大批漆器、陶器，反映了蜀文化吸收中原文化因素并融合到蜀文化中的情况。

回顾七十多年来的工作，最重要的是从考古学上确认了我国商周时期成都平原上蜀人创造的物质文化，即考古学上的蜀文化。这个文化从早期到晚期，演变序列清楚。其中有一组代表性的陶器，即小平底罐、高柄豆、圈足盘、鸟头柄勺、盉、尖底器和圜底釜等。在其发展中，每个阶段代表性陶器及组合也是清楚的。这是七十年来蜀文化研究的重大成果，对本身没有文字记录的古代蜀人的历史研究而言就显得更为重要了。

**注　　释**

[1] 夏鼐《关于考古学上文化定名的问题》，《考古》1959 年第 4 期。

［2］同［1］。

［3］同［1］。

［4］四川省文管会等《广汉三星堆遗址》，《考古学报》1987年第2期。

［5］孙华《试论广汉三星堆遗址的分期》，《南方民族考古》第5辑，四川科学技术出版社1993年版。

［6］同［5］。

［7］孙华《四川盆地的青铜时代》，科学出版社2000年版。

［8］卫聚贤《巴蜀文化》，《说文月刊》三卷四期（1941年），三卷七期（1942年）。

［9］冯汉骥《西南奴隶制王国》，《历史知识》1980年第4期；又见《巴蜀考古论文集》，文物出版社1987年版。

［10］《中国大百科全书·考古学》29～30页，中国大百科全书出版社1986年版。

［11］佟柱臣《巴与蜀考古学文化对象的考察》，《南方民族考古》第2辑，四川科学技术出版社1990年版。

［12］徐中舒《四川省濛阳镇出土殷代二觶》，《文物》1962年第6期。

［13］同［7］115页。

［14］安志敏《关于考古学文化及其命名问题》，《考古》1999年第1期。

［15］张忠培《中国考古学：实践·理论·方法》154～155页，中州古籍出版社1994年版。

［16］同［7］321页。

［17］同［7］41页。

［18］赵殿增、李明斌《长江上游的巴蜀文化》，湖北教育出版社2004年版。

［19］李伯谦《城固铜器群与早期蜀文化》，《考古与文物》1983年第2期。

［20］张天恩《巴蜀文化和中原文化的关系试探》，《考古与文物》1998年第5期。

［21］林向《论古蜀文化区》，《三星堆与巴蜀文化》，巴蜀书社1993年版；又见《巴蜀考古论集》64页，四川人民出版社2004年版。

［22］同［7］41～43页。

［23］宋治民《从三星堆的新发现看早期蜀文化》，《巴蜀历史民族考古文化》，巴蜀书社1991年版。

［24］西北大学考古队《万州中坝子遗址发掘报告》，北京大学文博考古学

院三峡考古队《忠县㽏井沟遗址群哨棚嘴遗址发掘简报》，均见《重庆库区考古报告集》1997 年卷，科学出版社 2001 年版。
[25] 杨华《从鄂西考古文化的发现谈巴蜀文化的起源》，《考古与文物》1995 年第 1 期。
[26] 何驽《考古学文化因素分析法与文化因素传播模式论》，《考古与文物》1990 年第 6 期。
[27] 西北大学文博学院《城固宝山》183 页，文物出版社 2002 年版。
[28] 同 [27] 187 页。
[29] 西北大学文博学院等《城洋青铜器群》246 页，科学出版社 2006 年版。
[30] 中国社会科学院考古研究所《新中国的考古发现和研究》356 页，文物出版社 1984 年版。

# 一 蜀文化的渊源

三星堆文化时期，蜀文化已呈现出高度发达的文明，并且是长江上游的文明中心。那么，三星堆文化是从哪里来的？这在一段时期曾经众说纷纭。夏鼐先生在研究中国文明起源问题时指出：在新石器时代人类的经济生活发生了一次大的跃进，“而为后来文明的诞生创造了条件”[1]。文明诸要素是萌发于新石器文化中的。探讨蜀文化的渊源就要从新石器文化开始，特别是要关注盆地西部和川西高原的岷江上游地区。

## （一）四川西部的新石器文化

### 1. 岷江上游的新石器文化

岷江上游地区的新石器时代文化，在 20 世纪 40 年代就有发现[2]。新中国成立后，又作过调查。科学地发掘始于 2000 年，先后在茂县的营盘山和汶川的姜维城进行了发掘工作。营盘山遗址位于县城附近的岷江东南岸二级台地上，2000 年首次发掘就发现有木骨泥墙式地面建筑。出土陶器中夹砂陶以褐陶为多，流行将器物口沿做成花边。泥质陶以灰陶、红陶为多。另有褐陶和黑皮陶，器形以碗、盆类为多。另有相当数量的彩陶。彩陶以泥质陶为主，在红褐色地上施以黑彩，图案丰富，有弧线三角纹、线条纹、水波纹、圆点纹、网格纹、弧线圆圈纹等，器形有瓶、盆、钵等。石器有打制和磨制两大类，磨制的穿孔石刀颇有特点[3]。同年发掘的姜维城遗址的文化面貌和营盘山遗址相同，应为同一文化[4]。两处遗址发现的彩陶含有马家窑文化因素。多数学者认为是本地文化吸收了马家窑文化因素，而且受其影响较大，也有学者认为属于马家窑文化南下的一支。2000年发掘茂县波西遗址。波西位于营盘山遗址西北约1500米的岷江西岸。这里的主要遗存和营盘山、姜维城遗址的文化面貌相似，但在最早的一条灰沟（G1）里发现了属于仰韶文化庙底沟类型的彩陶[5]。

从考古材料看，岷江上游地区的新石器文化深受我国西北地区的影响，其时代约在距今5000年以前。有趣的是这种马家窑文化因素并未沿岷江河谷南下，到达成都平原。

**2. 盆地北部的广元、绵阳诸遗址**

在四川盆地北部地区，发现了一系列属于新石器时代的文化遗址。其中主要有广元中子铺、张家坡、邓家坪和绵阳边堆山以及巴中月亮岩、通江擂鼓寨等。

中子铺遗址是一处细石器为主的遗址。1990年进行了大规模地发掘，在原生地层发现了大量细石器及石制品，还有夹砂红褐陶片。这些“表明中子铺的细石器遗存已属新石器时代”[6]。“地层中细石器与原始特征的陶片共存，陶片系夹砂红褐陶，火候较低，质地疏松，饰绳纹，可辨有碗、罐、小三足器等器形，反映出较早的特点”[7]。有学者指出：“中子铺和细石器伴出的陶三足器的柱状小实足和陕西的前仰韶文化颇为接近”[8]。陕西的前仰韶文化指老官台文化，主要分布在渭河流域和汉水上游地区。在汉水上游的南郑龙岗寺，西乡李家村、何家湾，汉阴阮家坝，紫阳白马石、马家营等遗址中均有发现[9]。这类遗存被定名为老官台文化李家村类型。三足器是这类遗存的陶器之一，其特点是三足较矮，实心，断面呈扁三角锥状和乳突状，也有呈圆锥状者。李家村遗址的$^{14}C$数据有两个，为距今6995±110年、6895±120年（均经树轮校正）。中子铺遗址细石器和夹砂红褐陶片共存的遗迹单位$^{14}C$数据有四个，为距今6730~6460年、6395~5990年、5939~5731年、4125~3929年（均经树轮校正）[10]。除了最后一个偏晚可不予考虑，其余三个比较接近。其上限稍晚于李家村遗址，可供参考。从地望看，广元中子铺遗址和汉水上游最为接近，和细石器伴出的这类陶三足器的小实足可能是受汉水上游地区老官台文化李家村类型的影响而来。以$^{14}C$数据和出土陶器的特点来看，中子铺遗址是盆地西部已发现的最早的新石器文化遗存。此外，在出土细石器的文化层之上，已被扰乱的地层中出土磨制石器，有斧、凿、锛、刀、磨盘、磨棒和磨石，伴出的陶片以夹砂红褐陶和夹砂灰褐陶居多。有少量泥质红陶，火候低，质软。饰绳纹为主，一些口沿唇部施绳纹或齿状、绞索状花边装饰。器形有罐、碗、三小足器、圈足器、平底器[11]。发掘者指出“出土的红褐夹砂陶与细石器同时，而磨制石器和灰褐陶之类则是略晚的遗存”[12]。

张家坡遗址。1989年试掘，出土石器以斧、锛为多，一种长方形两端开刃的石刀颇具特色。陶器分夹砂陶和泥质陶，有慢轮加工和手制，纹饰简单以绳纹居多。夹砂陶颜色不纯正，有灰黑、褐、红色等，也有胎和器表颜色不一的。泥质陶有内外黑灰色夹褐色心、灰色和红褐色。器形有罐、钵、盘、盆、圈足等，有个别陶器口沿做成波浪状花边者[13]。从出土石器和陶器看，张家坡遗址明显晚于中子铺的细石器遗存。有学者将其排在中子铺细石器遗存以后，而与出磨制石器和灰褐陶的较晚的遗存大体同时是有其道理的[14]。

邓家坪遗址。1990年发掘，出土石器以磨制为主，多为小型，主要有斧、锛、凿，还有刀、铲等。陶器以夹砂陶为主，泥质陶少，夹砂陶有红褐、灰褐和灰黑陶，泥质陶有灰、红和黑皮陶。制法均为手制，胎较厚，火候较高。纹饰以绳纹和附加堆纹最为普遍。器形主要有罐、碗、钵，以平底器为多，圈足器仅属个别。器物口沿流行压印绳纹或花边纹。邓家坪遗址可分两期：下层为早期，泥质灰陶数量较多；上层为晚期，泥质陶减少，夹砂陶占多数。早期的两个$^{14}C$数据为距今5225±180年、4760±160年（经树轮校正）；晚期的两个$^{14}C$数据为距今4660±150年、4175±180年（经树轮校正）[15]。这批$^{14}C$数据较早的一个距今5225±180年，可能稍早于中原龙山文化。汉水上游西乡李家村遗址的一个$^{14}C$数据为距今4640±145年，为李家村遗址龙山文化的年代[16]。根据邓家坪遗址出土陶器，结合$^{14}C$数据，其年代相当于龙山文化时期。黑皮陶是汉水上游龙山文化的特点之一，也可能邓家坪遗址的黑皮陶是受汉水上游龙山文化的影响。

边堆山遗址。出土石器主要为磨制，有斧、锛、凿、刀等，均为小型石器，还有少量细石器。陶器有夹砂灰褐陶和泥质灰陶，以夹砂陶居多，另有少量黑皮陶。纹饰以绳纹和附加堆纹为常见。能看出器形的有平底器的罐、缸、壶、盆、盘、碗，圈足器有豆。边堆山遗址有两个$^{14}C$数据，距今4050±270年和距今4020±260年（均经树轮校正）。对上述数据，发掘者指出“而边堆山取得的碳，质量就不够，数量也少，因标本零散不易采找，所以有可能影响到测年的结果，估计偏晚的可能性较大”[17]。

擂鼓寨遗址。位于擂鼓寨西北和南面悬崖下的缓坡地带，1990年发掘。出土石器有打制、磨制和细石器。磨制石器较多，有斧、锛、凿、矛、镞等。陶器以夹砂黑灰陶为主，另有橙黄陶、褐陶。纹饰主要有划纹、方格纹、绳纹、波浪纹、附加堆纹、弦纹。器形主要有罐、尊形器、盘、盆、杯、碗、器盖。在陶器的口沿部分往往做成锯齿状或波浪状花边。$^{14}C$数据为距今4995±159年（经树轮校正）[18]。

月亮岩遗址。1990年调查，位于山崖下的缓坡地带。这里发现的陶器以夹砂陶为主，褐陶、黑陶多，红陶、灰陶少。纹饰主要有划纹、篮纹、绳纹、网格纹、附加堆纹等。可辨器形有罐、杯，流行将陶器口沿做成锯齿状或波状花边。其文化面貌和擂鼓寨遗址颇为相似[19]。

以上这几处新石器时代文化遗址，有的材料尚未全部公布，对它的研究也不够深入，但可以看出它们有些共同的文化因素。例如，陶器的陶质、陶色相同，将陶器口沿部分做成锯齿状花边和波浪状花边的做法相近等。这些说明它们之间有较强的联系。尤其是中子铺、张家坡、邓家坪、边堆山这几处遗址关系更密切。除了中子铺遗址的细石器遗存，该遗址的晚期（磨制石器和灰褐陶）和张家坡、邓家坪、边堆山都以夹砂陶、灰褐陶为主。另外，张家坡有灰褐色泥质陶，邓家坪、边堆山有泥质灰陶，张家坡有内外灰黑夹褐心陶，邓家坪、边堆山则有黑皮陶。在装饰方面，中子铺晚期一些陶器口沿饰绳纹、齿状花边和绳索状花边，张家坡有的陶器口沿做成波浪状花边，邓家坪的陶器口沿流行花边状或唇饰绳纹，边堆山陶器口沿唇部饰绳纹或做成齿状花边。王仁湘、叶茂林将几处遗址的序列排为中子铺细石器遗存——张家坡遗址、中子铺晚期遗存——邓家坪遗址——边堆山遗址[20]。位于渠江上游的擂鼓寨遗址、月亮岩遗址和广元、绵阳诸遗址相同的因素小于相异的因素。它们之间的关系较为疏远。看来广元、绵阳诸遗址和成都平原上的宝墩文化关系较为密切。擂鼓寨遗址、月亮岩遗址和张家坡、邓家坪诸遗址除了一些共同之处，差异较大，可能属另外的文化系统。

**3. 成都平原上的宝墩文化**

宝墩文化分布于成都平原之上，以新津县宝墩遗址命名。其实，早在20世纪60年代发掘广汉月亮湾遗址时就发现了月亮湾一期文化，80年代发掘三星堆遗址时也发现了三星堆一期文化。从文化面貌看，它们都属于宝墩文化。只是由于当时的条件和认识的局限，没有引起足够的重识。直到1995年对新津宝墩遗址的发掘，才确认新津宝墩遗址为成都平原上的新石器时代文化遗址，从而突破了人们以往认为成都平原上的新石器时代文化要到靠近山地的地方去寻找的认识。此后，宝墩遗址又经过几次发掘。随着认识深化，才在1997年提出了“宝墩文化”的命名[21]。进而又将三星堆遗址一期文化和月亮湾遗址一期文化归入宝墩文化之内[22]。随后在成都平原上又发现了都江堰市芒城遗址、温江区鱼凫村遗址、郫县古城遗址、崇州市双河遗址和紫竹遗址以及成都市周围的十街坊遗址、化成村遗址等，从而认识到宝墩文化乃是成都平原上新石器时代晚期的重要文化，灿烂的三星堆文明才成了有根之木和有源之水。

宝墩文化发现的重要遗迹有城址、房址和墓葬。

城址。在宝墩遗址、芒城遗址、鱼凫村遗址、古城遗址、双河遗址和紫竹遗址都发现了城墙遗迹。这些城墙均为斜坡堆筑法加以拍打筑成，断面呈梯形，墙体宽大，不挖基槽而在平地起建，和中原地区新石器文化城墙相比较为原始，而和长江中游地区一些史前文化城墙筑法有些类似，可能和自然条件有关。这毕竟是人们有意识的建筑。

房址。有地面木骨泥墙建筑、干栏式建筑，有单间、套间，还有特殊用处的大型建筑基址。例如，郫县古城遗址的5号房址位于城址的中部，是一座木骨泥墙式的地面建筑。房址平面呈长方形，面积550平方米，房内地面上发现五处用卵石堆积而成的长方形台基。估计这座房子是为某种宗教活动而建。

墓葬。宝墩文化的墓葬均为竖穴浅土坑墓，无葬具，少有随葬器物，仅有少数墓出土有石器和骨牌状物。

宝墩文化的遗物主要为石器和陶器。石器均磨制，形体较小，但磨制精致，主要有斧、锛、凿、刀、铲等，另外有镞、矛、钺，均无使用痕迹，可能为礼仪用器。陶器发现较多，分为夹砂陶和泥质陶两大类，前者多为炊器，后者主要为盛器。制法流行泥条盘筑加慢轮修整。纹饰以绳纹最普遍，其他尚有戳印纹、附加堆纹、新月纹、圆圈纹、划纹、镂孔等，喜欢在口沿唇部压印绳纹形成花边。常见器形有罐、喇叭口高领罐、宽沿尊形器、壶、深腹罐、卷沿罐等。

宝墩文化的年代，根据出土器物，参考$^{14}C$数据，大致为距今4500～3700年[23]。

对于宝墩文化的分期，各家意见略有不同。其主要有下面几种意见：

江章华将宝墩文化分为四期：

一期以宝墩遗址为代表。泥质陶多于夹砂陶。泥质陶以灰白陶为主，有灰黄陶。夹砂陶以灰陶为主。纹饰以绳纹为主，次为戳印纹、划纹、附加泥条戳印纹等。器形以绳纹花边罐、敞口圈足尊、盘口圈足尊、宽沿平底尊、喇叭口高领罐为主。

二期以芒城遗址为代表。泥质陶数量下降，但仍多于夹砂陶。泥质陶中灰黄陶成为主要陶系，灰白陶减少。夹砂陶分为灰、褐、外褐内灰三种。它们的比例相当。纹饰不如一期发达，仍以绳纹为主，次为划纹和戳印纹。器形主要有斜侈沿花边口罐、外叠唇喇叭口高领罐、盘口圈足尊，新出现细高领壶、浅盘高柄豆。

三期以鱼凫村遗址早段（著者按：即鱼凫村遗址一、二期）、古城遗址为代表。泥质陶进一步减少，夹砂陶增多，两者比例相当。泥质陶中以褐陶和黑衣陶为主。纹饰不发达，泥质陶多素面，夹砂陶多绳纹。器形仍沿袭二期，但盘口圈足尊、浅盘豆少见，新出现折沿罐。本期晚段新出现曲沿罐、窄沿盆。

四期以鱼凫村遗址晚段（著者按：即鱼凫村遗址三期）为代表。陶质以夹砂褐陶为主，泥质陶有灰、褐和黑衣陶。夹砂陶以绳纹为主，戳印纹、划纹较少。器形沿袭三期晚段的曲沿罐、窄沿盆等。新出现敛口瓮、矮领圆肩罐、折腹钵、器盖等[24]。

孙华根据三星堆遗址 1998～1999 年在月亮湾地点的发掘，结合其他材料，也将宝墩文化分为四期：

一期早段为边堆山遗址，晚段为宝墩村早期、鱼凫村一期、三星堆 1 段。

二期为宝墩村晚期、芒城寺早期、古城早期、三星堆 2 段。

三期为芒城寺晚期、古城晚期、鱼凫村二期、三星堆3段。

四期为鱼凫村三期、三星堆4段[25]。

李明斌也将宝墩文化分为四期：

一期为宝墩遗址第一期。夹砂陶比例大。细线纹为常见纹饰。器形简单，有喇叭口高领罐、敞口圈足尊、宽沿尊、壶几种。

二期分为两个亚型：一是宝墩类型；一是鱼凫村类型。前者包括宝墩二、三期、紫竹、芒城和双河晚期；后者包括鱼凫村一、二期和双河早期。两类型均为夹砂陶从早到晚逐渐减少，泥质陶则从早到晚逐渐增多。纹饰以绳纹为常见，还有划纹、戳印纹、附加堆纹、瓦棱纹等。器形主要有绳纹花边口罐、喇叭口高领罐、圈足尊、宽沿尊、壶、豆等。不过宝墩类型和鱼凫村类型各有自身的特点：在陶系方面宝墩村泥质灰白陶比例较大，鱼凫村夹砂陶比例大而泥质灰白陶仅有少量发现；器形和纹饰方面鱼凫村假圈足平底器的外底流行装饰旋转样绳纹，而宝墩村无，这种纹样目前仅在鱼凫村一、二期发现；喇叭高领罐颈部饰水波形划纹是宝墩遗址具有代表性的纹饰之一，而鱼凫村遗址中仅有个别发现；喇叭口高领罐饰压花边在宝墩遗址中占很大比例，而鱼凫村遗址仅有零星发现。这差异明显，故分为两个类型。

三期为古城遗址早期。陶器中夹砂和泥质陶各占一半，夹砂陶以褐陶为主。纹饰以绳纹为主，划纹中以平行线和几何纹为多，有“》”样划纹。器形有绳纹花边口罐、喇叭口高领罐、宽沿尊、圈足尊、圈足器等。

四期包括鱼凫村三期、古城晚期。陶器中夹砂陶占主要部分，泥质黑皮陶和黄灰陶比例增加。纹饰中除了绳纹，叶脉纹和“≫”形纹极具特色。器形除了少量绳纹花边罐、喇叭口高领罐，新出现有欽口罐、欽口瓮、折腹钵、器盖、小平底罐、曲沿罐等[26]。

对于宝墩文化的分期，见仁见智，有同有异，但对其发展演变的序列还是有共同之处。这个问题需更多的材料和更深入地研究。从目前的材料和研究情况看，宝墩文化和三星堆文化的渊源关系最为密切。

通过上面对四川西部几处新石器文化的介绍，有一个问题很有趣，也是探讨三星堆文化应当思考的。这就是从甘肃南部白龙江流域的调查和发掘看，当地的马家窑文化、齐家文化的因素并未沿白龙江进入四川盆地北部，而岷江上游的仰韶文化、马家窑文化因素也未沿岷江河谷到达成都平原。按常理推断，沿白龙江、岷江南下进入四川盆地西部并非难事，然而考古发现的材料却说明这些马家窑文化因素却绕开成都平原向西到达大渡河上、中游的丹巴县额依罕遗址和汉源县的狮子山遗址[27]。它们在成都平原以北、以西形成一个椭圆形的弧线。人们不得不思考当时在成都平原上和宝墩文化以前有一个或数个考古学文化的存在。正是它们抵制马家窑文化因素向南发展。这些考古学文化需要人们今后的发现。这些说明在新石器时代四川盆地西部是一个相对独立的文化区。

## （二）蜀文化的渊源

### 1. 有关的文献记载

古代的蜀尚未发现有文字和文字记载的材料，但是有古老的传说。蒙文通先生对此考证甚详[28]。这些传说有经后人整理而成的《蜀王本纪》。此书一般认为是西汉扬雄所作，徐中舒先生考证为三国时蜀汉谯周所作[29]。据《蜀王本纪》说，蜀之先称王者有蚕丛、柏濩、鱼凫、开明。当时人萌椎髻左衽，不晓文字，未有礼乐。从开明以上至蚕丛积三万四千岁。又说蜀王之先名蚕丛，后代曰柏濩，又次者名曰鱼凫。此三代各数百岁，皆神化不死，其民亦颇随王化去。鱼凫田于湔山得仙，时蜀民稀少。这些记述中很明显地透露出传说的痕迹。这些文献材料虽有浓厚的神话色彩，却保留了一些史实的素材。

这些文献早已佚失，所幸在后世的著作中有不少引用，仍给我们保留了一部分资料。例如，《世本》、《帝系姓》在《史记》里都被采用。《华阳国志》关于蜀的记述，多来自《蜀王本记》。根据考古学的发现，远古时期在川西平原确实存在着一支以夹砂褐陶、灰陶为主要陶系的考古学文化。它们就是包括三星堆文化，经十二桥文化，到战国时期文化在内的蜀文化。这就说明川西平原上的蜀文化历史悠久，《蜀王本纪》所记蚕丛、鱼凫等人都是每一个时期领袖人物中的佼佼者。李学勤最近指出："这可理解为远古蜀人有自已的文化根源，而很早就与中原有沟通联系。"[30]

另外，还有一些记载。例如，《世本》说："蜀之先肇于人皇之际，无姓。相承云黄帝后。"《史记·五帝本纪》曰："黄帝……生二子其后皆有天下。其一曰玄嚣是为青阳，降居江水；其二曰昌意降居若水，昌意取蜀山氏女。"《史记·三代世表》正义引《谱记》："蜀之先肇于人皇之际。黄帝子昌意娶蜀山氏之女生帝喾，立。封其支属于蜀。历虞夏商。"《史记·三代世表》诸少孙说："蜀王黄帝后世也，至今在汉西南五千里，常来朝降，输献于汉。”《华阳国志·蜀志》说："蜀之为国肇于人皇，为其子娶蜀山氏之女，生子高阳是为帝喾，封其支属于蜀，世为侯伯，历夏、商、周。”这些记载显然是前后因袭，都把蜀说成是黄帝的后代，把古代的蜀拉入中原地区的传说之中。在考古学研究取得空前成就的今天，对待这些文献材料就要认真思考了。因为在盆地西部发现的蜀文化和同一时期的中原地区的考古学文化，完全是两码事。它们基本的文化面不同，有些相同的因素应为相互交流的结果。顾颉刚先生早就指出："古蜀国的文化究竟是独立发展的。它的融合于中原文化是战国以来的事。”[31]虽然根据考古发现，蜀文化在商代就与中原有联系，但融入中原文化是战国晚期至汉初的事。顾先生的论断和考古学的发现基本是吻合的。

研究蜀文化，尤其是关于蜀文化渊源这个问题，利用文献资料特别是经后人整理的传说资料需要慎重，应以考古资料为主。苏秉琦先生说："现在史前考古已有了长足的发展，本身就可以大体复原远古时代的漫长历史，传说资料反而只能起参照作用。若从整理传说史料本身来说，史前考古资料则已成为不可忽视的最可靠的参考系。”[32]虽然苏先生说的是史前时期，但对于本身尚无文字并以此作为记载的古代民族也是适用的。尹达先生指出："儒家思想逐渐形成为封建时期的统治思想之后，远古的历史经过儒家逐步改造，就出现所谓三皇五帝的体系了。”[33]这些是我们研究蜀文化应当注意的。

**2. 鱼凫村三期文化的发现和鱼凫村文化的提出**

1996年发掘成都市温江区鱼凫村遗址时，发现了鱼凫村三期文化。当时将其归属宝墩文化，即前述宝墩文化分期中的第四期。鱼凫村三期除了一、二期文化的绳纹花边罐、喇叭口高领罐、圈足器，新出陶器有曲沿罐、敛口罐、敛口瓮、窄沿罐、钵、杯、缸、小平底罐、器盖、高柄豆。陶器纹饰新出现有叶脉纹、“》”样划纹。

除了鱼凫村，鱼凫村三期文化发现的地点有多处。例如，成都青白江区三星村遗址、郫县古城遗址、成都西郊化成村遗址、成都南郊十街坊遗址、岷江小区遗址以及成都金沙遗址等。它在成都有相当大的分布范围。

虽然以前将鱼凫村三期文化归属宝墩文化，但因其有较为独特的文化面貌，在研究中都注意到它的特点，称其为鱼凫村三期文化。在前述的关于宝墩文化分期的几家不同意见中，都是将鱼凫村三期文化归为第四期。这一点认识是大体相同的。可以说对它有一定的研究、一定的认识。

根据上面的发现和认识，李明斌最近提出了将鱼凫村三期文化命名为“鱼凫村文化”[34]。这一文化命名的提出是符合考古学文化命名的原则的，是对鱼凫村三期文化研究的一个升华。它的提出对三星堆文化渊源的研究具有重要的意义。从地层关系和出土陶器看，它是由鱼凫村一、二期的宝墩文化发展而来，但又有新的文化因素出现，是属于宝墩文化以后的新石器文化。

**3. 蜀文化源于成都平原上的宝墩文化**

据前所述，四川盆地西部以成都为中心的川西平原在新石器时代是一个独立的文化区。宝墩文化以前目前还不清楚，宝墩文化以后是鱼凫村文化。李明斌将鱼凫村文化有代表性的陶器分为三组。A 组为绳纹花边罐、喇叭口高领罐、圈足器；B 组为曲沿罐、敛口罐、敛口瓮、窄沿罐、杯、钵、缸；C 组为小平底罐、器盖和高柄豆。他指出 A 组陶器是属宝墩文化鱼凫村类型。B组陶器于1996年首次发现于鱼凫村遗址第三期遗存中，此后在郫县古城、青白江区三星村及成都金沙等遗址相继发现，这就是鱼凫村文化的代表性陶器。C组陶器与三星堆一期和二期同类器物形制相近，其中小平底罐见于三星堆遗址一、二期，而器盖和高柄豆则只发现于三星堆遗址的二期[35]。三星堆遗址一期归属于宝墩文化。它的文化面貌和三星堆二期（三星堆文化）是“判然的别”[36]，也就是说宝墩文化和三星堆文化尚有一定的缺环。从鱼凫村文化的陶器来看，既有三星堆遗址一期（宝墩文化）的因素，也有三星堆遗址二期（三星堆文化）的因素，正好填补了三星堆遗址一期和二期之间的缺环。这是从出土陶器方面找到的证据。在地层关系方面，近年来也有突破性的发现。赵殿增指出：“宝墩文化第四期也是宝墩文化向三星堆文化的过渡期。近年在三星堆遗址中部的月亮湾台地发现了宝墩文化与三星堆文化地层相连接的地层，为研究两个文化关系和演变过程提供了更加直接的证据。”[37]这里所说的宝墩文化第四期，即鱼凫村文化。江章华、李明斌指出：“1999年春，发掘月亮湾和城墙，发现属于宝墩文化的地层叠压关系，使宝墩文化分期有了直接的层位依据，同时发现宝墩文化向三星堆文化过渡的地层，认识了宝墩文化典型器物消失和三星堆文化典型器物产生的交替过程。”[38]这里的过渡层就是鱼凫村文化。这是地层学方面的证据。事实已经很清楚。宝墩文化发展为鱼凫村文化，再发展为三星堆文化。在宝墩文化和鱼凫村文化时期已出现了一些文明要素，如宝墩文化的城墙遗迹、鱼凫村文化古城遗址的5号大型房屋基础，所以发展到三星堆文化时期出现文明也就有根可寻。

宝墩文化属新石时代晚期，大约相当于龙山文化时期。至于更早的文化遗存目前尚不太清楚，但也发现了一些蛛丝马迹。1982 年，在成都市西城区方池街地表下 5 米深处发现两件磨制石器。大的一件长 22 厘米，宽 18 厘米；小的一件长 18 厘米，宽 11.2 厘米[39]。关于这类大型石斧，孙华说“据成都市文物工作队的王毅、江章华介绍，在川西蒲江县的一个地点曾出土过一种磨光大石斧。这种大石斧形态类似于在重庆瞿塘峡巫山县大溪遗址出土的大溪文化磨光大石斧，而在四川盆地宝墩村·哨棚嘴遗址及其以后的青铜文化中都未发现这种磨光石斧。因此，这种磨光大石斧很可能是更早的尚未发现或确认的新石器文化遗存”[40]。众所周知，成都平原上宝墩文化、鱼凫村文化到蜀文化的三星堆文化时期，石质生产工具的特征之一就是小型化，磨制精致。这种大石斧不属于这一系统，应该更早，很可能是早于宝墩文化的新石器文化遗存的石器。

通过以上考古发现和研究，清楚地表明蜀文化是成都平原上土生土长的一个青铜文化。

**注　释**

[1] 夏鼐《中国文明的起源》，《文物》1985 年第 8 期。

[2] 林名钧《四川威州彩陶发现记》，《说文月刊》四卷（1944 年）。

[3] 成都文物考古研究所《四川茂县营盘山试掘报告》，《成都考古发现（2000）》，科学出版社 2002 年版。

[4] 四川省文物考古研究所《四川汶川县姜维城新石器时代遗存发掘报告》，《四川文物》2004 年增刊。

[5] 成都市文物考古研究所《四川茂县波西遗址 2002 年试掘报告》,《成都考古发现(2004)》,科学出版社 2006 年版。
[6] 中国社会科学院考古研究所四川队《四川广元中子铺细石器遗存》附记,《考古》1991 年第 4 期。
[7] 叶茂林《广元中子铺营盘梁细石器遗存》,《中国考古学年鉴》(1991 年),文物出版社 1992 年版。
[8] 王仁湘、叶茂林《四川盆地北缘新石器考古新收获》,《三星堆与巴蜀文化》,巴蜀书社 1993 年版。
[9] 陕西省考古研究所《陕南考古报告集》,三秦出版社 1994 年版。
[10] 同[8]。
[11] 同[8]。
[12] 同[8]。
[13] 中国社会科学院考古研究所《四川广元市张家坡新石器时代遗址的调查与试掘》,《考古》1991 年第 9 期。
[14] 同[8]。
[15] 同[8]。
[16] 陕西省考古研究所《陕西考古报告集》7 页,三秦出版社 1994 年版。
[17] 同[8]。
[18] 四川省文物考古研究所《通江县擂鼓寨遗址试掘简报》,《四川考古报告集》,文物出版社 1998 年版。
[19] 雷雨、陈德安《巴中月亮岩和通江擂鼓寨遗址调查简报》,《四川文物》1991 年第 6 期。
[20] 同[8]。
[21] 江章华、李明斌《成都平原的早期古城址群—宝墩文化初论》,《中华文化论坛》1997 年第 4 期。
[22] 李明斌《广汉月亮湾遗存试析》,《华夏考古》1999 年第 1 期。
[23] 赵殿增、李明斌《长江上游的巴蜀文化》,湖北教育出版社 2004 年版。
[24] 江章华、王毅、张擎《成都平原先秦文化初论》,《考古学报》2002 年第 1 期;江章华、李明斌《古国寻踪》61 ~ 71 页,巴蜀书社 2002 年版。
[25] 孙华《四川盆地的青铜时代》305 ~ 306 页,科学出版社 2000 年版。
[26] 同[23]161 页。

[27] 长办考古队甘肃队《白龙江流域考古调查》，《文物资料丛刊》（2）1978 年；赵雪野等《甘肃白龙江流域古文化遗址调查简报》，《考古与文物》1993 年第 4 期；张强禄《试论白龙江流域新石器文化与川西北新石器文化的关系》，《四川大学考古专业创建三十五周年论文集》，四川大学出版社 1998 年版；张强禄《白龙江流域新石器时代文化谱系的初步研究》，《考古》2005 年第 2 期；宋治民《蜀文化与巴文化》25～26 页，四川大学出版社 1998 年版。

[28] 蒙文通《巴蜀古史论述》，四川人民出版社 1981 年版。

[29] 徐中舒《论巴蜀文化》，四川人民出版社 1981 年版。

[30] 李学勤《三星堆考古研究》序，四川人民出版社 2004 年版。

[31] 顾颉刚《论巴蜀和中原的关系》，四川人民出版社 1981 年版。

[32] 苏秉琦《华人·龙的传人·中国人——考古寻根记》112 页，辽宁大学出版社 1994 年版。

[33] 尹达《衷心的愿望》，《考古与文物》1980 年创刊号。

[34] 李明斌《再论温江鱼凫村第三期文化的性质》，《华夏考古》待刊。

[35] 同 [34]。

[36] 四川省文物管理委员会等《广汉三星堆遗址》，《考古学报》1987 年第 2 期。

[37] 赵殿增《三星堆考古研究》12 页，四川人民出版社 2004 年版。

[38] 江章华、李明斌《古国寻踪》8 页，巴蜀书社 2002 年版。

[39] 周尔太、潘云磨《四川成都发现新石器》，《化石》1983 年第 2 期。

[40] 同 [25] 322 页。

# 二 蜀文化遗址的发现和研究

## （一）广汉三星堆遗址

### 1. 月亮湾遗址

月亮湾原为三星堆遗址的一部分，限于当时认识，遂以月亮湾这个小地名命名。根据林名钧先生记述，1931 年（一说 1929 年），广汉县太平场附近的月亮湾农民燕道诚在修浚灌溉水沟时，在沟底偶然发现一坑玉石器，有璧形石圈数十，大小不等，叠置如笋，横卧泥中[1]。冯汉骥先生记述玉、石器发现于 1929 年，“它的数目不下三、四百件，其中有玉圭、玉璋、玉琮、玉斧、‘石璧’等。至于这些玉石器在坑中的位置，则说法不一。一种说法是‘石璧’系叠积于坑中，大者在下，小者居上，形如一塔，仅由于埋在土中日久而略倾斜，旁边则放置其它玉器。另一种说法谓坑呈长方形，坑的两边各竖‘石璧’一列，由大而小，中间置玉器，其上又平覆‘石璧’一列，亦由大而小”[2]。当时属偶然发现，不可能有文字记录和照相记录，事过以后便很难说清楚了。不过根据各种说法，此为古人的一处窖藏应不会有问题。这批玉石器出土后，除了一部分由四川省博物和华西大学博物馆（即今四川大学博物馆）收藏，大多数散失。这批玉石器出土以后引起各方的注意。

1934 年春，华西大学博物馆对月亮湾遗址进行发掘。这是首次科学的考古发掘。由华西大学博物馆馆长、美国人葛维汉和该博物馆工作人员、中国人林名钧负责田野工作。先后在溪沟北岸开三坑（探沟），均为长 40 英尺，宽 5 英尺。第一坑和第三坑（探沟 1 和探沟 3）地层相同，第 1 层为表土，第 2 层为瓦砾层，所含陶片和残陶器最丰富，有若干石器及残块夹杂其间。第 2 层以下为未曾翻动的黏土层，即生土。第二坑（探沟 2）上部两层为扰乱层，第 3 层为探沟 1、探沟 3 的第 2 层（瓦砾层），其下为生土。另在溪沟底发掘寻找出土玉石器的原坑，发现其为长 7 英尺、宽 3 英尺的坑，坑内发现琰圭（牙璋）残片 2 件及残小石璧数件。

在溪沟底的坑内，包括燕道诚取出和本次发掘所得有石璧、玉珠、琬圭、琰圭（牙璋）、琮、玉圈、小玉块等。溪沟岸文化层出土者有石器、陶器和玉器。石器为磨制，有斧、杵、锥、刀、珠，另有残石器甚多。陶器多为陶片，能修复者为 1 件小平底钵（罐）、2 件盆。此外，发掘者购置 4 件，为玉环、石珠、石凿、石斧，因脱离地层单独介绍。发掘者推定溪岸文化层中出土器物为新石器时代末期至殷周以前；溪底之坑为墓葬，时代为周[3]。

发掘报告将溪底之坑视为墓葬，是限于认识和时代的局限，无可厚非，将发掘出土器物和购置的器物分别介绍也是正确的。当时居住在日本的郭沫若先生给发掘者的信中说："你们在广汉发现的工艺品，如方玉、石璧、玉刀等，一般与华北和中原地区的出土器物极相似。这就证明，西蜀（四川）文化很早就与华北、中原文化接触。"[4]

新中国成立以后，1956 年，由四川省文管会对月亮湾、三星堆遗址进行了田野调查，采集标本石器、陶片等物[5]。

1960 年，四川大学历史系又一次对月亮湾遗址作了调查，采集石器 17 件，有斧、锛、矛、盘状器、砾石、璧、珠，有磨制和打制两种。陶器为陶片，以夹砂粗红陶为主，细泥灰陶和夹砂粗灰陶亦占较大比例，尚有少量细泥黑陶和细泥红陶。能看出器形和能复原者有浅腹圈足盘、尖底杯、豆柄、小平底钵、器流等[6]。这两次田野考古调查为以后的田野考古发掘打下了基础。

1963 年，四川大学历史系和四川省文物管理委员会联合发掘了广汉月亮湾遗址，冯汉骥先生主持发掘工作。发掘面积 150 平方米。发掘的主要地点在当时燕家院子东南 30 米处，共开探方 11 个。

地层堆积：共分三层。第 1 层为耕土层。第 2 层又分为两个小层：第 1 小层为黄褐色土，土质紧密；第 2 小层土质松软，呈灰褐色。两个小层包含物大致相同。陶器以夹砂陶最多，泥质陶次之，器形有平底罐、钵、高柄豆、盘、器盖、纺轮等。石器有斧、锛、璧。其他尚有玉器、骨器及少量铜器残片和氧化铜残块等。第 3 层为灰黑色土，质松软。包含物有陶器、石器、骨器。陶器以泥质灰陶居多，夹砂陶较少，器形有盆、罐、豆、钵、纺轮等。石器有锛、斧、两端刃形器、镞，另有骨锥。

遗迹：发现有砾石堆积、红烧土硬面、建筑基址和墓葬。

砾石堆积。发现于第 2 层的第 1 小层之下，距地表 1.43 米，呈长条形，长 2.6 米，宽 0.48 米，走向为北偏西 80 度，用 5 厘米大小的砾石铺筑，形制规整。其上、下各有厚 0.15 米和 0.1 米的黄沙，砾石中间夹有少量陶片，周围是黄褐色粘土，边缘清楚。

红烧土硬面。压在第2层的第1小层以下。已发掘部分长4米，宽1.5米。其余部分分别伸出探方的东、北、南三壁以外，未能发掘。硬面厚0.52~0.54米，表面平整，边缘笔直。用红烧土块和小颗粒铺成，其上有一层厚0.2~0.3厘米的灰烬，夹有已朽竹木碎块。

建筑基址。发现于第3层下，依打破关系分为三组。第1组共有五条基槽，开口距地面2.1米，基槽深0.25米，宽0.2~0.3米，东西走向，长1.65~6米不等。其中有四条基本平行，相距0.6米。基槽发现柱洞，柱洞直径0.2~0.25米，深0.25~0.3米。第1组打破第2组、第3组及生土。第2组为一长方形基址的一部分，东西走向，南半部分未发掘，基槽由北、西、东三条组成，相接的东北处、西北处转角清楚，应为长方形房址的一部分。已发掘部分东西长7.8米，南北最宽处3.6米，其东北角被一个长0.7米、宽0.5米的坑打破。第2组基槽内未见柱洞痕迹。第2组被第1组打破，又打破第3组和生土。第3组基槽由长短不等的基槽组成，最长的一条长4.1米。这组基槽宽约0.25米，深0.15~0.2米，槽内未见柱洞。第3组被第1组、第2组打破。这三组基槽有相互打破关系，应有早晚之分。它们都开口于第3层以下，可能属于同一个时期。

墓葬。共发现6座。开口于第3层以下，打破生土的3座（4号墓、5号墓、6号墓）；开口于第2层的第2小层以下的3座（1号墓、2号墓、3号墓）。4号墓、5号墓、6号墓为竖穴浅土坑墓，打破生土，南北向，无随葬品。1号墓、2号墓、3号墓墓圹不明显，人骨已朽成粉末，均以陶觚形器和圈足豆随葬。

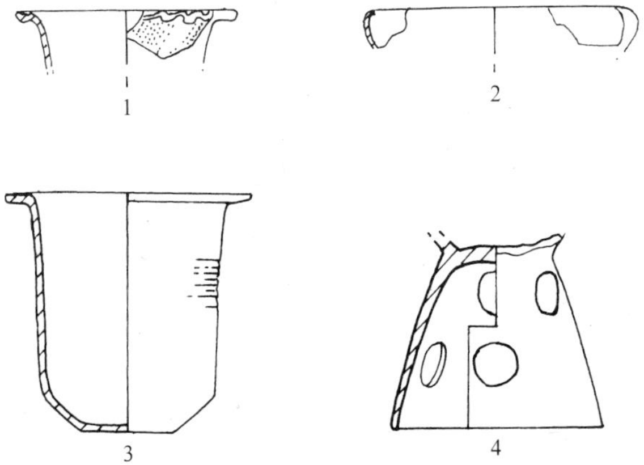


图一　月亮湾遗址第3层陶器

1.盆形器　2.钵　3.尊形器　4.圈足豆

出土器物：遗址第3层出土器物和第2层有明显区别。第3层出土石器有梯形石锛、石斧、两端刃形器。骨器有刀。陶器以泥质灰陶为多，制法为手制。有纹饰的陶片以绳纹为常见，其他有弦纹、划纹、篦纹、镂孔等。代表性器物有小平底罐、镂孔圈足豆、尊形器、浅腹圈足盘、敛口钵等（图一）。第2层出土石器有石锛、矛、残石璧及生产石璧时旋下的石芯，有些石芯在中间钻孔又形成小型石璧。玉器有簪、凿形器。另有骨锥、青铜器残片。陶器以夹砂红褐陶为主，陶色不匀。其纹饰复杂，有云雷纹、重菱形纹、蝉形纹、圆圈纹、方格纹，为模印而成。此外，还有绳纹、划纹、附加堆纹、镂孔等。代表性器物有小平底罐、高领罐、小口高领或喇叭口的壶、高柄豆、高柄豆形器座、簋形器、盉（流）及器盖（图二）。

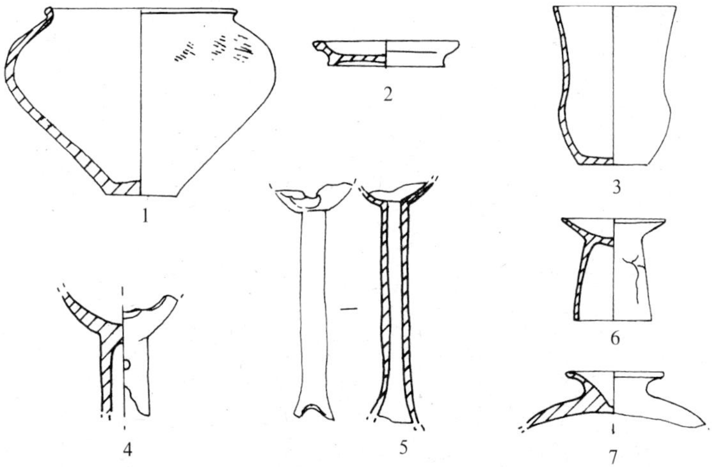


图二 月亮湾遗址第2层陶器

1.小平底罐 2.圈足盘 3.觚形器 4.高柄豆 5.高柄豆形器座 6.高圈足豆 7.器盖

月亮湾遗址的时代：第3层为第一期文化，和三星堆遗址一期文化相当。第2层为第二期文化，和三星堆遗址三、四期文化相当[7]。

此次发掘的重大突破首先在发现了第3层。1934年的发掘，在第2层（瓦砾层）下即为生土。1963年的这次发掘，在第2层（即1934年的瓦砾层）下还叠压着第3层，并且出土器物和第2层区别明显，属于两个不同时期的堆积。这已为后来的发掘所证实。现在看来月亮湾一期文化归属宝墩文化，二期文化应属三星堆文化。

由于认识上的原因，发掘时对第2层的两个小层在器物方面没有分开，而作为一个地层单位处理。这在《广汉月亮湾遗址发掘追记》一文的注释中已作了说明，应属不足之处。李明斌在《广汉月亮湾遗存试析》一文中，根据地层关系和出土陶器的研究，将月亮湾遗址分为二期三段，即遗址第3层为第一期（第Ⅰ段），开口于第2层的第2小层以下的1号墓、2号墓、3号墓为第二期（第Ⅱ段），第2层为第二期（第Ⅲ段）[8]。这个分期可为月亮湾遗址1963年发掘的重要补充。

**2. 三星堆遗址**

三星堆位于四川省广汉市南兴镇（原名中兴乡，解放前名太平场）马牧河以南，东北约800米是月亮湾遗址。由于当时尚不知这两处遗址是属于一个遗址的南、北部分，所以分开各自命名。为了叙述方便，今仍称三星堆遗址和月亮湾遗址。现已查明遗址总面积达12平方公里。

1980～1981年，四川省博物馆考古队（今四川省文物考古研究院）对三星堆遗址进行正式发掘，收获颇丰。从那时开始，对三星堆遗址进行了二十多年的系统发掘。由于许多资料尚待公布，这里只能扼要介绍。

1980～1981年的发掘面积为1225平方米。

地层堆积：共分8个地层。第1层为耕土。第2层为灰黑色粘土，土质板结，包含物有石器、陶器等。陶器以夹砂褐陶为主，器形有小平底罐、高领罐、高柄豆、圈足盘、鸟头柄勺、器盖等，纹饰主要为绳纹，此外还有雷纹、附加堆纹、贝纹等。第3层为黑灰色粘土，较湿润，包含物有石器、石璧、陶器等。陶器仍以夹砂褐陶为主，但泥质陶比例增加，器形和纹饰基本同于第2层。第4层为浅灰色粘土，较湿润，粘性较大，包含物有石器、陶器等。陶器主要有小平底罐、喇叭形器，圈足盘、鸟头柄勺几乎不见。第5层为浅黄色砂土，含极少碎陶片。第6层为黄褐色粘土，质坚色纯。陶器为泥质灰陶，器形主要为翻口高领罐、盆，纹饰主要有几何形纹。第7

层为浅黄色粘土，无包含物。第8层为黄褐色粘土，包含有石器、陶器。陶器以泥质灰陶为主。发掘报告将第8层、第6层合并为第一期文化，第4层、第3层合并为第二期文化，第2层为第三期文化。另外，在发掘报告的结语部分提到1982年4月和12月的发掘中发现有两个文化层叠压。下层为第三期文化，上层为出土尖底陶器的文化层，由此证明上层晚于第三期文化而被认为是三星堆遗址的第四期文化。这就是三星堆遗址第四期文化的由来。第5层、第7层为间隙层。

遗迹：此次发掘发现房址18座，均为地面建筑。根据叠压打破关系分为早、晚两期，早期房址不挖基槽，仅留有柱洞，而晚期房址都开挖基槽，有的还在基槽内挖有柱洞。根据地层关系和出土器物分析，早期属一期文化，晚期属二期文化。

墓葬：共发现4座，散布在居住区内，均为竖穴土坑墓，方向为东北向，无葬具和随葬器物。除了1号墓为年约25岁的女性，其余3座皆为儿童。1号墓、2号墓属三期文化，3号墓、4号墓早于1号墓、2号墓。它们似不能代表三星堆遗址的墓地。

出土器物：陶器绝大多数为手制，少数用慢轮加工，轮制的很少。器形主要有小平底罐、高领罐、高柄豆、圈足盘、鸟头柄勺、盉、圈足豆、平底盘、瓮、器盖、喇叭形器、瓶、杯、碗、壶等（图三~图六）。其中小平底罐、高柄豆、盉、鸟头柄勺为主要组合。第四期新出现一组尖底陶器。石器以小型磨制为特点，有斧、锛、凿、锥、矛、刀、杵、砾石等，另出有较多残石璧和石芯。玉器仅出土1件玉凿。

年代：第一期文化的$^{14}C$数据为距今4075±100年，树轮校正为距今4500±150年，可供参考。发掘报告认为第一期文

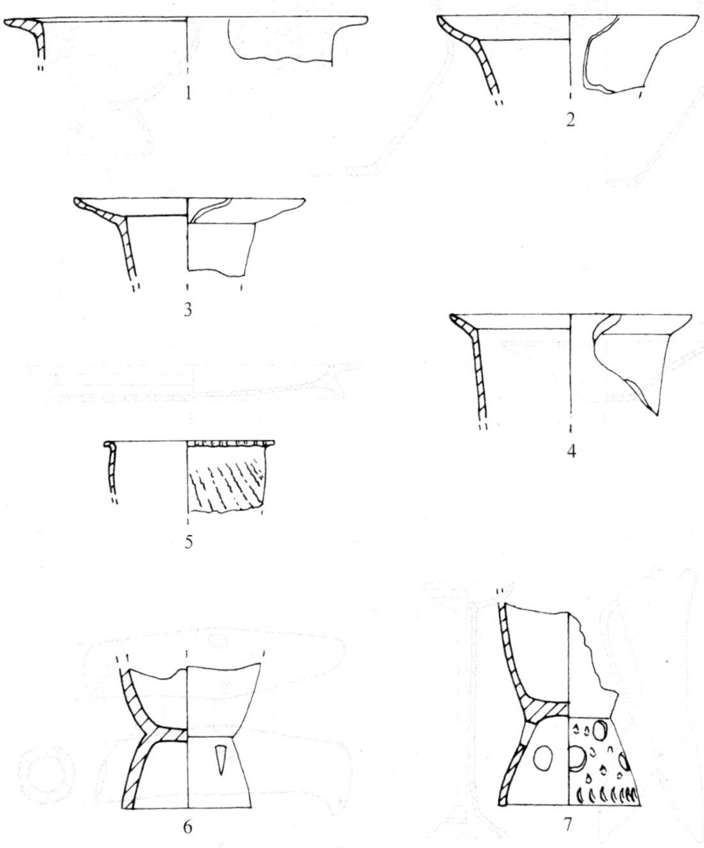


图三　三星堆遗址第一期陶器

1.宽平沿器　2.折沿器　3.折沿器　4.折沿器　5.锯齿形口沿器　6.圈足豆　7.圈足豆

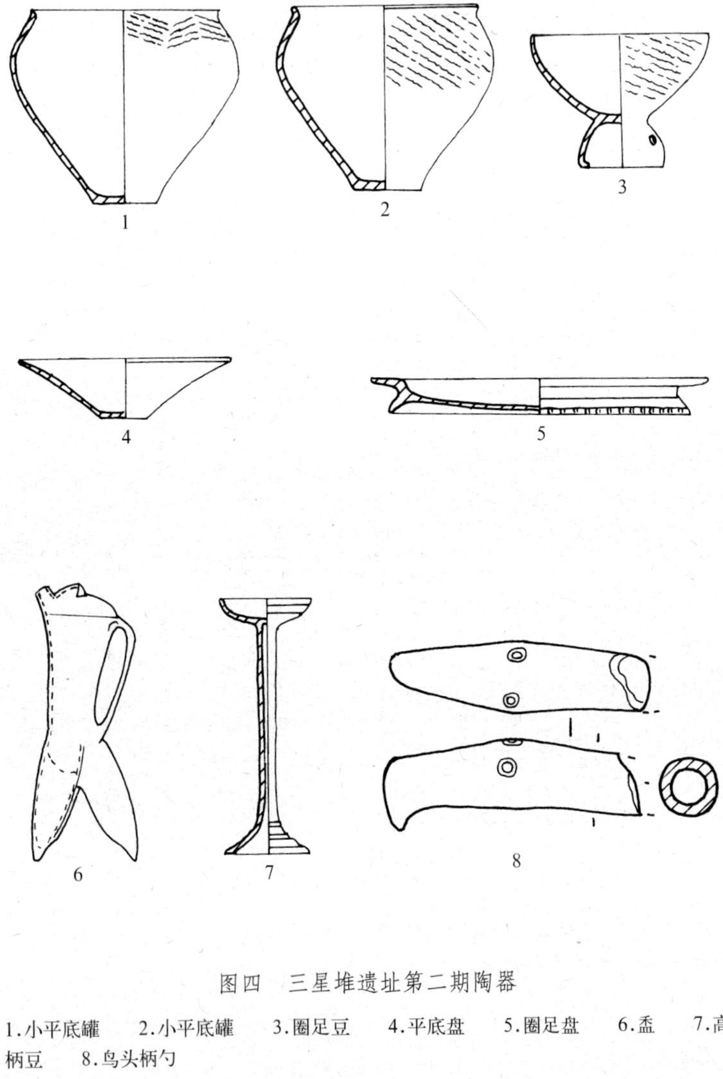


图四　三星堆遗址第二期陶器

1.小平底罐　2.小平底罐　3.圈足豆　4.平底盘　5.圈足盘　6.盉　7.高柄豆　8.鸟头柄勺

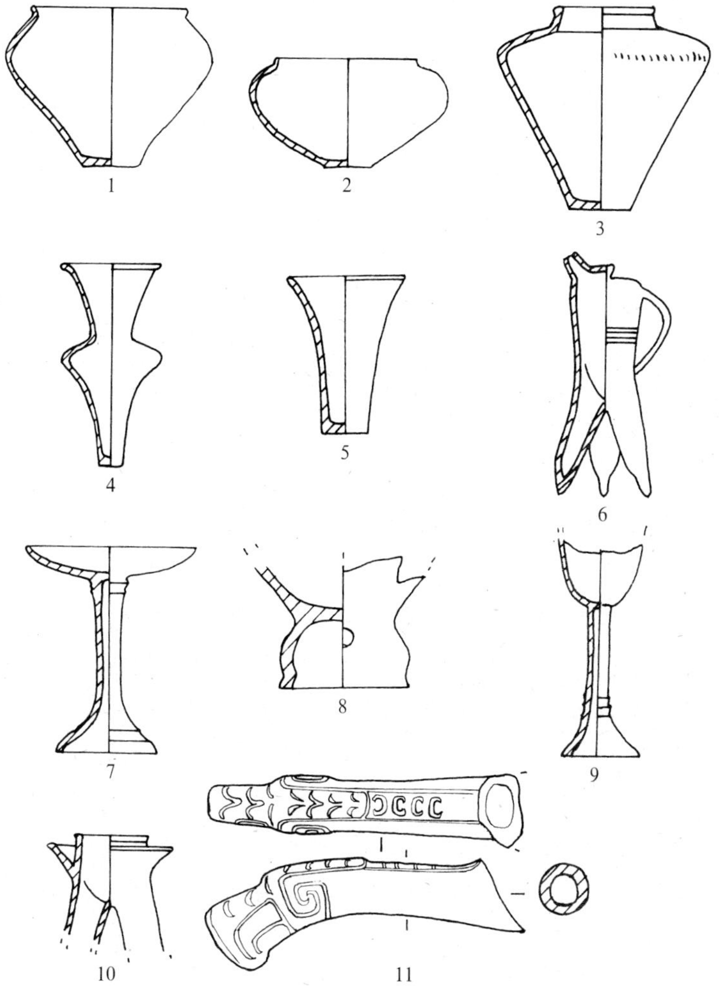

图五　三星堆遗址第三期陶器

1.小平底罐　2.小平底罐　3.高领瓮　4.尊形器　5.觚　6.盉　7.高柄豆　8.圈足豆　9.高柄豆　10.甗形器　11.鸟头形柄勺

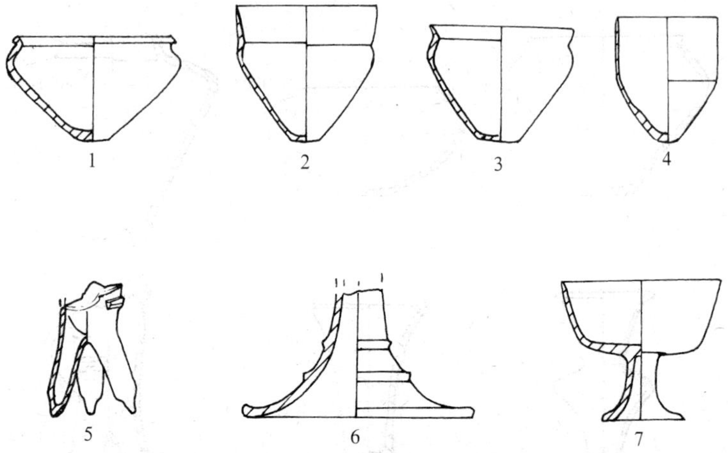

图六　三星堆遗址第四期陶器

1.小平底罐　2.尖底杯　3.尖底杯　4.尖底杯　5.盉　6.高柄豆　7.高柄豆

化和第二期文化判然有别，其间又有明显的间隙层，因而第一期文化和第二期文化的年代相去较远。第二期文化和第三期文化可能年代衔接，第三期文化出土陶壶上的云雷纹同中原地区殷商时期铜器上的纹饰很相近，故三星堆遗址第一期文化为新石器时代晚期，第二、第三期文化相当于夏、商时期[9]。

1984 年发掘了三星堆遗址的西泉坎地点，发现与新繁水观音相衔接的地层叠压关系[10]。新繁水观音遗址就是出土尖底陶器的遗存，和三星堆遗址第四期文化相当。

1984～1985 年的发掘证明，三星堆土埂是人工修筑的。

1998 年开始对三星堆遗址内东、西、南三面的土埂进行了 6 次发掘，发现均为人工修筑的城墙。现存东城墙残长 1000 米、西城墙残长 800 米，南城墙残长 600 米。城墙外侧发现有宽 20～30 米的壕沟，东西城墙壕沟的两端分别与马牧河和鸭子河相接。这样利用河道、壕沟和城墙构成防御系统[11]。三星堆城址没有发现北城墙。北面为鸭子河，一般认为北面是以鸭子河为天然屏障。从现存东城墙和西城墙北端的情况看，也不能排除北城墙已被鸭子河冲毁。马牧河从城址西南向北流经城内，再向东南转折，从城址东南流出城外，在洪水泛滥时可能造成了东、西城墙南部的破坏。根据地层关系，三星堆城址建于三星堆遗址第二期文化，使用到第三期文化，到第四期文化已经废弃。

1998 年发掘了仁胜村墓地。此墓地发现于 1997 年，1998 年正式发掘。仁胜村墓地位于三星堆城址西城墙以西，即在城墙外面。墓地北部已被砖厂取土破坏。墓葬均为竖穴土坑墓，出土一批玉器、石器和陶器。从墓地所在位置和出土陶器看，此墓地为城址居民的墓地应无疑问。因为如此规模宏大的城址，应有它的墓地。它应是三星堆城址的组成部分。很可能墓地不仅此地一处，这应是今后要着力探索寻找的。有城址，有墓地，才能构成一个完整的聚落。例如，郑州商城的东墙外有白家庄墓葬区、杨庄墓葬区，南城墙外有郑州烟厂墓葬区，西城墙外有人民公园墓葬区。殷墟几十年的发掘，除以小屯村为中心的宫殿区，在其周围还发现了许多墓葬，如洹北的王陵区，小屯村以西的孝民屯、白家坟，小屯村以东的豫北纱厂都发现了墓地。又如，湖北省黄陂的商代盘龙城址，在城东的李家嘴、城西的楼子湾和城北的杨家湾等地都发现有当时的墓葬区。据此而言，相当于商代的三星堆城址也应是如此。

**3. 三星堆遗址两个祭祀坑**

两个祭祀坑本来是三星堆遗址的组成部分，因其出土器物众多，而且有重要的历史、艺术、宗教等方面的研究价值，透露出古代蜀人生产、生活及社会意识等各方面的信息，并且已出版了正式的发掘报告，所以在这里单列介绍。在三星堆遗址范围内，此前曾多次发现可能和祭祀有关的遗迹。例如，1929年（一说1931年）在燕家院子附近发现的玉器坑[12]。1964年在同一地点不远处发现一坑石器，有成品、半成品和石坯[13]。1974年在附近的梭子田又发现一坑磨石，石质坚硬而细腻，色青黄[14]。1976年又在广汉市高骈镇发现玉器、铜器坑。高骈位于鸭子河北岸3.5公里，南与三星堆遗址隔河相望。此坑为当地砖瓦厂挖土发现，土坑长约1米，宽约50厘米，坑底散布鲜红色朱砂，出土玉器3件，为矛、戚和刀形器，还出土铜牌1件，镶有绿松石[15]。从这些遗迹和出土遗物的发现情况看，应为人们有意埋藏。它们有可能与祭祀有关。

1986年为配合砖厂取土，发现并发掘了两个大型祭祀坑，编为1号祭祀坑和2号祭祀坑。祭祀坑位于三星堆城址内马牧河以南，南距南城墙300~400米，北距三星堆50~60米。

压在1号坑上面的堆积第1层为耕土，深灰色。第2层灰褐色土，为近代层。第3层黄褐色细砂土，为近代层。第4层黄色沙土，为宋元时期。第5层浅黄色沙土，包含物有小平底罐、尖底盏、高柄豆等。第6层棕黄色粘土，仅见探方西部，出土陶器颜色、质地与第5层相同。以下为生土。

1号坑开口于第6层以下，但东部直接压在第5层以下，打破生土。坑的形制，平面为长方形，坑口长4.5~4.64米，宽3.3~3.48米，深1.46~1.64米。在坑口东南壁有一条坑道呈“T”形与坑口相连。东南壁东侧和西南壁南钡也各有一条坑道与坑口相连（图七）。坑内和三条坑道内填土的颜色及

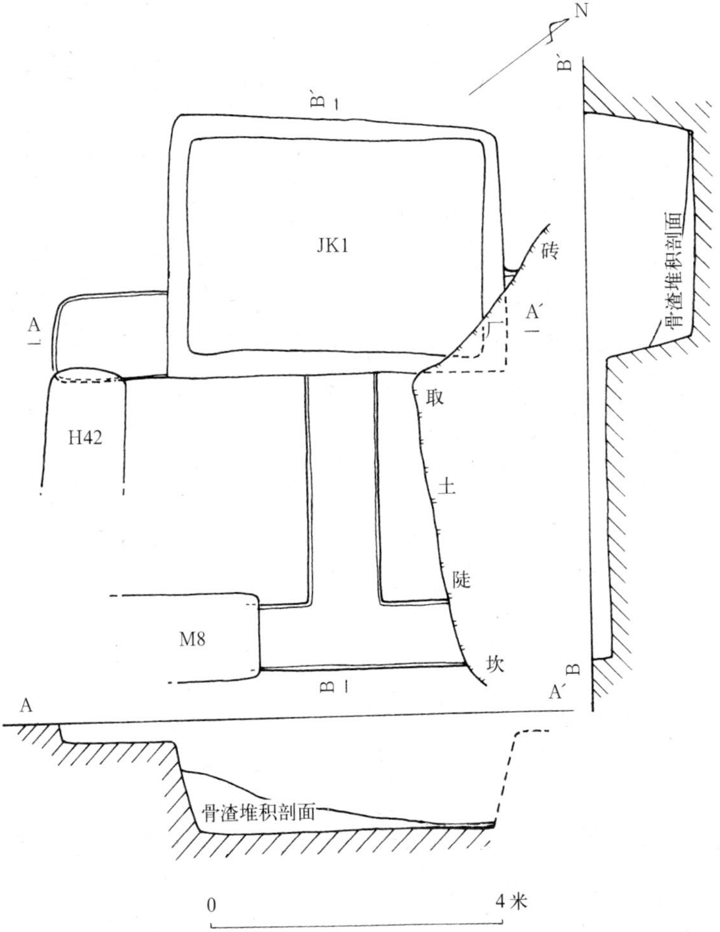


图七 三星堆1号祭祀坑平面、剖面图

层层夯实的情况相同，因而推测坑道和祭祀坑是同时建成的。

1号祭祀坑内出土器物有青铜器、金器、玉器、石器、陶器等，共420件。基本按照类别顺序放入坑内，器物经火焚烧过。另有骨渣也经过火烧。

青铜器：共178件。有人头像、跪坐人像、面具、人面像、龙柱形器、虎形器、龙形饰、戈、瑗、尊、瓿、盘、器盖等。

金器：共4件。有杖（彩版一）、面罩、虎形箔饰、金料块。

玉器：共129件。主要有璋、琮、环、戚形璧、瑗、戚形佩、戈、剑、斧、锛、凿、斤、磨石等。

石器：共70件。有戈、矛、斤、铲、斧、凿等。

陶器：共39件。有罐、盘、尖底盏、器座（图八）等，

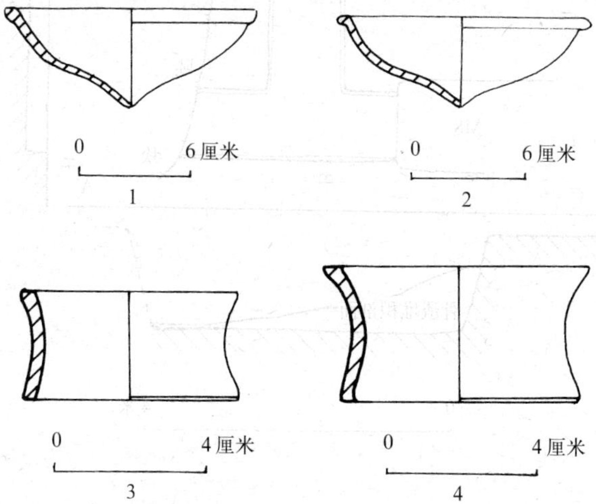


图八　三星堆1号祭祀坑陶器

1.2.尖底盏　3.4.器座

均为日常生活用器。

另外，还出有骨器、象牙和海贝等。

压在2号祭祀坑上面的地层有五层，而缺第6层。从第1层到第5层同于压在1号坑上面的第1层到第5层。2号坑打破生土（著者按：2号坑位于1号坑东南约30米[16]，其上没有第6层是很自然的）。

2号坑开口在第5层以下，打破生土。坑口长5.3米，宽2.2～2.3米，深1.4～1.68米。

2号坑内出土器物共1300件，有青铜器、金器、玉器、绿松石和石器等。

青铜器：735件。有人像（彩版三）、人头像（彩版四）、兽面具（彩版五）、眼形饰、神树、神坛、神殿、太阳形器、尊（彩版六）、瓿（彩版七）、壶、瑗、戈，另有挂饰和蛇形、龙形、鸟形饰件等。

金器：61件。有面罩、金箔形饰件。

玉器：486件。有戈、璋（彩版八）、斧、凿、刀、璧、瑗、珠、管等。

石器：15件。有璧、瑗、戈等。

另出土象牙制品67件，海贝4600枚。

年代：发掘报告根据1号坑开口在第5层、第6层以下，第5层、第6层属于三星堆遗址第三期文化后段偏晚，出土青铜器中的中原文化的礼器和玉、石器中的璋、戈等与中原商文化同类器物相比，将1号坑的年代定在殷墟一期之末与殷墟二期之间。2号坑开口在第5层以下，“根据我们推测压在二号坑上的第5层的年代，可能比压在一号坑之上的第5层年代略晚，大致相当于三星堆遗址第四期前段”。根据出土铜器中的中原文化系统的礼器和玉石器中璋、戈、璧等与中原文化系统相比，“二号祭祀坑器物埋藏的时间应在殷墟二期到殷墟三、四期”[17]。

三星堆两祭祀坑的发现，让世界震惊，在学术界也展开了热烈的讨论。例如，坑的年代、坑的功能等。关于两祭祀坑的年代讨论尤为热烈，主要有下列意见：

（1）殷墟一期前后。孙华认为：1 号坑的年代为殷墟一期，主要是根据出土属于中原系统的青铜礼器的形制、花纹和中原商文化同类器物相比而得出的结论。2 号坑从地层关系看，不能从 2 号坑开口于第 5 层下、1 号坑开口于第 6 层下而得出 2 号坑晚于 1 号坑的结论。从出土青铜礼器看，应在殷墟偏早或殷墟一、二期之间[18]。

（2）商代晚期。高大伦、李映福认为：从两坑出土玉石器看，三星堆两祭祀坑主要为璧、璋、戈、琮，与商文化以琮、璧、璋、璜、玦为主有较大差异。既有共性，也有个性。从玉石器的种类看，祭祀坑所处的时代应属商代晚期[19]。施劲松认为：根据金沙遗址的发现，可以进一步推断两个器物坑的年代不会晚于商代晚期[20]。

（3）商周之际、春秋。王家祐、李复华、王燕芳根据对两坑出土铜器取样测定年代，1 号坑在商周之际，2 号坑中大铜立人像最早为商周之际，其他铜器的年代均为春秋时期，其中最晚为神树。这样 2 号坑的年代应以最晚的铜树为准[21]。胡昌钰、蔡革认为：从地层学方面看，1 号坑上面的第 6 层应合并到第 5 层中，因此两坑开口层位相同，应在殷末周初[22]。

（4）西周后期。宋治民认为：根据地层关系不能以 1 号坑叠压在第 6 层以下，2 号坑叠压在第 5 层以下，而断定 1 号坑早于2号坑。因为1号坑西面压在第6层以下，而东面压在第5层以下，即是说1号坑的上面东部无第6层，位于1号坑东面约30米的2号坑以上也无第6层。这是合情合理的。可能第6层就没有分布到2号坑的上面。1号坑、2号坑均开口于生土面上，所以不能以这样的地层关系确定它们的早晚。根据两坑出土的青铜器、玉器看，它们的时代应为同时。1号坑出土的陶尖底盏、器座属于三星堆遗址第四期，第四期应晚于月亮湾遗址第二期。月亮湾第二期相当于西周前期，因此三星堆遗址第四期定为西周后期，两坑的年代也为西周后期。不过，这个年代是坑本身的年代，坑内器物有早有晚。据以断代的青铜器和玉礼器中均为仿中原商周文化的器物，应早至商末周初。因此，一些器物的年代不能代表坑本身的年代[23]。

（5）春秋时期。江玉祥认为：三星堆1号2号坑内出土青铜器的制作年代、使用年代和埋葬（藏）年代，应区别对待。这批青铜器埋藏的年代大约是开明氏取代杜宇氏的时侯，约为春秋时期，早不过春秋[24]。徐学书认为：根据两坑开口层位，出土青铜器中有些有多次使用的痕迹，再加上出土陶器的特点，坑属于三星堆遗址第四期末，年代应为春秋中叶[25]。

以上为几种主要观点，还有一些看法，但大致不超出上述意见。有不同意见是正常的，是学术研究中必经的历程，学术上的争论会愈辩愈明。大约这种分歧会长期存在下去。不过，李明斌提出的关于祭祀坑年代讨论的几点基本方法极有参考意义，是人们探讨三星堆祭祀坑年代时应当注意的：第一，青铜器制作、使用与埋藏的年代；第二，玉、石器制作使用与埋藏的年代；第三，陶器制作、使用与埋藏的年代；第四，器物坑本身的挖掘、使用与废弃的年代。三星堆器物坑由于其特殊性，在挖掘、使用与废弃的年代是非常接近的，青铜器、玉器从制作到下埋会有一个相当长的时间刻度。结合坑的开口层位，对出土陶器进行分析，用以判断坑的年代是科学的研究方法[26]。

关于两坑的性质，通过对坑内出土器物的研究，也是见仁见智，众说纷纭。其中主要有祭祀坑说[27]（从此说者较多）、不祥宝器掩埋说[28]、亡国器物掩埋说[29]、失灵神物掩埋说[30]、1号坑为宗庙器物埋藏坑和2号坑为神庙祭祀埋葬坑说[31]，还有其他一些说法，不再一一列举。关于两坑的性质，涉及到古代蜀人的历史、文化、宗教、社会意识等各个方面的情况，目前有各种不同的看法也很正常。这个问题相比两坑年代问题更为复杂，涉及面更广，短时间内不可能有统一的认识，还需要继续争论、讨论下去。

**4. 三星堆遗址仓包包祭祀坑**

1987年发现于广汉南兴镇真武村。此坑位于1931年发现的玉石器坑以东约400米。这里是马牧河和鸭子河之间的脊状台地，俗称仓包包。其东约300米为三星堆城址的东城墙，西约400米为月亮湾台地。真武村砖厂的工人取土时，在距地表约65厘米处发现玉凿，此后又在距地表约85厘米处发现石璧、石璧心、玉瑗、玉箍形器、小石琮、石弹丸。考古工作人员到达现场时，土方已被运走，器物已经取出。据工人介绍，在距地表1米深处有一个土坑，长约2米，宽约1米，土坑打破生土，出土文物全部放在土坑内。从取土断面观察，文化层厚达70多厘米，为黑褐色粘土和黄灰色粘土，土质较细而板结。包含物较少，主要为三星堆三、四期的堆积。坑底有朱砂、烧骨和灰烬。文化层以下是青灰色生土。这批文物是在文化层最下部发现的。出土器物有玉器、石器和铜器。玉器有玉瑗、玉箍形器、玉凿，共10件。石器有璧21件，其中一部分是利用石璧芯穿孔而成的小型石璧，还有石斧。铜器3件，为近似长方形的牌饰。其中1件有镂空花纹，1件有浮雕图案，并在空隙中镶嵌绿松石，另1件有圆状凸起装饰。据工人讲，石璧按大小顺序依次叠垒在一起。时代为夏末至商代前期[32]。

同样的铜牌饰在三星堆遗址西北约10公里的广汉高骈乡砖瓦厂曾经出土过1件。1978年在开挖排水沟时发现玉器，考古工作人员赶赴现场进行调查、发掘和清理，相继发现玉器和铜器。这里是一个长约1米、宽约50厘米的土坑，坑打破生土，周边为五花土，坑底分布有朱砂，还有绿松石碎片。出土玉器有戚、矛、刀。铜器为1件牌饰，和仓包包出土牌饰相似，原称铜嵌饰。因其地曾有石鼓寺，故称为“石鼓寺祭祀坑”，时代为夏末[33]。石鼓寺祭祀坑地理位置属于三星堆文化范围，应为古蜀国早期祭祀活动的场所之一。

三星堆仓包包祭祀坑和高骈乡石鼓寺祭祀坑，被认为是古代蜀人祭祀山川诸自然神灵的祭祀坑。

## （二）成都诸遗址

### 1. 成都羊子山土台遗址

羊子山位于成都北门外驷马桥北1公里。这是一座直径140米、高10米的大土堆。1953年发现为人工构筑的土台。1956年西南博物院配合砖瓦场工程在这里进行发掘清理。土台为正方形的三层坛台，每层外墙皆用土砖（土坯）砌成，墙内填土夯平。三道墙加上墙内夯土填平，构成三层台阶状土台。土台顶部方形，面积31.6平方米，底部面积103.6平方

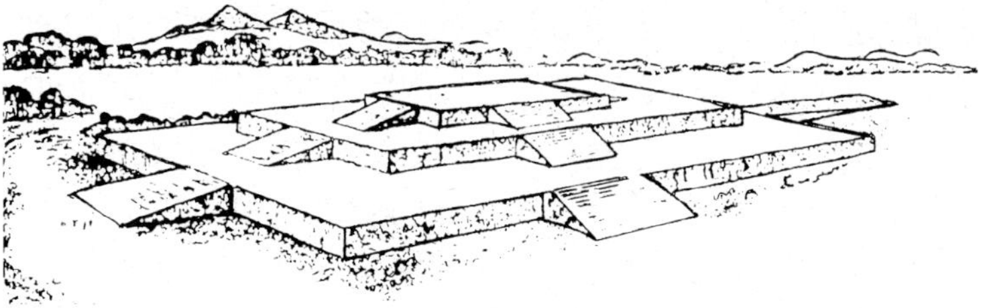

图九　成都羊子山土台复原示意图

米，高约 10 米。应有三级台阶上下（图九）。建筑用土砖长 65 厘米，宽 36 厘米，厚 10 厘米，系用泥土和茅草均匀掺和制成。砌墙为上下齐缝相连，缝用白色细泥粘接。

土台上发现古代墓葬 221 座，早者为战国末年，晚者为明代。土台下面的基址分为两层。上层为灰土，厚约 3～4.5 厘米，经过人工平整，出土有陶片、石斧、石凿、石璧等。下层为次生黄土，厚约 2 米，出土 5 件打制石器，被认为属旧石器[34]。

台基址上层出土陶片有夹砂陶和泥质陶，陶色以灰陶和黑陶为主，纹饰有鸟纹、弦纹、圆圈纹、网状纹，器形为小底大口炊罐（即小平底罐）、鼓腹尊、圈足豆、灯柱（即高柄豆之柄部）、折唇浅盘和碗等，制法为轮制。

发掘报告认定土台本身为西周后期至春秋时期，性质为盟会、祭祀[35]。

羊子山土台为蜀文化的重要遗迹，属于礼仪性的建筑。因此，它的发现引起学术界关注。对它的时代有多种不同意见和见解。这里将几种主要意见简介如下：

（1）林向认为根据发掘报告的地层堆积，从下至上①层为成都粘土（生土）；②层为次生黄土，出土5件打制石器；③~④层为灰土及下压的4号灰坑、5号灰坑，包含物有陶片、石璧、磨制石器等；⑤层为土坯与夯土构筑的土台；⑥层墓葬群打破土台。第③、④层早于土台，其出土石璧、陶器都属三星堆文化第二、三期遗物。土台可能建于商代，至少要在商末周初。这是土台的上限。羊子山土台的废弃年代至少是战国时期。172号墓根据出土器物定为战国晚期，据此土台废弃的年代至少早于战国晚期之初[36]。

（2）孙华认为土台台址所出陶片的时代为三星堆遗址二、三期，但这些陶片还有石璧等是建台以前居址地层或灰坑中的遗物，不是建台时人们抛弃的东西。作为居址与修建土台二者之间应有时间距离，并且这个时间距离还应有不小的跨度。结合成都地理环境、考古发现及中国古建筑的发展历程等方面看，土台的建立应当与在成都建都的开明氏紧密相连。其废弃的年代，根据172号墓的年代可大体推定。羊子山172号墓出土的陶茧形壶为大口、矮圈足，正是秦代茧形壶的标准形式，172号墓应为秦墓。被羊子山172号墓打破的羊子山土台，其废弃年代就必定在秦以前了[37]。

（3）江章华认为羊子山土台台址灰土中的陶片最具时代特征。其中高柄豆、小平底罐、盖钮和沿外拍绳纹的盆均是十二桥文化一期早段的典型特征，而十二桥文化一期早段的时代在殷墟四期至殷末周初，因此羊子山土台始建年代不会早于殷末周初。至于土台年代的下限以172号墓的年代为准，即在秦[38]。

（4）李明斌认为根据发掘报告公布的材料，可列出羊子山土台如下的层位关系：172号墓→土台→台址（灰土→黄色砂壤→灰坑）→腐殖土、黄土→生土。土台晚于台址，也晚于叠压其下的灰土、灰坑，灰坑的形成又必然晚于其中所包含的文化遗物。这几者存在着时间间隔。土台建筑的上限晚于台址内包含物所代表的时代。出土器物石璧和其他石器均出自一个坑内，在平整台址时才翻动而出土于灰土层中。台址出土陶器组合属于十二桥文化，和十二桥文化第一期的年代相近。十二桥文化一期的年代在殷墟至西周前期这一范围内。这就是土台的始建年代。土台下限根据172号墓的时代为秦代。其使用年代应在公元前1300～前1000年间到公元前316年略后这样的范围内[39]。

上述各家意见都有合理之处。因羊子山土台发掘时间早，限于当时的条件和认识，留给人们的信息并不是很多，故这一问题短期不易解决，期待将来有更多的发现。

关于羊子山土台的功用，各家意见比较统一，应为用于盟会、祭祀等礼仪方面，为我国先秦时期罕见的遗迹。

**2. 新繁水观音遗址**

新繁属成都市新都区，位于成都市西北约25公里。1957年～1958年，四川省博物馆对水观音遗址进行了两次发掘。

地层堆积：第1层为农耕土。第2层为扰乱层。第3层为文化层，分为两部分：上部为褐色土，土质较硬，出土陶片甚多，以夹砂粗陶最多，细泥灰陶次之，还出小件铜器；下部由

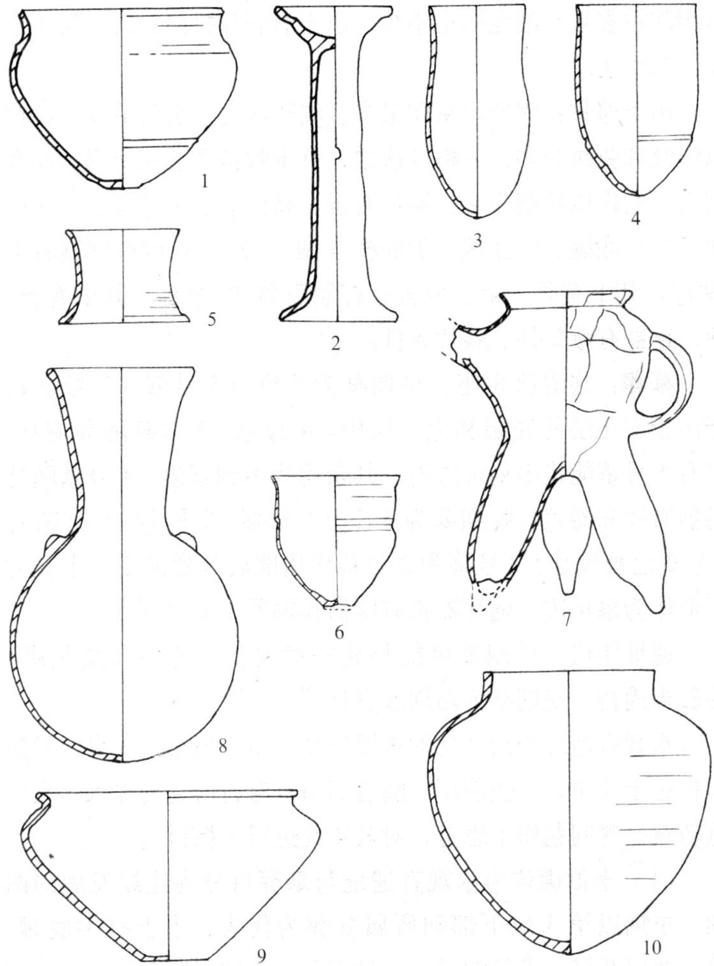


图一〇　新繁水观音遗址陶器

1.小平底罐　2.高柄豆　3.4.6.尖底杯　5.器座　7.盉　8.圜底罐　9.钵　10.尖底罐

褐色土逐渐变灰褐色以至灰色，土质略松软，包含陶片中以夹砂粗陶占多数，细泥陶也不少，出土磨制和打制石器。第3层以下为生土。

出土遗物：陶器以灰陶最多，红陶次之，黑陶最少。纹饰以绳纹和弦纹为多，方格纹次之，有少数镂孔、几何形印纹和划纹。制作以轮制为主。器形有盉、高柄豆、尖底钵、小平底钵、小平底罐、尖底盏、尖底杯（图一〇）。石器有磨制石器19件，其中有斧、锛、凿等；打制石器30余件，其中有斧、锛。铜器有镞2件、残片3件。

墓葬：共清理8座。早期墓为5座（3号墓～7号墓），皆出于文化层的底层和生土层中。4号墓、5号墓随葬陶器，只有5号墓能找出墓坑边沿，其余均找不到墓边。4号墓随葬陶器有钵和器盖。晚期墓为3座（1号墓、2号墓、8号墓）。8号墓已被扰乱。1号墓和2号墓均用圜底陶罐围成一个长方形框作为墓圹边，随葬器物有陶器和铜器，另有石器。

遗址年代：早期墓可能早到殷商时代，遗址（文化层）为殷末周初，晚期墓为西周或春秋[40]。

水观音遗址为蜀文化的重要发现。由于发掘时间早，发掘简报过于简单，不便使用。随着四川省考古研究的深入，人们重新对一些问题作了思考，对其年代进行了探讨。

（1）李伯谦认为水观音遗址与墓葬可分为连续发展的两期。早期以第3层下部和所属墓葬为代表，出土有尖底罐、尊、钵以及豆、盉等陶器，未见铜器。晚期以第3层上部与所属墓葬为代表，除陶器外尚发现有青铜戈、矛、钺、刀、斧、镞等。水观音遗址早期与晚期是紧密衔接的，早期为商代，晚期为商代晚期[41]。

（2）宋治民认为根据发掘简报所述，水观音遗址第3层上部和下部的土色、土质有明显地不同。包含物除陶器外，下部出土磨制石器、打制石器，上部出铜器。很明显，第3层的下部和上部应属两个不同的时期。墓葬中早期墓或在文化层的底层或位于生土层中，所出陶器见于文化层，显然是属于文化层的下部。晚期墓是以陶罐作为墓圹，从简报介绍的层位关系看，正处于第3层上部的底部，应属于第3层的上部。下部为早期，上部为晚期，两期相衔接。其早期为西周后期，晚期为春秋时期[42]。

（3）江章华认为该遗址可划分为三个文化堆积层。第3层属十二桥文化的堆积，又可分为上、下两层。简报称早期墓出于文化层的底层和生土层中，当为打破第3层的下层和生土层。晚期墓则为打破第3层的上层。其层位关系由上至下为晚期墓、第3层上层、打破第3层下层的早期墓、第3层下层、打破生土的早期墓。总的看来，其早期墓和第3层与十二桥遗址的第12层比较接近，晚期墓与十二桥遗址的第11层、第10层比较接近。十二桥遗址第12层的年代为殷墟三期至殷末周初，水观音遗址第3层和早期墓应在此时。十二桥第11层、第10层的年代在西周前期，水观音遗址晚期墓的年代亦应在此时[43]。

（4）李明斌认为水观音遗址可分两期：早期为第3层下部和所属墓葬（即早期墓葬），代表性陶器有小平底罐、尖底钵、豆、盉、器盖等；晚期以第3层上部和所属墓葬（即晚期墓葬）为代表，除了早期的同类陶器，还出有青铜戈、矛、钺、刀和斧等。他还提出水观音遗址的早、晚两期和十二桥文化一期同时，年代为殷墟至西周前期[44]。

### 3. 成都十二桥遗址（包括新一村遗址）

十二桥遗址位于成都市区西部。1985～1987 年四川省文物考古研究所、成都市博物馆联合进行两次发掘，取得重大收获。

地层堆积：第 8 层至第 1 层为汉代及以后的堆积。第 9 层为春秋战国时期的堆积。第 10 层为灰色粘土，出有陶尖底器。第 11 层为黄色砂质土，出土陶尖底杯、高柄豆等。第 12 层黄色沙质土含大量砾石，出土陶尖底盏、尖底杯、高柄豆、盉、圜底釜等。第 13 层为青灰色粘土，夹沙，淤积现象明显，出土陶小平底罐、尖底器、盉、鸟头柄勺等，发现木结构建筑遗迹。

发掘简报只报道了此遗址第 10 层以下的资料。

遗迹：发现有干栏式建筑的成排木桩与圆木构件，还有大片的茅草和小圆木、竹片绑扎、叠压在一起，应是屋顶。另外，发现有用于建筑的方木地梁，上有人工凿的卯孔，应为大型建筑的地梁。

出土遗物：陶器以夹砂褐陶为主，其次为泥质灰陶和黑陶。以素面陶为主，少部分饰弦纹、绳纹、附加堆纹、重菱形纹、网格纹等。器形以各类尖底陶器为多，有杯、盏、罐，还有小平底罐、高柄豆、高柄豆形器座、盉、圜底釜、鸟头柄勺、器盖（图一一、图一二）。石器有打制的盘状器、磨制的斧、锛、凿等。骨器有簪、针、锥、镞，另还有卜甲。

发掘简报将十二桥遗址第 10 层以下分为三期：第 13 层为早期，第 12 层为中期，第 11 层、第 10 层为晚期。根据出土器物的特点，结合$^{14}C$ 数据，早期相当于商代早期，中期相当于殷墟一期，晚期相当于商末周初之际[45]。

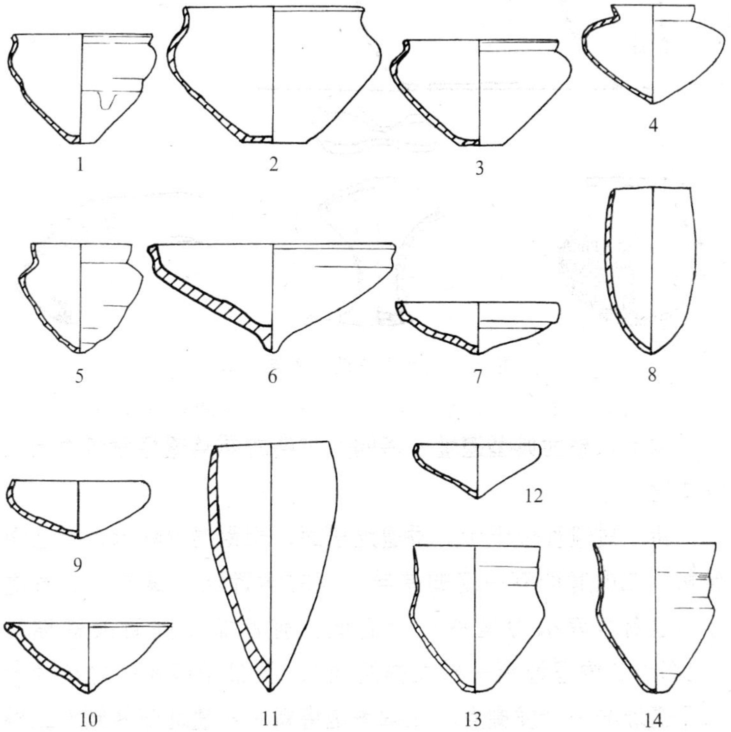


图一一　十二桥遗址陶器（一）

1.小平底罐　2.小平底罐　3.小平底罐　4.尖底罐　5.尖底罐　6.尖底盏　7.尖底盏　8.尖底杯　9.尖底盏　10.尖底盏　11.尖底杯　12.尖底盏　13.尖底杯　14.尖底杯

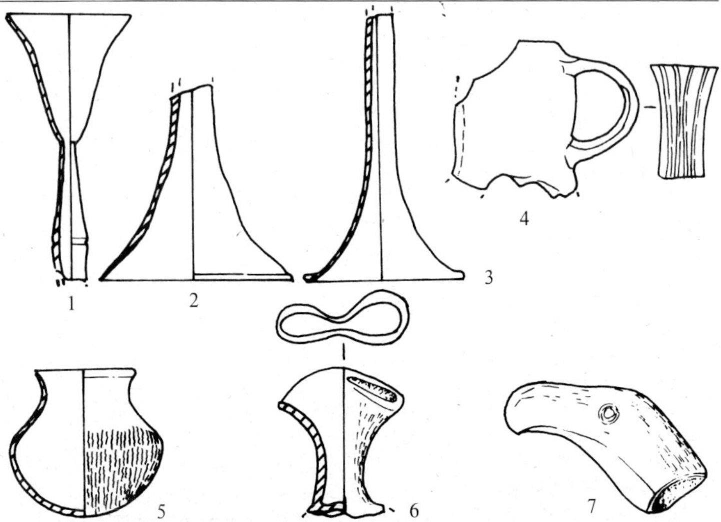


图一二　十二桥遗址陶器（二）

1.豆　2.豆　3.豆　4.盉　5.釜　6.器盖纽　7.勺柄

以十二桥为典型遗址，将同一时期的同类遗存命名为十二桥文化。

新一村遗址位于十二桥遗址东面，相距约100米，出土陶器和十二桥遗址有一定的差异。有的学者认为属于十二桥遗址，也有学者认为是另一个遗址。前者如发掘简报就称为《成都十二桥遗址新一村发掘简报》，显然是将新一村作为十二桥遗址的一个发掘点。江章华是将新一村遗址归并到十二桥遗址内，提出将十二桥遗址命名为“十二桥下层文化”、新一村遗址（8层~6层）命名为“十二桥上层文化”[46]。后者如李明斌认为新一村紧临十二桥遗址，位于十二桥遗址东面。如果从一个较大范围来说，将其归入十二桥遗址也无不可，但由于其在文化内涵上与十二桥遗址有相当差别，而且晚于十二桥遗址，故将其单列，作为一个遗址来考察[47]。孙华认为新一村遗址与十二桥遗址已有相当大的差别，小口绳纹陶釜、绳纹深腹陶罐是当时的主要器种，故建议将新一村遗址作为典型遗址命名为“新一村文化”，属于十二桥遗址群的第二期、成都平原青铜文化的第三期和四川先秦文化的第四期[48]。

不论何种意见，十二桥遗址与新一村遗址紧紧相邻，从出土陶器看，两者相互衔接。这是客观事实。这里特别将新一村遗址放在十二桥遗址以后，以方便读者检阅、对比。

1995 年，成都市文物考古研究所对新一村遗址进行了发掘。此遗址位于十二桥遗址以东约 100 米，东靠西郊河。发掘以前分别于 1990 年、1991 年在新一村遗址周围进行勘探，在新一村东南和北边发现了十二桥遗址的文化遗存。

地层堆积：第 1 层为近代建筑垃圾和农耕土层。第 2 层褐色土，为隋唐文化层。第 3 层黄色粘土层，较疏松，陶器以夹砂褐陶为主，为汉代文化层。第 4 层黄色沙土，出土泥质灰陶和夹砂褐陶片，为战国文化层，其下叠压 1 号墓。第 5 层灰黑色土，较疏松，仅发现少量细碎的夹砂褐陶片，其下叠压 7 号灰坑。第 6 层黄色含沙粘土层，湿润紧密，出土陶尖底器及罐、釜等。第 7 层黄褐色土层，土质紧密，较湿润，包含物有尖底陶器、陶罐、釜、盆、钵等，另有卜甲。第 8 层沙土层，较湿润，出土陶器和第 6 层、第 7 层大体相同。第 9 层青灰色沙土，湿润疏松，分布于个别探方，包含物仅有几根圆木。第 9 层以下为砂夹卵石，无文化遗物。

发掘简报只介绍了 1 号墓以下的地层单位（含 1 号墓）。

出土遗物：以陶器为主，夹砂褐陶从早到晚逐渐减少，夹砂灰陶从早到晚由少变多。这两种为主要陶系，另有少量夹砂褐皮灰陶和泥质灰陶。以素面陶占大多数，少数有纹饰，其中有绳纹、弦纹、乳钉纹、重菱形纹等。器形主要有敛口广肩罐、喇叭口罐、尖底杯、尖底罐、釜、簋形器、瓮、器盖等。石器有打制的盘状器和磨制的石锛。另有卜甲。

墓葬：1号墓为狭长形竖穴土坑墓，开口于第4层下面，打破第5层。墓坑东西长7.4米，南北宽1.2～1.3米，残深12～25厘米。为二次迁葬。出土器物主要有陶器和铜器。时代为战国[49]。

十二桥遗址的材料公布后，一些学者对它的分期和年代进行了探讨。各种意见分歧颇大，现择主要的几种介绍如下：

（1）宋治民曾将新石器时代晚期和早期蜀文化（商、西周、春秋）的陶器分为三组，结合地层关系，把十二桥遗址出土陶器定为第三组。依据陶器类型学的研究，提出十二桥遗址第13层与第12层较接近，定为十二桥遗址早期，第11层与第10层为十二桥遗址晚期。根据三星堆遗址和月亮湾出土陶器的研究，将十二桥遗址早期定为西周后期，晚期定为春秋时期[50]。

（2）孙华认为十二桥遗址的各层之间，第11层和第10层分界明显，第12层和第11层相近，第13层和第12层关系密切，从而将十二桥分为二期三段。一期为第13～11层，又分为两段，第13层为一期1段，第12～11层为一期2段。第10层为二期3段。它们的年代，一期1段不晚于殷墟二期，一期2段为殷墟三期，二期3段为春秋早期至战国初期[51]。

（3）江章华认为十二桥遗址第13层和第12层比较接近，第11层和第10层比较接近，故将第13层和第12层划为十二桥遗址第一期，又分为两段，第11层和第10层划为十二桥遗址第二期。它们的年代，第一期1段相当于殷墟三期，第一期

2段相当于殷墟四期到周初，第二期相当于西周前期[52]。

（4）李明斌将十二桥遗址的第13层和第12层定为十二桥遗址第一期，第11层和第10层定为十二桥遗址第二期。第一期为殷墟至西周前期，第二期为西周后期，下限可至春秋时期[53]。

关于新一村遗址的时代，也有学者发表了不同意见：

（1）江章华将新一村遗址定为十二桥遗址的上层文化，又将新一村遗址分为二期，遗址第8层为第一期，第7层和第6层为第二期，又为两段。它们的年代，第一期为西周后期，第二期为春秋前期，两段分别为春秋前期偏早和偏晚两个阶段[54]。

（2）李明斌认为从新一村遗址出土陶器分析，这组陶器为代表的遗存要晚于十二桥遗址第13层至第10层的年代。新一村遗址第5层为间隙层，1号战国土坑墓又打破第5层，故新一村遗址第8层、7层、6层的下限不会晚于战国。其陶器群也与本地区战国陶器群有相当大的区别。据此将新一村遗址的时代大致定为春秋时期[55]。

（3）孙华认为新一村遗址的第7层具有明显的过渡性质。第8层至第6层出土的小口绳纹圜底釜、绳纹深腹罐在出土陶器中所占比例相当大，成为主要器种。这和十二桥遗址已有相当大的区别。应将新一村遗址从十二桥遗址中分离出来，单独命名为新一村文化，年代在公元前1000～前500年，相当于西周晚期至春秋晚期[56]。

（4）宋治民对新一村遗址的陶尖底器进行了研究，认为该遗址尖底陶器有一个很大的特点，即它们的尖底主要为近圜状尖底，尖底偏向一侧，或接近小平底（因底部直径过小，直立困难，一般归为尖底类)，因此提出这类尖底为不规整的尖底。结合其他陶器看，新一村遗址应晚于十二桥遗址，从而认为这种不规整尖底是蜀文化中尖底陶器的衰落阶段。由于遗址第5层为间隙层，1号战国墓又打破第5层，所以将新一村遗址第8层至第6层的年代定为春秋后期[57]。

尽管上述关于十二桥遗址、新一村遗址的名称、分期和年代有不同的意见，但也有某些共同点，如十二桥遗址早于新一村遗址已达成共识。

**4. 成都指挥街遗址**

此遗址于1985年发掘。

地层堆积：第1～3层为表土和扰乱层。第4层为唐、宋文化层。第5层又分两小层，5A层未出遗物应为间隙层。第5B层、第6层为周代文化层。发掘报告定第4层为本遗址的上文化层，第5B层、第6层为下文化层，仅公布了下文化层的材料。

出土遗物：以陶器为主，其他有玉石器、骨器、铜器、卜甲等。陶器分为夹砂褐陶和泥质灰陶两大系统，陶器表面颜色多不纯正，制法为手制加慢轮修整，纹饰种类繁多，主要有绳纹、弦纹、划纹、乳钉纹、重菱形纹，器形主要有小平底罐、喇叭口罐、圈足罐、尖底杯、尖底盏、钵、圜底釜、豆、器座、器盖及鼎、盉足等。玉石器有磨制的石锛、打制的盘状器及残玉璧。骨器有锥、簪、管、凿形器。铜器仅有矛。卜甲经整制，有钻、凿及灼痕。

时代：发掘报告根据出土遗物，将第6层定为西周后期，第5B层定为春秋前期[58]。

对于指挥街遗址，学者们提出了不同的看法：

（1）江章华认为指挥街遗址出土遗物年代混杂，恐非原生地层。从早期地层中有少量器物被洪水冲刷的情况和下文化层的第5层、第6层均为沙层等方面看，地层已被洪水扰动，是再生形成的。从出土器物看，第6层所见的釜、鼎、矮圈足豆、浅盘豆等均明显属于战国时期。第5层所见平底罐、尖底盒、豆、鼎等也是战国遗物。其中尖底罐、尖底杯、高柄豆和部分尖底盏均属于十二桥文化器物。综合以上情况，指挥街下文化层的形成年代应在战国时期[59]。

（2）孙华认为指挥街遗址第5B层和第6层属于没有分期意义的次生堆积，两层间相同相似的陶器很多，并且都有不见于三星堆、十二桥等较早遗存的鼎、甑、镂孔器座及矮柄和中柄豆等陶器。指挥街下文化层中无论是第5B层还是第6层，都既有较早的陶器也有年代较晚的陶器。根据考古学的基本原则，层位的年代只能以最晚的遗物来确定。孙华将下文化层的陶器分为四组：A组与十二桥第13～11层相似，如尖底盏、尖底杯、袋足盉、高柄豆等；B组与抚琴小区第4层相似，如敛口尖底盏、直领尖底罐、鼓腹尖底杯等；C组与上汪家拐6号、8号灰坑的陶器相近，如尖底盏、双腹尖底罐、圜底釜、釜形鼎等；D组为未见其他遗址的陶器，如镂孔尖底甑、敛口折肩罐等[60]。

以上的意见是很中肯的，也符合指挥街遗址的实际情况。

**5. 成都金沙遗址**

金沙遗址位于成都市西北部，东距市中心约5公里，遗址面积在5平方公里以上。摸底河自西向东横穿遗址，将遗址分为南北两部分。1995～2000年，在摸底河以北的黄忠村进行了发掘，发现有房址、灰坑、墓葬等遗迹和以尖底陶器为代表的器物群。2001年，基建部门在摸底河以南的金沙村发现大量象牙、金器、铜器、玉器、石器等珍贵文物。成都市文物考古研究所着手对这一区域进行大规模勘探与发掘，开始将黄忠村遗址与金沙遗址联系起来。它们实际上是同一个大遗址的两部分。自2001年以来，已在遗址范围内的20多个地点进行发掘[61]，至今仍在继续发掘中。现选择几个地点简单介绍如下：

(1) 黄忠村发掘地点：位于遗址西北部，1995~1996年、1999年进行发掘。

地层堆积：据公布的1999年发掘资料，共分10个地层。第3层、2层、1层分别为汉、唐、宋时期及表土。第4层、第5层为周代文化层，包含物有尖底陶器、陶罐、器盖、豆等。第6层至第9层为商周时期，包含物有尖底陶器、器座和器盖等。第10层早于商代。第10层以下为生土。

遗迹：发现有房址、窑址和墓葬等。

房址。均为木骨泥墙式建筑，开口于第4层以下有4座，开口于第5A层以下有5座，均为大型建筑。例如，6号房址的面积达430平方米以上。

窑址。清理16座，均属小型馒头窑，由工作面、窑门、火膛和窑室组成。

墓葬。发现13座，开口在第4B层和第5层下，为竖穴土坑墓。

出土遗物：主要为陶器，还有石器、铜器。陶器以夹砂陶为多，有黑皮陶、灰陶、褐陶。泥质陶以黑陶为多，有少量黄红色陶。纹饰简单，有少量菱形纹、方格纹、弦纹、镂孔。器形主要有平底的罐和盆、尖底的盏和杯、圈足的豆以及器盖等(图一三)。铜器有锛、柳叶形剑。石器为磨制，有锛、斧等。

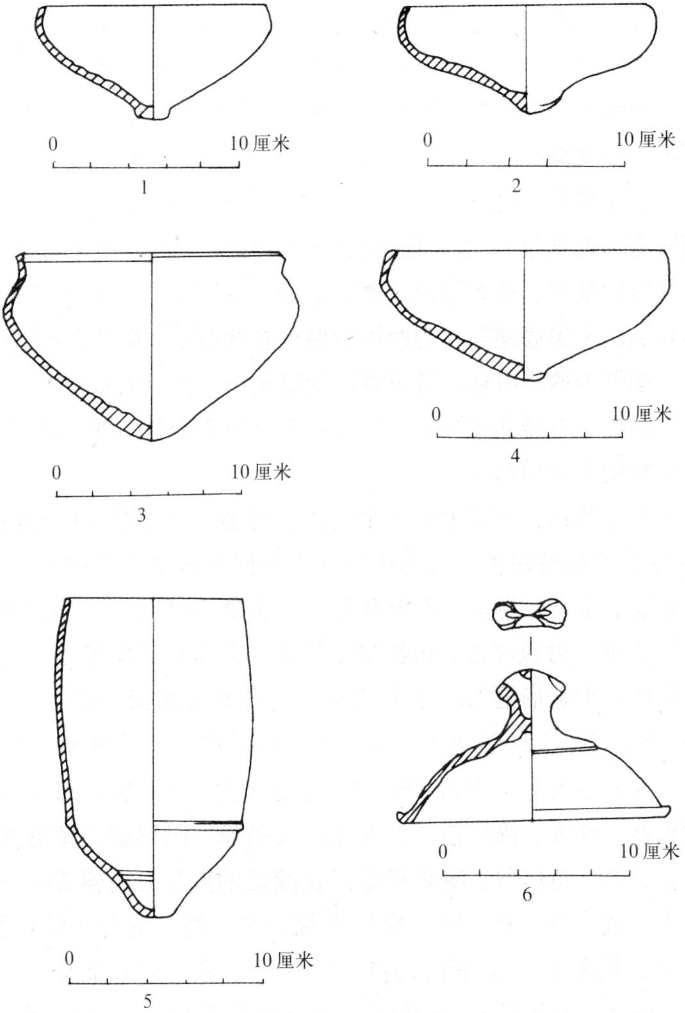


图一三　金沙遗址黄忠村陶器

1.2.4.尖底盏　3.尖底罐　5.尖底杯　6.器盖

时代：此发掘地点为西周时期[62]

（2）“梅苑”地点：位于遗址东部，2001 年由施工时发现了大批金器、玉器、铜器、石器等，共计 1400 余件。成都市文物考古研究所在这里进行了清理与发掘。出于遗址保护的原因，未发掘到生土。

地层堆积：可分为 16 层，多数探方只发掘到第 8 层，个别探方发掘到第 12 层。根据出土陶器判断，第 4～1 层为汉代及其以后堆积。第 5 层出土喇叭口罐、尖底盏，为春秋前期。第 6 层出土尖底盏等，为西周后期至春秋前期。第 7 层出土玉器、铜器为西周时期，其下叠压的遗迹单位出土大量金器、玉器、铜器、石器和象牙等。第 8～12 层出土少量陶器，时代为商代晚期至西周初年。

出土器物：主要为施工中挖出。可能出土于近 10 个地层和 10 余个遗迹单位，已无法将它们归回原地层单位中。主要有金器、玉器、铜器、石器和象牙。金器 56 件，有“太阳神鸟”饰件、射鱼纹带、鱼纹带、金盒、人面具（彩版二）、蛙形饰件、喇叭形器等。玉器 558 件，有戈（彩版一〇）、矛、剑、钺、璋（彩版九）、圭、琮、锛、凿、刀、饰件、璧、环、人面形器等。铜器 479 件，主要有戈、钺、镞、璋、铃、璧形器、挂饰、锥形器、立人像、人面像、眼形器、龙形器、牛首、鸟、鱼形器、喇叭形器以及圈足的残片。石器 248 件，有矛、钺、璋、斧、锛、跪坐人像、虎、蛇、龟等。骨角器 57 件，用象牙、鹿角等材料制成，有矛、镞、锥形器等。

时代：根据已发掘的地层和出土陶器观察，“梅苑”地点的时代当在商代晚期至春秋前期。

遗址性质：所出器物均和祭祀、宗教活动有关，推测

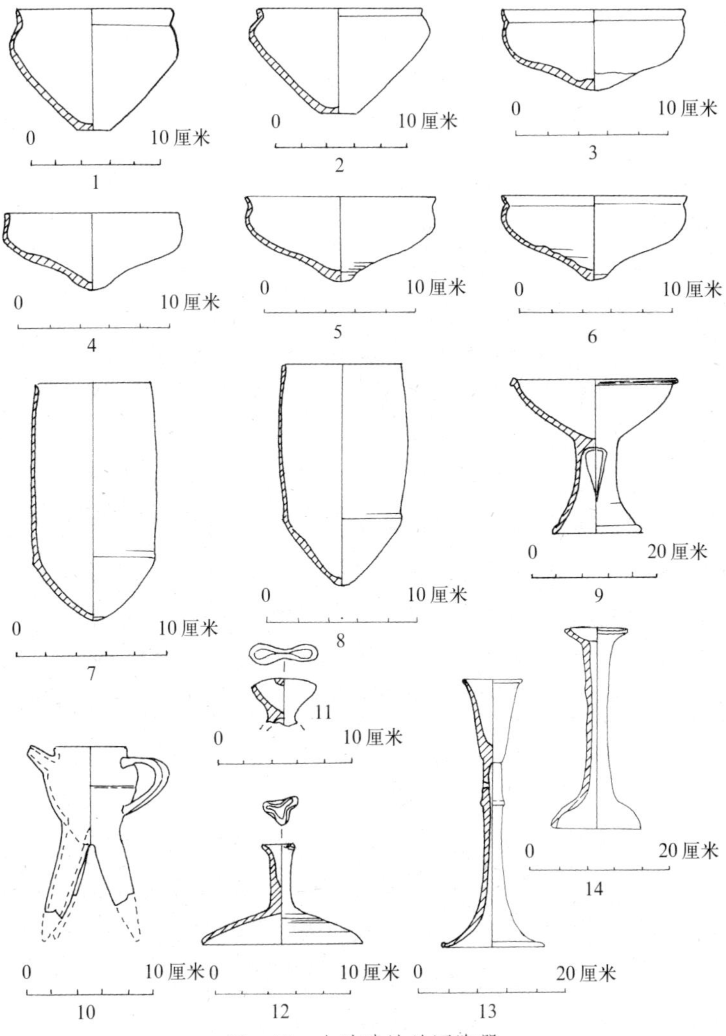


图一四　金沙遗址兰园陶器

1.小平底罐　2.小平底罐　3.尖底盏　4.尖底盏　5.尖底盏　6.尖底盏　7.尖底杯　8.尖底杯　9.豆　10.大口盉　11.器盖　12.器盖　13.豆形器　14.豆形器

“梅苑”地点为祭祀活动区[63]。

（3）“兰园”地点：“兰园”地点位于金沙遗址的中南部，2001～2002年进行了大规模的发掘。

地层堆积：第4～1层为汉代及汉代以后的堆积，出土有汉代绳纹瓦片、绳纹陶釜，唐宋时期、明清时期的瓷片。第5层出土陶器主要有小平底罐、圈足豆、尖底杯、尖底盏以及捉手捏成“∞”形的器盖等。第6层出土陶器主要有小平底罐、高领罐、圆形捉手的器盖等。

遗迹：发现有房址、窑址和墓葬。

房址。17座，为木骨泥墙式建筑，平面方形或长方形。

窑址。3座，为小型馒头窑。

墓葬。发现100多座，全部为竖穴土坑墓，个别墓有生土二层台。大多数墓未见随葬器物，个别墓出有少量铜器、玉器和石器。这批墓葬排列有序，少有叠压打破关系。

出土器物：有陶器、铜器、石器和玉器。陶器以夹砂灰褐陶为主，泥质陶较少。素面陶居多，纹饰较少，仅见绳纹、弦纹、网格纹、菱形纹等。器形主要有小平底罐、高柄豆形器、敛口罐、器盖、尖底杯、尖底盏、盉、瓮、高领罐、圈足罐、器座和豆等（图一四）。铜器有斧、钺、戈。石器有锛、凿、斧、两端刃形器和钺。玉器有璋、锛、凿。

时代：出土陶器和成都市十二桥遗址、水观音遗址、岷江小区遗址有许多近似之处，大约为商周之际[64]。

（4）“春雨花间”地点：位于金沙遗址西部地区，2002～2003年发掘。

地层堆积：共分5层。第4～1层为汉、唐、宋至现代农耕层。第5层出土有小平底罐、高柄豆、圈足罐、高领罐、尖底陶器和器盖等。第5层以下为生土。

遗迹：仅有墓葬。

墓葬。17座，皆为长方形竖穴土坑墓，均开口于第5层以下，打破生土。绝大部分无随葬器物，仅405号墓随葬陶纺轮、陶罐各1件，另有4座墓各随葬陶纺轮1件。

出土遗物：主要为陶器，有少量石器。陶器以夹砂褐陶为主，泥质陶较少。以素面陶为主，纹饰有绳纹、弦纹、圆圈纹等。器形有罐、瓮、尖底杯、尖底盏、高领罐、高柄豆和器盖等。石器均为磨制的小型器物，有斧、锛、凿。

时代：遗址出土器物与十二桥遗址、水观音遗址相近，为商末周初。遗址出有宝墩文化的一些陶器，为早期器物出于晚期地层单位[65]。

以上是选择金沙遗址几处发掘点来加以简要介绍，作为了解金沙遗址文化面貌的材料。由于金沙遗址正在发掘之中，各发掘点尚无统一的地层关系和相互对应关系。总的来说，目前是将金沙遗址的时代定在商代晚期至西周时期[66]，归属于十二桥文化，与三星堆文化有传承关系，是继三星堆遗址以后的古代蜀国都邑。

金沙遗址虽然还在发掘之中，但已有一些发掘地点公布了发掘简报。对一些问题，特别是年代问题，有学者提出了自己的看法：

（1）徐学书认为金沙遗址出土的青铜器和玉石器与三星堆两个祭祀坑出土的青铜器和玉石器一脉相承。从总体看，三星堆遗址与金沙遗址属于同一个考古学文化遗存。三星堆遗址的年代早于金沙遗址的年代，金沙遗址早期的文化遗存与三星堆遗址晚期遗存在年代上大体同时。单以年代较早的三星堆遗址命名不能涵盖金沙遗址代表的该文化晚期文化遗存，以年代晚的金沙遗址命名亦不能涵盖以三星堆遗址为代表的该文化早期文化遗存，故提出“三星堆—金沙文化”的概念。同时认为在成都平原尖底陶器群的出现年代应不早于西周晚期。虽然该遗址的早期与三星堆遗址四期大体同时，但主体遗存的年代晚于三星堆遗址第四期。尤其是金沙遗址的下限据出土陶器推断已晚至战国中、晚期，因此金沙遗址主体文化的延续年代应当为春秋中期至战国中晚期[67]。

（2）宋治民从金沙遗址的出土陶器入手，分析和讨论了金沙遗址的年代。他认为金沙遗址出土陶器中，尖底器是主要的器类之一，其他尚有小平底罐、盉、圜底罐和器盖等。金沙遗址出土的尖底陶器有尖底盏、尖底杯和尖底罐。它们最大的特点是尖底器的底部制作不规整，即尖部呈圜状尖底、尖底偏向一侧或做成极小的小平底（因这种小平底直径甚小，不能直立，故习惯上归入尖底器类）。有的尖底杯靠近底部转折内收形成下腹，折棱明显，有些在转折处有明显的凸棱。金沙遗址尖底陶器的特点不见于十二桥遗址和三星堆遗址四期（包括1号祭祀坑）出土的尖底陶器。分析这种情况的出现，是尖底陶器已经由发达期进入了衰落期。金沙遗址尖底陶器的这些特点和新一村遗址尖底陶器的特点是一致的。另外，金沙遗址出土的小平底罐形制为大口外侈，鼓肩，最大径在肩腹交界处，是三星堆遗址四期流行的形制。陶盉为大口，圆肩，腹部斜直，流横向伸出，属于十二桥遗址出土陶盉的形制，也和水观音遗址出土陶盉相同。圜底罐同于新繁水观音晚期墓的圜底罐。器盖中有一种钮呈尖锥状折向一侧。这种器盖在早期蜀文化中只出于新一村遗址。新一村遗址的时代晚于十二桥遗址，所以金沙遗址的年代应和新一村遗址大体同时，而晚于十二桥遗址，属于十二桥文化，是十二桥文化最晚的阶段。其繁荣期约为春秋后期，上限可达西周。春秋时期一般说有295年，春秋后期亦有100多年，仍相对较长。在目前情况下，将年代定得笼统一些，有利于今后的探讨[68]。

**6. 成都岷江小区遗址**

岷江小区遗址位于成都市二环路以南和人民南路以东，为配合基本建设于1998年进行勘探，1999年发掘。

地层堆积：第3～1层分别为汉代文化层、唐宋文化层和现代耕土层。第4层、第5层出土有尖底杯、尖底盏等陶器，为商周文化层。第5层以下为生土。

遗迹：有房址、窑址和墓葬。

房址。有带基槽的地面建筑和干栏式建筑。其中1号房址已揭露部分有4个开间。4号房址发现9个柱洞，基本构成一个方形，为干栏式建筑。

窑址。发现1座，为卧式窑。由火膛、窑室、工作面组成。火膛内出土陶器有尖底盏、尖底杯、镂孔筒形器座、小口罐等10余件完整陶器。其组合关系尤为难得。

墓葬。有竖穴土坑墓和瓮棺葬。

出土遗物：以陶器为多，有铜器和石器。陶器以夹砂褐陶为多数。纹饰有雷纹、绳纹、弦纹、划纹、乳钉纹及镂孔。器形以尖底器为大宗，有尖底盏、尖底杯、尖底罐，还有圈足罐、镂孔筒形器座、器盖、高柄豆等。铜器有尊、镞、削等，尊为蜀人仿中原文化铜尊的变异。石器为磨制的石斧，形体小，一般长在7厘米左右。

时代：为商周时期，铜尊为商末周初之物[69]。

关于岷江小区遗址的时代，宋治民认为出土的陶器，特别是尖底陶器为不规整尖底，与金沙遗址各发掘点、新一村遗址出土陶器具有共同特征。出土的铜尊从形制看，和三星堆遗址2号祭祀坑出土的铜尊有相似之处，但纹饰为卷尾夔纹的尾部，应是这种夔纹的简化形式。一般认为这种卷体夔纹出现并流行于西周早期，这种简化的形式当不会早于西周时期或许会更晚。铜尊所饰的卷尾纹，从布局看应是在蜀人仿制时将两个卷尾纹的位置放反了。从图上看，右边的卷尾纹应从右向左旋转，左边的卷尾纹应从左向右旋转。因为这种卷体夔纹的旋转方向正是这样的，其尾尖部分向外，而岷江小区铜尊的卷尾纹尾尖部分向内。蜀人仿制说明其时代更晚。从陶尖底器看，和金沙遗址、新一村遗址尖底陶器的特点一样。因此，岷江小区遗址的时代亦为春秋后期，为十二桥文化最晚的阶段[70]。

**7. 彭州竹瓦街青铜器窖藏**

彭州市位于成都平原北部青白江北岸，南距成都市区约35公里，东距三星堆遗址约15公里。20世纪50年代和80年代先后在彭州市的竹瓦街清理了两座青铜器窖藏。

1959年清理了第一座窖藏。铜器装在一个夹砂红褐色大陶缸内，缸的上部和附近全部填充细黄沙土，无任何扰乱痕迹。出土青铜器21件。其中容器8件，有尊、觯、罍；兵器12件，有戈、戟、矛、钺；工具1件，为锛。下埋前，戈上涂抹白膏泥[71]。

1980年清理了第二座窖藏。此窖藏位于第一座窖藏东南约25米。铜器亦装在一个夹砂灰褐色陶缸内，缸内上半部饰重菱纹。陶缸埋于一个3~4米宽的灰色土沟中，灰土周围为黄褐色粘土，陶缸的上面填土中杂有细卵石。出土铜器19件。其中有罍4件；兵器15件，有钺、戟、戈[72]。

这两座窖藏出土青铜器从形制到纹饰均相类似。第一座窖藏出土的铜觯内底分别有铭文“覃父癸”和“牧正父己”。发掘简报认为这两批青铜器的制作时间在商末周初，下埋时间可能在西周。

这两座窖藏的发现，特别是第一座窖藏在当时堪称重要发现，故而引起学术界的重视。许多学者纷纷著文加以考证：

（1）徐中舒先生考证认为：青铜器中的1件尊和2件觯为殷器，5件罍为蜀人仿制。2件觯的铭文“覃父癸”、“牧正父己”分属两个氏族，年辈亦不同，必为战利品，或为周王颁赐的掳获物。此二觯在四川出土而其埋藏年代又距周初开国时期不远，这正是蜀人参加伐纣之役最直接有力的物证。蜀人仿制的铜器，其最晚年代亦应在西周较早时期[73]。

（2）冯汉骥先生研究认为：第一座窖藏出土的兵器时代早晚不一。铜戈的时代不能晚于西周末季，矛、戟从花纹、形制看应当较晚，但亦不能晚于春秋初期。这批兵器可能是仪仗中的武器而非实用之具。出土容器中，2件觯、1件尊制作甚精，以形制、花纹及铭文款式看，可能为晚商殷人之器。5件罍可视为列罍。它们所饰饕餮纹、象纹、夔纹等，颇显触突而带原始风格。这正是此类花纹在早期的特征。若从花纹看，铸器当不晚于西周初期，但在蜀土，特别是在当地冶铸发展史看来，可以晚到西周末，或东周初。这批青铜器的入土时代，结合蜀人早期传说，当在望、丛“禅让”的时代，约当公元前7世纪中叶。按开明氏的世系推断，当在西周末或东周初[74]。

（3）李伯谦分析了竹瓦街两座窖藏出土青铜器认为：尊和觯的造型以及觯的铭文、花纹具有商末周初的作风，有的长援直内戈时代可早到商代，而罍的造型和某些罍上所饰的回旋转尾夔纹是西周早期的典型形制和花纹，三角援戈似多属西周早期，有的甚至可以晚到西周中期[75]。

（4）李学勤认为：竹瓦街两座窖藏出土青铜器群，整个说来是调谐的，找不出年代更晚的因素。参照中原青铜器的序列以及四川临近的陕西宝鸡、城固地区的材料，竹瓦街青铜器应该属于周初[76]。

以上所述各遗址均为商、西周、春秋时期，应属早期蜀文化。下面所述为战国时期的遗址，属晚期蜀文化。

**8. 成都青羊宫遗址**

青羊宫遗址位于成都市西部的锦江支流摸底河的东岸。1954年四川省文管会进行了发掘，1958年四川省博物馆再次发掘。

地层堆积：共分4层。第1层为现代层。第2层为汉代文化层，出土陶豆、陶釜、陶三足釜、半两钱等。第3层、第4层为战国时期文化层。第4层以下为淤泥层、卵石夹砂层。

出土遗物：有陶器、骨器、铜器和石器等。陶器中夹砂粗褐陶占90%以上，夹砂灰陶和泥质灰陶仅有10多件陶片。纹饰以绳纹为主，另有乳钉纹、划纹、弦纹和印纹，还有器表涂朱的。制法以轮制为主。器形有小口圜底罐、圜底釜、豆、尖底盏。骨器有锥、簪。铜器有削。石器为环。另出有卜骨为动物头盖骨和龟腹甲，有钻有灼。

时代：此遗址第3层、第4层所出陶器和战国墓同类器物相同，应为战国时期。此遗址系河流泛滥冲积而成的一个古代遗物堆积层[77]。

孙华将青羊宫遗址分为两段：第一段即遗址第3层、第4层，其年代应在秦灭巴蜀前的战国中晚期；第二段为秦灭巴蜀后至西汉初期[78]。

**9. 成都上汪家拐街遗址**

此遗址位于成都市西南部的上汪家拐街街道办事处院内。1991年配合基本建设，由成都市文物考古队和四川大学历史系进行了考古发掘。

地层堆积：共分6个地层。第4B层及其以上为汉代以后的文化堆积。第5层、第6层为战国时期文化层。第6层以下为沙层，无包含物。

出土遗物：有陶器、石器和铜器。陶器以泥质灰褐陶为大宗。器物造型规整、匀称，主要为轮制。纹饰以细绳纹为主，有方格纹和瓦纹。器形有罐、尖底盏、豆、釜、盆、缸、器盖等，另发现有鼎足（图一五）。石器有研磨工具。铜器为柳叶形扁茎无格剑。

时代：为战国时期[79]。

本遗址第6层以下为纯净的沙层堆积，无任何包含物，当为故河道。战国时期的文化层未经水力的搬运冲积，地层清楚，属原生堆积，就显得更为可贵。

对上汪家拐街遗址的断代，有学者提出不同意见：

（1）孙华认为上汪家拐街的战国遗存（第5层、第6层及6号、8号灰坑）与报告认为西汉前期的第4B层，两者的器类组合相同（都以釜、豆、鼎为典型器类），陶器色泽相似（均以灰褐、黑褐为主），器物形态也呈连续性的发展演变状态。它们无疑属于同一文化的不同发展阶段。因此，应将第4B层与战国遗存放在一起作为早期来考察。根据地层堆积可将战国遗存分为两段：第5层、8号灰坑为第一段，6号灰坑、第4B层为第二段[80]。

（2）李明斌研究认为关于上汪家拐街第4B层，报告将其

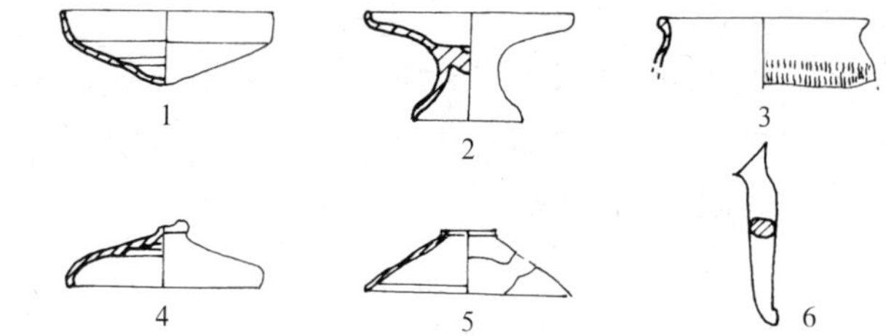

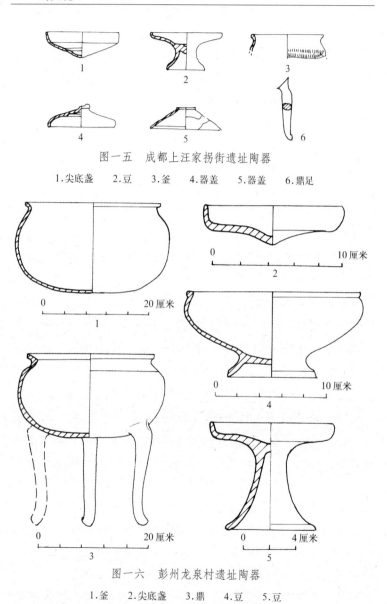

图一五　成都上汪家拐街遗址陶器

1.尖底盏　2.豆　3.釜　4.器盖　5.器盖　6.鼎足

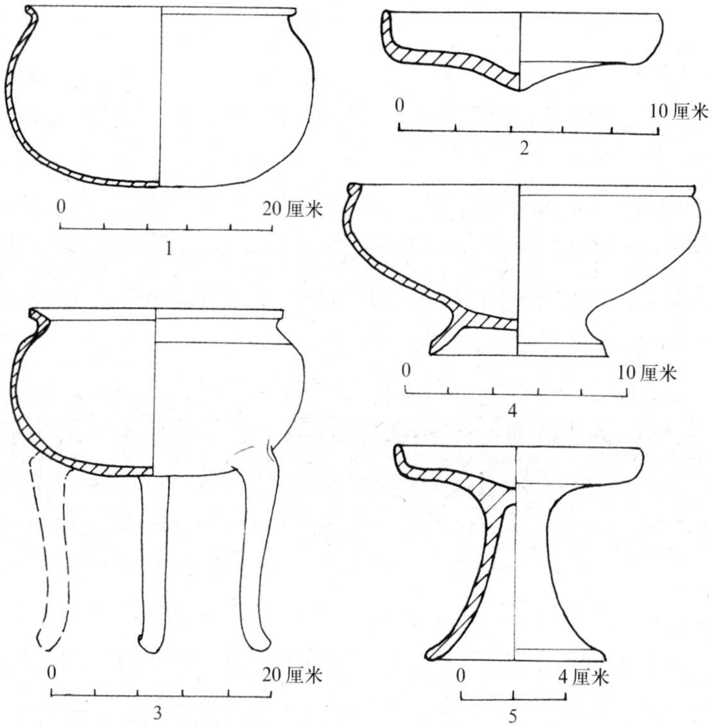


图一六　彭州龙泉村遗址陶器

1.釜　2.尖底盏　3.鼎　4.豆　5.豆

定为西汉前期，而有学者认为“属战国晚期及秦代”的堆积。第4层的包含物有早晚混杂的现象，这在我国软遗址堆积形成中是常见和普遍的。对它形成年代的判断，当以其所出包含物中年代最晚者为年代依据。根据报告发表材料，可将第4B层包含物分成两组：A组为鼎、豆、釜；B组为瓮、缸、平底罐。B组器物组合不同于A组，为新出现的器类，与四川西汉前期器物组合相符，与报告判断一样[81]。

**10. 彭州太清乡龙泉村遗址**

此遗址位于彭州市区南面。2000年、2003年，成都市文物考古研究所、彭州市博物馆进行了两次发掘。

地层堆积：共分5层。第2层、第1层为明清至现代农耕层。第3层为汉代文化层。第4层为战国文化层，出土圜底釜、釜形鼎、豆等战国时期有代表性的陶器。第5层出土器物不多，为宝墩文化时期的堆积，有少数几个灰坑开口于第4层下打破第5层，应为商周时期的遗存。第5层以下为生土。

出土遗物：战国时期遗物包括第4层和一些灰坑中出土器物，有陶器、铜器。陶器出土数量多，以夹砂褐陶为主要。纹饰以绳纹为主，有少量的弦纹、戳印纹、重菱形纹。器形有罐、瓮、圜底釜、盆、釜形鼎、尖底盏、豆、釜甑和器盖等(图一六)。铜器有柳叶形扁茎无格剑，另有半两钱1枚。

时代：出土陶器多见于战国墓葬，和成都市上汪家拐街战国遗存出土器物非常接近。半两钱属战国晚期秦半两钱。彭州龙泉遗址的时代应在公元前316年秦灭巴蜀以后至秦统一六国这段时间[82]。

**11. 简阳出土窖藏青铜器**

1975年发现，多为兵器。出土时，兵器放在一个铜缶内。

铜缶埋在1米深的土层中，缶上扣一铜盘。由此分析，这是一处窖藏。

出土遗物：容器有铜缶、铜盘，兵器有戈、矛、钺、剑，工具有斤。

时代：属战国晚期[83]。

## （三）雅安沙溪遗址

雅安市位于四川盆地的西南边缘，在成都市西南约110公里。沙溪遗址位于雅安市中区以北约500米。早在20世纪50年代的考古调查中，就在这一带收集到有肩石器。

1985～1986年配合基本建设，对沙溪遗址进行了发掘。

地层堆积：共分4层。第2层、第1层为汉代文化堆积和现代农耕层。第3层、第4层出土陶器有小平底罐、尖底陶器等，为商周文化堆积。

遗迹：有柱洞、灶等。柱洞中有一部分洞下垫有石质柱础，少量柱洞内有木质腐朽后留下的黑灰。灶呈不规则椭圆形，灶壁有红色烧结土，灶坑内含大量木炭屑、灰烬。

出土遗物：有陶器、石器两大类。陶器以夹砂灰陶为大宗，其次为夹砂褐陶。纹饰有绳纹、凸棱纹、弦纹、附加堆纹。器形主要有小平底罐、圆腹罐、尖底杯、尖底盏、高柄豆、盆、圈足豆、缸、器盖和器座等。石器分为打制、磨制和细石器。打制石器有砍砸器、盘状器、刮削器、尖状器、有肩石斧和有肩石铲（图一七）。磨制石器有斧、镞形器，细石器有细石核和细石叶，细石叶多在一侧或两侧加工成刃。

时代：发掘报告将第4层、第4层以下的单位定为遗址早

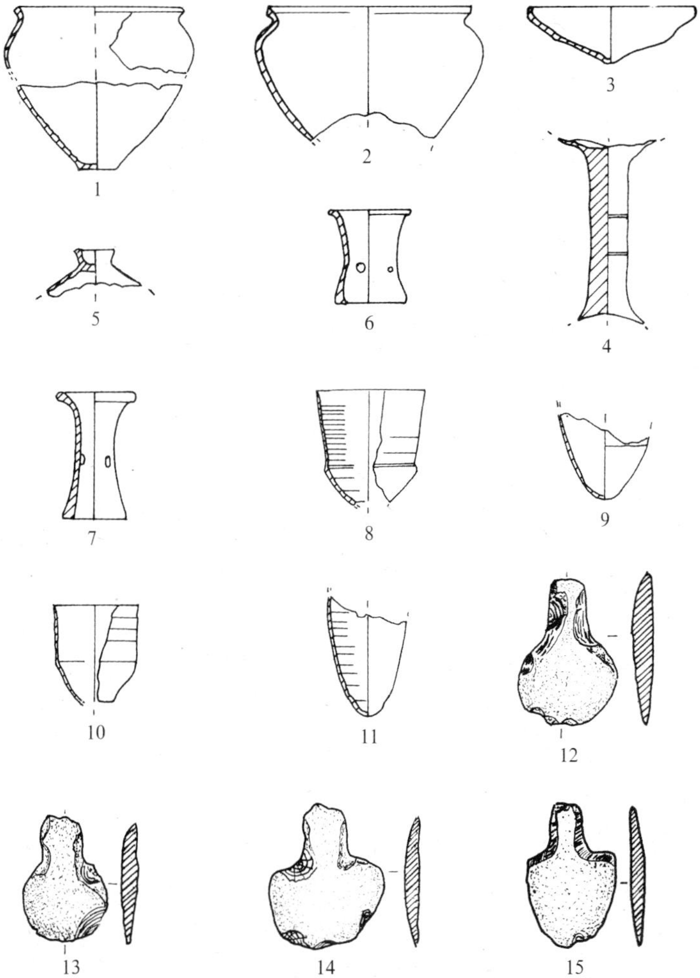


图一七　雅安沙溪遗址陶器、石器

1.小平底罐　2.小平底罐　3.尖底盏　4.豆　5.器盖　6.器座　7.器座　8.尖底杯　9.尖底杯　10.尖底杯　11.尖底杯　12.有肩石斧　13.有肩石斧　14.有肩石铲　15.有肩石铲

期，第 3 层、第 3 层以下单位定为遗址晚期。对比成都十二桥、新繁水观音等遗址出土陶器，结合晚期$^{14}C$测年数据距今3100±70 年，将晚期的年代定为商代后期偏晚，早期定为商代后期偏早[84]。当为早期蜀文化的一个地方类型。

2005 年，四川省文物考古研究院等又对雅安沙溪遗址进行了发掘。

地层堆积：共分 6 层。第 1 层、第 2 层为现代表土层。第 3 层、第 4 层出土陶器有小平底罐、尖底器、器盖等，为商周时期的堆积。第 5 层很少包含物，为水冲积的沙层。第 6 层仅包含零星炭屑，沙土纯净，无文化遗物出土，为冲积形成。第 6 层以下为河沙堆积。

遗迹：窑 1 座，开口于第 3 层以下，打破第 4 层、第 5 层、第 6 层和生土，由工作坑、火膛、窑室及烟道组成，窑室内包含大量陶片、木炭屑、烧土块，还有石器。

出土遗物：有陶器和石器。陶器以夹砂灰陶、灰黄陶为主，泥质陶较少。绝大多数为素面陶，纹饰以绳纹为主，其次有弦纹、网络纹、菱形纹、凸棱纹。制法多轮制。器形主要为小平底罐、尖底杯、尖底盏、高柄豆、器盖等。石器有打制石器和磨制石器。打制石器有砍砸器、刮削器、有肩石斧、有肩石铲等。磨制石器有环、穿孔挂饰等。

时代：年代上限不早于商代晚期，下限当不晚于西周[85]。

关于沙溪遗址，李明斌指出沙溪遗址出土陶器的最大特点是绝大多数不饰纹饰。这种高比例的素面陶在川西平原诸早期蜀文化遗址中极为少见。另外，沙溪遗址器座的形制独特，不见于其他遗址，实心的高柄器也不见于其他遗址。高柄豆、圈足豆、器盖等也与川西早期蜀文化的同类器物有细微的差别。

出土石器中打制石器占绝大多数，其中有肩石器占相当比例。这种有肩石器与早期蜀文化陶器共存的情况，正是沙溪遗址作为早期蜀文化的一个地方类型的又一表现。沙溪遗址陶器有许多和成都诸遗址晚期者相似。例如，小平底罐、尖底杯、尖底盏等。沙溪遗址晚期的Ⅳ型尖底盏（原报告Ⅲ式）的尖底近圜，形制特点较晚，可能晚到战国初年。因此，沙溪遗址早期相当于西周后期，晚期相当于春秋或更晚[86]。

## （四）蜀文化的建筑遗址

### 1. 城墙和土台建筑

三星堆文化时期和十二桥文化时期，分别发现了规模宏大的城墙遗址和土台遗址。从建筑技术上说，当时的夯筑技术已很成熟，并出现使用土坯（土砖）的情况。土坯的制作，应该说是夯筑技术的进一步发展。

三星堆遗址的城墙属于三星堆文化时期，发掘报告尚未发表。根据一些著作的透露，现有东、西、南三面城墙，北面紧临鸭子河。城墙采用夯筑技术，地面不挖基槽。城墙分为主城墙和内、外附城墙。主城墙为平夯筑成，内侧和外侧的附城墙系堆筑然后斜行夯打。现存情况为东城墙长1100米，顶宽20余米，墙基宽40余米，顶部有用土坯修筑的梁埂。南城墙长800米，基宽40余米，高约6米。西城墙以自然土丘为基础，加以人工夯筑修整，形成长600余米、宽40～110米、高6～10米的城墙[87]。城墙建筑不挖基槽是继承了宝墩文化诸城址城墙的特点。这种城墙建筑和南方长江中游石家文化城址的城墙相似，而不同于北方的中原地区。

成都羊子山土台遗址，属于十二桥文化时期。经发掘，这是一座大型三层夯土台，采用土坯、夯土构筑。先平整基址，然后用土坯砌方形围墙，再在墙内部填土夯实，依次构筑第二层和第三层。土台残高 10 米，呈正方形。台顶中心为边长 31.6 米正方形郭墙，用土坯垒砌为第三层。第二道墙在郭墙外壁 12 米处，边长 67.6 米，是第二层。第三道墙为外墙，推知每边长约 103.6 米，是第一层。砌墙土坯采用上下齐缝，内边有收分，用灰白色细泥粘接。三道墙内均为夯土。夯具为直径 9 厘米的圆形木棒或石锤。土坯内掺有经过选择的茅草叶作为草筋[88]。

建筑中使用土坯在河南龙山文化中已有发现[89]。在蜀文化中，到目前为止，三星堆城墙是最早使用土坯作为建筑材料的。羊子山土台遗址在使用土坯方面有进一步的发展。

**2. 房屋建筑遗址**

发现的房屋建筑只剩下基址。蜀文化三星堆文化时期的三星堆遗址发现房址 15 座，均属三星堆遗址的第二期。这些建筑均为木骨泥墙式地面建筑。发掘报告将其分为甲、乙两组，乙组打破甲组，然而它们都属于同一时期。甲组房址建在黄褐色生土层上，平面长方形。先挖基槽，然后在基槽挖柱洞，柱洞与柱洞之间再挖小的基槽，在立好的柱子中间的小基槽中再立以木（竹）棍，用树条加以编织，在内外两面涂上草拌泥，构成木骨泥墙式墙壁，最后用火烘烤。发掘中出有不少印有木柱、木棍、竹片痕迹的红烧土块。房址内还发现有成片的草木灰烬和竹片，房顶可能以草覆盖。以 1 号房址为例，平面呈长方形，门开在南壁右侧，进深 2.5 米，宽 4.5 米。基槽柱洞保存较完好，共发现柱洞 17 个及两段小基槽。乙组房址也建在

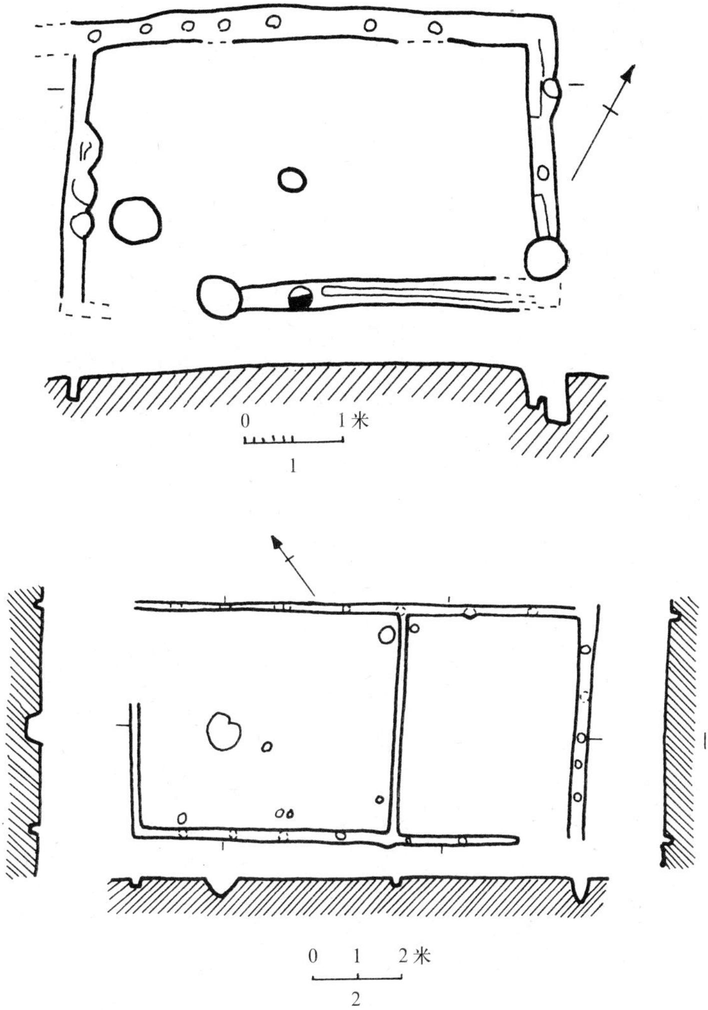


图一八　三星堆遗址房址

1.F1平面、剖面图　　2.F5、F6平面、剖面图

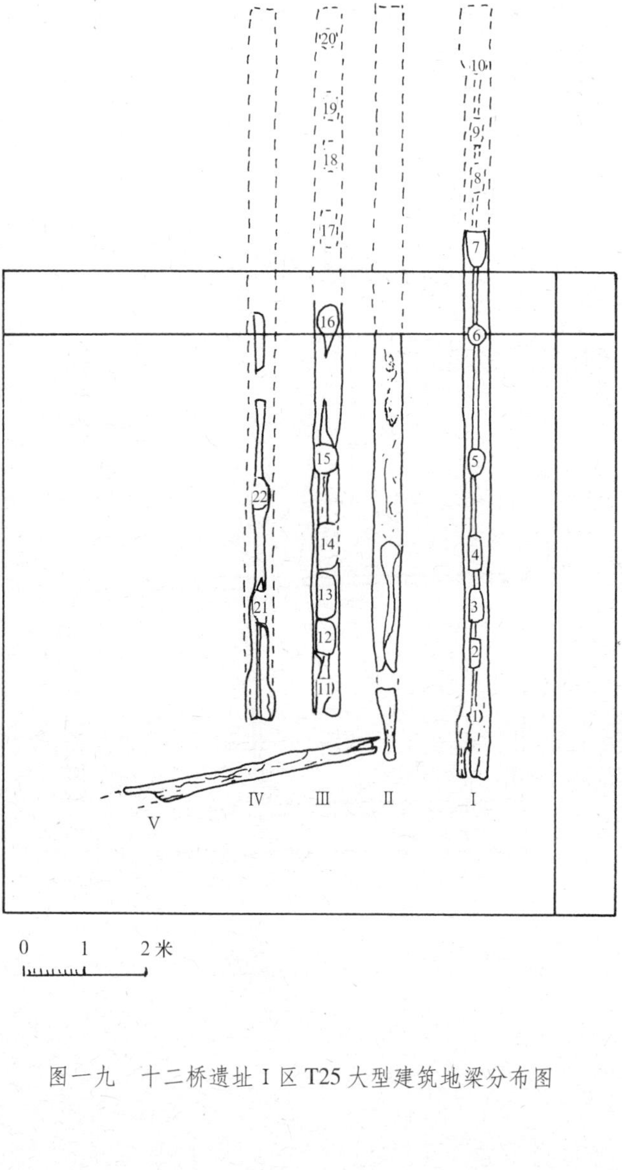


图一九　十二桥遗址Ⅰ区T25大型建筑地梁分布图

图二〇 十二桥遗址小型房屋建筑复原图

黄褐色生土层上，但其上垫有一层2~5厘米厚的白膏泥。乙组建筑为木骨泥墙式建筑，只是在基槽的柱洞与柱洞之间不再挖小沟槽。以5号房址、6号房址为例。这是两间相连的房址，中间以隔墙隔开而各自开门。5号房址平面呈长方形，进深4.75米，宽4.4米，面积约18平方米，门开在南墙左侧。6号房址位于5号房址西面，其东墙即是5号房址的西墙，但门开在西墙右侧，进深5.7米，宽4.75米，面积约26平方米（图一八）。地面木骨泥墙式建筑在宝墩文化中已经出现，在都江堰市的芒城遗址、郫县古城遗址均有发现。三星堆文化时期这类房屋建筑显然是宝墩文化的继承和发展。

十二桥文化时期的房屋遗址也均为地面建筑。十二桥遗址发现有大型地梁式木构建筑的遗迹，共有5根地梁。地梁为砍凿整齐的方木，有4根南北向排列，1根东西向放置。如Ⅰ号地梁残8.51米，宽40厘米，厚23厘米。地梁上凿有7个卯孔，在第1个卯孔中还保存有立柱的痕迹，加之这些地梁排列整齐（图一九），所以推断它们当是大型建筑的基础，故称其为地梁，地梁上的卯孔即“柱洞”。十二桥遗址还发现有小型干栏式建筑遗迹。它们是将木桩下端削尖打入土中，形成密集的桩网，在桩网的顶端绑以纵横圆木，形成方格网状的结构，再在方格网状结构上平铺木板作为居住面。墙体以绑扎成网格状的木骨架编织篾片成墙。发掘中发现成片的茅草与小木棍和竹片绑扎在一起，应当是盖屋顶的材料[91]。这种干栏式建筑的居住面和地面有一定的空间（图二〇），恰好适应成都地区多水而潮湿的环境特色。干栏式建筑早在浙江宁绍平原上的河姆渡文化中就有发现，在成都平原上宝墩文化的郫县古城遗址、崇州市双河遗址中也都有发现。

十二桥文化金沙遗址的黄忠村发掘点在1999年发掘出9座房屋基址，均为地面建筑。开口于4B层下的有1～4号房址，开口于5A层下的有5～9号房址。它们分布有规律，可能为一组建筑。现以3号房址和6号房址为例。3号房址已发掘部分长18.5米，宽6.1～6.44米，有南北向的基槽是3号房址的东墙基和西墙基，南端的基槽应为南墙基。在基槽内分布密集而有规律的柱洞，室内有东西基槽为隔墙的基槽。3号房址至少是两间相连的房屋，房门在南室的东部，两室有门道相通。6号房址为已发掘的黄忠村最大的房址，平面为长方形，已发掘部分长43.8米，宽近8米，东、北、南三面基槽内均排列有规整的大小柱洞，大柱洞内多用砾石、火烧土块、沙土填实并夯筑，小柱洞多为紧临的两个为一组。房内发现4条南北向的基槽，基槽内有规律地排列着小柱洞。这些应为房内隔墙的基槽。这说明6号房址是至少有5个房间的长排房，每间房均在北墙开有房门，室内每间房之间无门可通[92]。

通过考古发掘得知，十二桥文化时期多大型房屋建筑，一般建筑也比三星堆文化时期大，柱洞分布也很有规律。例如，黄忠村的5～9号房址的建墙基槽长度都在20米以上，大小柱洞配置合理。这些都说明在建筑技术上似比三星堆文化时期有所提高。

**注　释**

[1] 林名钧《广汉古代遗物之发现及其发掘》，《说文月刊》三卷7期(1942年)。

[2] 冯汉骥等《记广汉出土的玉器》,《文物》1979 年第 2 期;又见《冯汉骥考古学论文集》,文物出版社 1985 年版。
[3] 同 [1]。
[4] 沈允宁译、陈宗祥校《葛维汉民族考古论著》,巴蜀书社 1985 年版。
[5] 王家祐、江甸潮《四川新繁、广汉古遗址调查记》,《考古通讯》1958 年第 8 期。
[6] 四川大学历史系考古教研组《广汉中兴公社古遗址调查简报》,《文物》1961 年第 11 期。
[7] 马继贤《广汉月亮湾遗址发掘追记》,《南方民族考古》第 5 辑,四川科学技术出版社 1992 年版。
[8] 李明斌《广汉月亮湾遗存试析》,《华夏考古》1999 年第 1 期。
[9] 四川省文物管理委员会等《广汉三星堆遗址》,《考古学报》1987 年第 2 期。
[10] 江章华、李明斌《古国寻踪》6 页,巴蜀书社 2002 年版。
[11] 赵殿增、李明斌《长江上游的巴蜀文化》216 ~ 217 页,湖北教育出版社 2004 年版;同 [10] 7 页。
[12] 同 [1]。
[13] 同 [2]。
[14] 同 [10] 5 页。
[15] 敖天照、王有鹏《四川广汉出土商代玉器》,《文物》1980 年第 9 期;敖天照《广汉高骈出土商代玉器的补证》,《三星堆研究》,天地出版社 2006 年版。
[16] 四川省文物管理委员会等《广汉三星堆遗址二号祭祀坑发掘简报》,《文物》1989 年第 5 期。
[17] 四川省文物考古研究所《三星堆祭祀坑》,文物出版社 1999 年版。
[18] 孙华《三星堆器物坑的年代与性质分析》,《文物》1993 年第 11 期。
[19] 高大伦、李映福《广汉三星堆遗址出土玉石器的初步考察》,《考古与文物》1994 年第 2 期。
[20] 施劲松《三星堆器物坑的再审视》,《考古学报》2004 年第 2 期。
[21] 王燕芳、王家祐、李复华《广汉三星两座窖藏坑的性质及其相关问题》,《四川考古研究论文集》,《四川文物》1996 年增刊。
[22] 胡昌钰、蔡革《鱼凫考——也谈三星堆遗址》,《四川文物》三星堆古文化研究专辑(1992 年)。

［23］宋治民《广汉三星堆一号、二号祭祀坑几个问题的探讨》,《南方民族考古》第3辑，四川科学技术出版社1991年版；宋治民《蜀文化与巴文化》109～116页，四川大学出版社1998年版。
［24］江玉祥《广汉三星堆遗址出土的象牙》,《三星堆与巴蜀文化》，巴蜀书社1993年版。
［25］徐学书《三星堆祭祀坑年代为春秋说》,《社会科学研究》1995年第1期。
［26］同［10］45页。
［27］同［17］。
［28］同［18］。
［29］徐朝龙《三星堆“祭祀坑说”唱异—兼谈鱼凫和杜宇之关系》,《四川文物》1992年第5、6期。
［30］林向《蜀酒探源—巴蜀的“萨满式文化”研究之一》,《南方民族考古》第1辑，四川大学出版社1987年版。
［31］同［20］。
［32］四川省文物考古研究所三星堆工作站等《三星堆遗址仓包包祭祀坑调查简报》,《四川考古报告集》，文物出版社1998年版。
［33］同［15］。
［34］叶茂林《羊子山土台遗址出土打制石器的性质与年代浅析》,《四川文物》1988年第5期。
［35］四川省文物管理委员会《成都羊子山土台遗址清理报告》,《考古学报》1957年第4期。
［36］林向《羊子山建筑遗址新考》,《四川文物》1988年第5期。
［37］孙华《羊子山土台考》,《四川文物》1993年第1期。
［38］同［10］212～214页。
［39］李明斌《羊子山土台再考》,《古代文明》第2卷，文物出版社2003年版。
［40］四川省博物馆《四川新繁县水观音遗址试掘简报》,《考古》1959年第8期。
［41］李伯谦《城固铜器群与早期蜀文化》,《考古与文物》1983年第2期。
［42］宋治民《关于蜀文化的几个问题》,《考古与文物》1983年第2期。
［43］同［10］170、183页。
［44］同［11］318～319页、325页。

[45] 四川省文物管理委员会等《成都十二桥商代建筑遗址第一期发掘简报》,《文物》1987年第12期。

[46] 江章华《成都十二桥遗址的文化性质及分期研究》,《四川大学考古专业创建三十五周年纪念文集》,四川大学出版社1998年版。

[47] 同[11]289页。

[48] 孙华《四川盆地的青铜时代》8~11页、41~43页、105页、110页,科学出版社2000年版。

[49] 成都市文物考古研究所《成都十二桥遗址新一村发掘简报》,《成都考古发现(2002)》,科学出版社2004年版。

[50] 宋治民《早期蜀文化分期的再探讨》,《考古》1990年第5期;宋治民《蜀文化与巴文化》104~109页,四川大学出版社1998年版。

[51] 孙华《成都十二桥遗址群分期初论》,《四川考古论文集》,文物出版社1996年版。

[52] 同[46]。

[53] 同[11]311、325页。

[54] 同[46]。

[55] 同[11]325页。

[56] 同[48]105页、111页。

[57] 宋治民《蜀文化尖底陶器续论——兼论金沙遗址的时代》,《四川文物》2005年第6期。

[58] 四川大学博物馆等《成都指挥街周代遗址发掘报告》,《南方民族考古》第1辑,四川大学出版社1987年版。

[59] 同[10]170~171页。

[60] 同[51]。

[61] 成都市文物考古研究所《金沙——再现辉煌的古蜀王都》,四川人民出版社2005年版。

[62] 成都市文物考古研究所《成都市黄忠村遗址1999年度发掘的主要收获》,《成都考古发现(1999)》,科学出版社2001年版。

[63] 成都市文物考古研究所《成都金沙遗址"梅苑"东北地点发掘一期简报》,《成都考古发现(2002)》,科学出版社2004年版;成都市文物考古研究所《成都金沙遗址Ⅰ区"梅苑"地点发掘一期简报》,《文物》2004年第4期。

[64] 成都文物考古研究所《成都市金沙遗址"兰苑"地点发掘简报》,

《成都考古发现（2001）》，科学出版社2003年版。
[65] 成都文物考古研究所《成都金沙遗址“春雨花间”地点发掘简报》，《成都考古发现（2004）》，科学出版社2006年版。
[66] 同[61]。
[67] 徐学书《论“三星堆——金沙文化”及其与先秦蜀国的关系》，《考古学民族学的探索与实践》，四川大学出版社2005年版。
[68] 同[57]。
[69] 成都文物考古研究。《岷江小区遗址1999年第一期发掘》，《成都考古发现（1999）》科学出版社2001年版；同[11] 297页。
[70] 同[57]。
[71] 王家祐《记四川彭县竹瓦街出土铜器》，《文物》1961年第11期。
[72] 四川省博物馆等《四川彭县西周窖藏》，《考古》1981年第6期。
[73] 徐中舒《四川彭县濛阳镇出土的殷代二觶》，《文物》1962年第6期。
[74] 冯汉骥《四川彭县出土的铜器》，《文物》1980年第2期。
[75] 同[41]。
[76] 李学勤《彭县竹瓦街青铜器的再考察》，《四川考古论文集》文物出版社1996年版。
[77] 四川省博物馆《成都青羊宫遗址试掘简报》，《考古》1959第8期。
[78] 同[51]。
[79] 成都文物考古工作队等《成都市上汪家拐街发掘报告》，《南方民族考古》第5辑，四川科学技术出版社1993年出版。
[80] 同[51]。
[81] 李明斌《成都地区战国考古学遗存初步研究》，《四川文物》1999年第3期。
[82] 成都文物考古研究所《彭州市太清乡龙泉村战国时期遗存2003年发掘报告》，《成都考古发现（2004）》，科学出版社2006年版。
[83] 四川省博物馆等《四川简阳出土的战国青铜器》，《文物资料丛刊》第3辑，文物出版社1980年版。
[84] 四川省文管会等《雅安沙溪遗址发掘及调查报告》，《南方民族考古》第3辑，四川科学技术出版社1991年版。
[85] 四川省文物考古研究院《2005年雅安沙溪遗址发掘简报》，《四川文物》2007年第3期。
[86] 李明斌《四川雅安沙溪遗址陶器及其相关问题的初步探讨》，《考古》

1999年第2期。
［87］赵殿增《三星堆考古发现与巴蜀古史研究》，《四川文物》三星堆古蜀文化研究专辑（1992年）；同［11］216～217页。
［88］同［35］。
［89］中国社会科学院考古研究所河南二队《河南永城王油坊遗址发掘报告》，《考古学集刊》第5辑，中国社会科学出版社1987年版；河南省文物研究所等《河南淮阳平粮台龙山文化城址试掘简报》，《文物》1983年第2期。
［90］同［9］。
［91］同［45］。
［92］同［62］。

# 三 蜀文化墓葬的发现和研究

和全国其他地区相比，蜀文化墓葬发现的不算多，尤其是已发现的成片墓地就更少。不过，蜀文化墓葬却具有鲜明的地域性和民族性。蜀文化墓葬从墓葬形制、随葬器物和随葬器物的组合，都反映出这方面的特点。同时，在蜀文化墓葬中也反映出外来文化的影响，尤其是在晚期蜀文化墓葬中这种情况更为突出。这些都明显地反映出蜀文化逐渐融合到汉文化中的过程。

蜀文化墓葬属于早期者（即商、西周、春秋时期），已发现的相对较少。属于晚期者（即战国、秦、汉初），数量相对较多。早期蜀文化墓葬随葬器物较少，晚期蜀文化墓葬随葬器物较丰富，而且形成颇有特色的组合。下文分为早期蜀文化墓葬和晚期蜀文化墓葬加以叙述。

## （一）早期蜀文化墓葬

### Ⅰ 广汉地区

**1. 月亮湾遗址墓葬**

1963 年发掘月亮湾遗址时，发现 6 座墓葬。其中 4 号墓、5 号墓、6 号墓属于宝墩文化的墓葬。1 号墓、2 号墓、3 号墓为早期蜀文化墓葬。

墓葬形制：墓圹不明显。随葬有陶器。人骨已朽成零星粉末。应为不挖墓坑而就地掩埋的形式。

随葬器物：只有陶器。1 号墓出土斜壁曲腹觚形器、浅腹高圈足豆。2 号墓、3 号墓的出土陶器和 1 号墓相同。

这些陶器出土时排列整齐。例如，1 号墓觚形器 2 件置于墓西侧，圈足豆 4 件由东向西围成半圆形，口均向上。2 号墓的觚 1 件正放，圈足豆 1 件放于其南侧。3 号墓觚 3 件均侧放，圈足豆 3 件均侧放，它们都向北。

时代：属于月亮湾二期文化。月亮湾二期文化时代在三星堆遗址三、四期之间[1]。

李明斌通过对 1963 年月亮湾遗址发掘材料的研究，通过地层学和器物类型学的分析认为月亮湾遗址可分二期三段。第 3 层为第一期Ⅰ段，1 号墓、2 号墓、3 号墓为第二期Ⅱ段，第 2 层为第二期Ⅲ段。它们的年代分别是第一期为龙山时代晚期至夏初，第二期Ⅱ段在殷墟一期前后，第二期Ⅲ段大致在殷墟一期至西周早期[2]。

**2. 三星堆遗址墓葬**

1980 年在三星堆遗址的居住区发掘墓葬 4 座。除了 1 号墓，2 号、3 号、4 号墓均开口于第 2 层（第一文化层）以下，并打破生土。

墓葬形制：均为竖穴土坑墓。1 号墓为长方形竖穴土坑墓。方向 40 度，墓坑长 1.92 米，宽约 0.48 米，深 0.52 米。无葬具，仰身直肢葬，无随葬器物。填土为浅褐色五花土，填土中有几片夹砂陶片。2 号墓开口于第 2 层以下，并打破生土。墓坑不太规则，墓口长 2.38 米，墓底长 2.26 米，头端宽 0.64 米，足端宽 0.30 米，深 0.22 米。墓壁斜直，东壁底部有一窄台宽约 0.15 米，高 0.10 米。方向 38 度。无葬具，侧身屈肢葬，骨架已朽，无随葬器物。填土中发现4件陶片。3号墓开口于第2层以下，打破生土，为长方形竖穴土坑墓。墓坑长0.92米，宽0.40米，深0.42米，方向40度。填土为浅褐色五花土，无葬具，骨架已朽，仅剩5颗牙齿，葬式不明，无随葬器物。墓主人为一儿童。4号墓开口于第2层以下，打破生土，为长方形竖穴土坑墓。墓坑长1.10米，宽0.50米，深0.44米，方向30度。填土为浅褐色五花土，仰身屈肢葬，无葬具，无随葬器物。墓主人为一儿童。

时代：发掘报告认为1号墓打破12号房址、16号房址，2号墓打破13号房址，两墓填土中的陶片与遗址 $CaT_1$、$CaT_4$ 第2层（第一文化层）所出陶片从陶质、纹饰相比均无差异，3号墓打破12号房址。从这些情况分析，1号墓、2号墓可能与遗址第三期同时，3号墓、4号墓应早于1号墓、2号墓[3]。遗址第三期属三星堆文化，为商代。

这4座墓葬都没有发现随葬器物，而且有3座系儿童墓葬，都埋于居住区，似不能代表三星堆文化时期的埋葬制度。

**3. 三星堆遗址仁胜村土坑墓群**

此墓群位于三星堆城址的西城墙外550米，属于三星堆遗址的范围以内。1997～1998年，四川省考古研究所三星堆工作站配合仁胜村砖厂取土，发掘土坑墓29座。从公布的墓葬平面图来看，这里应是一处墓地。不过，墓地已被砖厂取土严重破坏，现存墓群以北应属墓地范围（图二一）。

地层堆积：第1层为耕土层。第2层为近现代层，包含物有瓷片、汉砖及三星堆遗址二、三期陶片。第2层以下开口有宋代沟，墓葬除了16号、21号墓，均开口在第2层以下，并打破生土。第3层属三星堆遗址第一期地层，包含物为三星堆

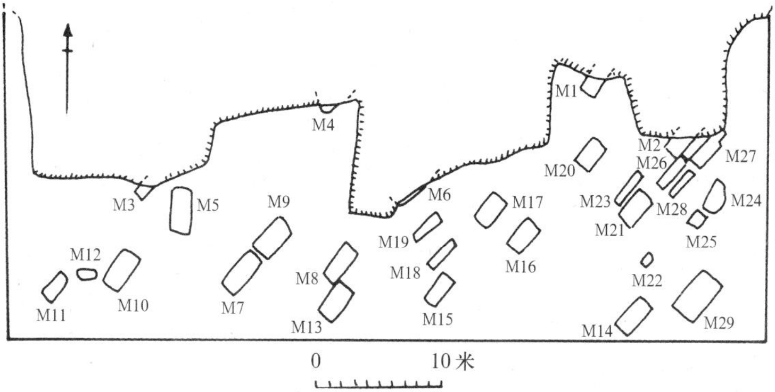


图二一　三星堆遗址仁胜村墓地平面图

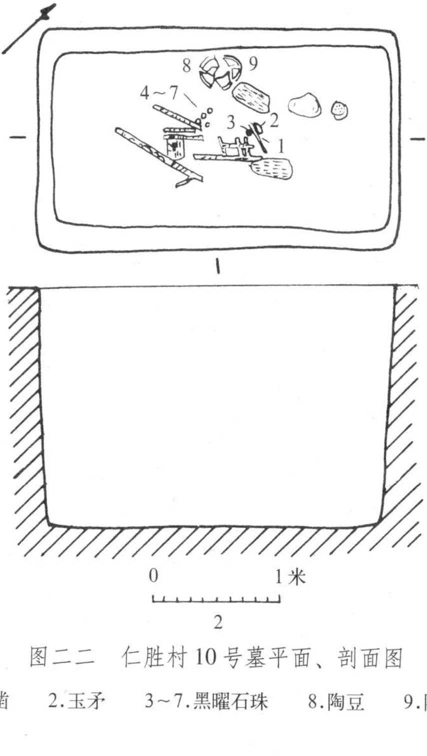


图二二　仁胜村10号墓平面、剖面图

1.玉凿　2.玉矛　3~7.黑曜石珠　8.陶豆　9.陶器盖

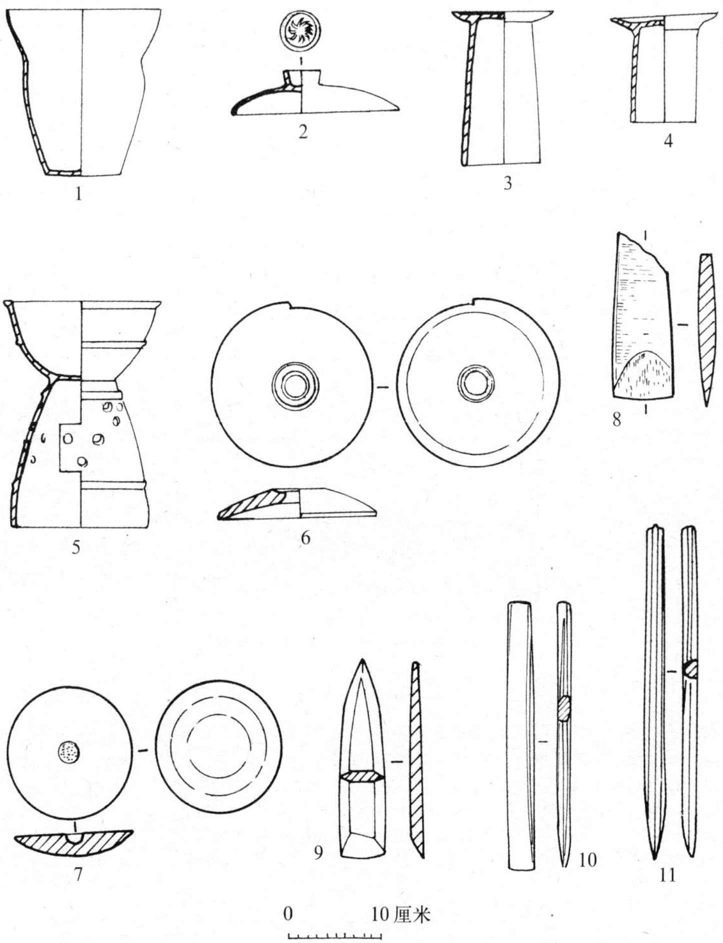


图二三　仁胜村墓地出土器物

1.尊形器　2.器盖　3、4.豆形器　5.豆　6.蜗旋状器　7.泡形器　8.斧　9.两端刃形器　10.凿　11.锥形器　(1～5为陶器，余为玉石器)

一期偏晚的陶片。16 号墓和 21 号墓开口于第 3 层以下。第 3 层以下为生土。

墓葬形制：可分为长方形土坑墓和狭长形土坑墓两类。有 21 座保存较好，其中长方形土坑墓 17 座，狭长形墓 4 座。长方形土坑墓长宽之比为 3∶2 和 2∶1。填土为五花土，填土中的陶片均属三星堆遗址一期。墓壁、墓底可见夯砸或拍打痕迹。未见完整人骨。10 号墓，方向 42 度。墓口长 2.9 米，宽 1.66 米，墓底长 2.7 米，宽 1.28 ~ 1.4 米，深 1.8 ~ 1.82 米。墓壁及墓底拍打光滑，墓底夯面上发现散乱的人骨朽痕。随葬器物有陶豆、陶器盖、玉矛、玉凿各 1 件（图二二）。29 号墓，方向 40 度。墓口长 3.51 米，宽 1.84 米，墓底长 3.34 米，宽 1.54 ~ 1.71 米，深 1.38 ~ 1.44 米。墓坑两端筑有熟土二层台。东北端台高 0.12 米，宽 0.4 米。西南端台高 0.08 米，宽 0.42 米。墓坑壁近底一周及墓底经夯打。墓底夯面上有一具人骨朽痕，下肢微弯曲。随葬器物有玉壁形器、玉斧形器、石凿、黑曜石珠、骨壁（?）和象牙。狭长形墓有平直墓道和阶梯状墓道，无随葬器物。23 号墓为平直墓道，墓坑平面呈狭长方形，长 3.3 米，宽 0.71 米，方向 220 度。墓道在墓坑的西南端，平面呈长方形，长 1.96 米，宽 0.71 米，深 0.2 ~ 0.32 米。墓室口长 1.34 米，宽 0.7 米。底长 0.76 米，宽 0.71 米。墓室靠墓道一端有生土台阶，填土为黄褐色五花土，含少量碎陶片。墓壁及墓底经夯打，存有一束头髪。

随葬器物：有陶器和玉器两大类。陶器有豆、豆形器、尊形器和器盖等。玉石器有涡旋状器、泡形器、璧形器、锥形器、凿、矛、斧、斧形器等（图二三）。

时代：墓群的大多数墓葬开口于第 2 层以下，打破生土，仅16号墓和21号墓开口于第3层以下，打破生土。第3层为三星堆遗址一期之末的地层，墓葬填土中所出陶片和第3层所出基本一样，未见更晚的器物。所出玉石器中有的和宝墩文化晚期墓中一些器物相似，出土陶器的陶质、陶色与三星堆遗址第二期偏早的陶器风格一致。据此可大致推测墓葬年代上限相当于三星堆遗址一期后段，下限在三星堆遗址二期前段，大致在二里头文化二期至四期的年代范围。

这批墓葬最大的特点在于人骨和墓坑同时被夯砸的现象十分突出，也许和某种宗教礼仪活动有一定关系。另外，出土的玉锥形器和良渚文化的玉锥形器相似。这说明在龙山文化末期至二里头文化时期，良渚文化的某些因素已通过长江中游进入成都平原[4]。

宋治民根据地层关系和出土陶器，对仁胜村土坑墓作了分析，将墓葬分为早期和晚期。发掘简报指出墓地的地层共分3层：第1层为耕土层。第2层为近现代层，包含汉砖及三星堆遗址二、三期陶片。第3层为三星堆遗址一期堆积。其下即为生土。16号墓和21号墓开口于第3层以下，打破生土。根据这种情况，开口于第3层以下的16号墓和21号墓从地层上要早于第3层，从分期方面看可能早于第3层，也可能与第3层属于同一时期，属早期墓。开口于第2层以下的墓葬均打破生土，也必然打破第3层。它们的开口层位已被破坏。根据第2层的包含物可以断定，原来在第3层以上堆积有三星堆遗址第二期和第三期的文化层。到了汉代已被严重破坏，所以这些墓葬可能开口于第二期的地层以下或第三期的地层以下，也许两者均有。它们必然晚于开口在第3层以下的墓葬，属于晚期墓。至于填土中出土的三星堆遗址一期陶片，也说明它们晚于一期。从出土陶器看，都出在晚期的 10 号墓和 22 号墓。其中有尊形器、豆、豆形器和器盖。从陶质、陶色和器形看，都属于三星堆遗址二期、三期。早期墓应属宝墩文化，晚期墓应属三星堆遗址二、三期文化。这为探讨三星堆城址的墓葬区提供了线索[5]。

## Ⅱ　成都地区

### 1. 新繁水观音墓葬

1957 ~ 1958 年，四川省博物馆在发掘新繁水观音遗址时发掘了 8 座墓，可分早晚两期。属于早期的 5 座，为 3 ~ 7 号墓。属于晚期的 3 座，为 1 号、2 号和 8 号墓。8 号墓已被扰乱。简报称早期墓出于文化层的底层和生土中，晚期墓出于文化层的中层。

（1）早期墓

墓葬形制：仅 5 号墓能找出墓坑边缘，其余 4 座找不到墓边缘，均无葬具。据发掘简报推测，此类墓的葬法只不过是按尸体大小掘一浅坑，将尸体放于坑中，用原掘出的土掩埋；或者就将尸体放在地面上，再用泥土将尸体盖好。4 号墓方向为南偏东 35 度。

随葬器物：出于 4 号墓和 5 号墓。仅见陶器，有陶钵和器盖。

（2）晚期墓

墓葬形制：用圜底陶罐围成长方形的墓圹。1 号墓以陶罐作为墓的边缘计算，全长 2 米，宽 0.8 米，内空长 1.45 米（图二四）。2 号墓亦用陶罐围成墓圹，曾被扰乱过。以陶罐作为墓的边缘，长 2.8 米，宽 1.7 米，内空长 2.5 米，宽 1 米，无葬具。随葬器物位置已被扰动。

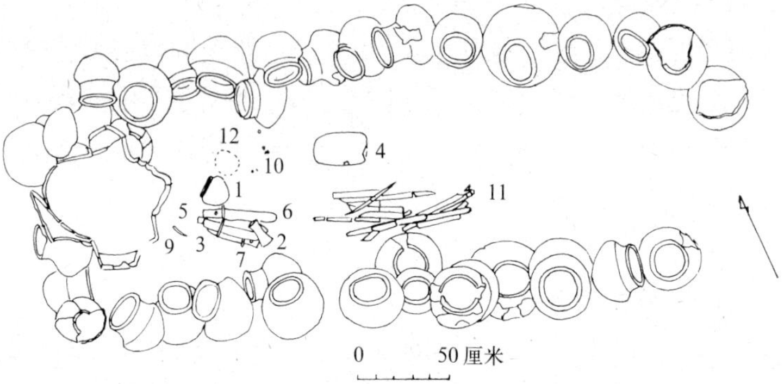


图二四　新繁水观音1号墓平面图

1.2.铜斧　3.6.7.铜戈　4.石器　5.铜矛　8.铜削　9.兽牙　10.人牙　11.方条石　12.人头骨

随葬器物：有陶器、铜器和石器。陶器就是作为墓圹的陶罐。1号墓出土铜器有戈、矛、钺、斧、削，2号墓出土铜器有戈、钺、矛、削。1号墓出土石器有椭圆形器和条形器，2号墓出土石器有镞、凿、削、梳。

时代：早期墓出在文化层的底层和生土层中，随葬品不仅简单亦为当时的实用物，晚期墓出在文化层的上层，随葬品不但数量、种类增多，而且有铜兵器出土。墓葬中出土的铜戈与郑州二里冈殷商墓出土的戈相似。戈、矛的形制早于四川战国墓出土的。据此推测，墓的时代可能到西周至春秋。墓葬打破遗址，遗址的时代上至殷末周初，早期墓可能至殷商时代[6]。

对于水观音墓葬的年代，也有不同的看法：

（1）李伯谦认为水观音遗址和墓葬的年代，可分为连续发展的两期。早期以第3层下部和所属墓葬为代表，晚期以第3层上部和所属墓葬为代表。晚期墓所出铜戈为商代常见，其中三角援铜戈为商代晚期。晚期墓相当于商代晚期，则早期墓大体不会超出商代[7]。

（2）宋治民认为水观音早期墓所处层位和出土陶器说明应和文化层下部同时；晚期墓根据墓葬形制，应为就地掩埋的葬制，应和文化层上部同时。它们的时代早期墓相当于西周晚期，晚期墓相当于春秋时期。至于晚期墓中出土的直援方内无胡戈在中原文化中流行于商周之时这是事实，但在四川的考古工作中却发现商周中原地区流行的器物在四川流行的时间下限可到战国时期，甚至晚到秦代，因此这些直援无胡戈在四川出现于春秋时期是完全可能的[8]。后来的考古发现有更多的这种现象，应是对这种说法的支持。

（3）江章华认为早期墓“出土于生土层中”，“出土”当为“打破”。早期墓当为打破第3层的下层和生土层，晚期墓则为打破第3层的上层。其层位关系由上而下为晚期墓、3上层、打破3层的早期墓、3下层、打破生土的早期墓。其早期墓和第3层与十二桥遗址的第12层比较接近，晚期墓与十二桥遗址的第11层、第10层比较接近。它们的年代分别为殷墟三期~殷末周初和西周前期[9]。

**2. 金沙遗址“国际花园”地点墓葬**

成都市金沙遗址多处发掘地点发现属于早期蜀文化的墓葬。例如，“兰园”地点发现100余座属于商周之际的墓葬，“蜀风花园城”二期地点发现15座商代晚期至西周早期的墓葬，黄忠村发现13座西周墓葬，“万博”地点发现60座商末周初的墓葬，“人防”地点发现14座西周至战国时期的墓葬，

“国际花园”地点发掘47座西周墓葬。这些墓都为竖穴土坑墓，无葬具，随葬器物少，仅有个别铜剑、陶器。这些发现有的只发表了简报，未详细公布材料。有的还在整理之中，详情只有等待正式发掘报告的出版。下文以金沙遗址“国际花园”地点的墓葬作为代表，简述如下：

“国际花园”发掘点位于成都市金牛区营门口乡黄忠村，属于金沙遗址的摸底河以北。这里发现墓葬47座，均开口于第5A层下面，墓口经过扰动。

墓葬形制：均为竖穴土坑墓，个别有生土二层台。葬式以仰身直肢葬居多，有个别俯身葬。无葬具痕迹，骨架保存完好。大多数未发现随葬器物，有随葬器物的置于墓室两端的居多。方向大体呈东南或西北向。第825号墓开口于第5A层下，打破第5B层，为长方形竖穴土坑墓。墓口长1.85米，宽0.5米，深0.1米。方向305度。骨架保存较好，为仰身直肢。未发现葬具。随葬陶尖底盏1件、石牙璋1件。第844号墓开口于第5A层下，打破第5B层，为长方形竖穴土坑墓。墓口长2.4米，宽1.2米，深0.42米，墓底长2.37米。方向292度。骨架散乱，可能为二次葬。未发现葬具痕迹。随葬圈足陶罐1件、陶罐1件、陶纺轮1件（图二五）。第849号墓开口于第5A层下，打破第5B层，为长方形竖穴土坑墓。墓口长2.1米，宽0.6~0.65米，深0.15米，底部长2.07米。方向285度。骨架保存较好，为仰身直肢葬。未发现葬具。随葬陶圈足罐1件、陶尖底盏1件。

随葬器物：多数墓未发现随葬器物，发现随葬器物的墓葬中器物种类数量也少。仅有陶器和石器。陶器有罐、圈足罐、

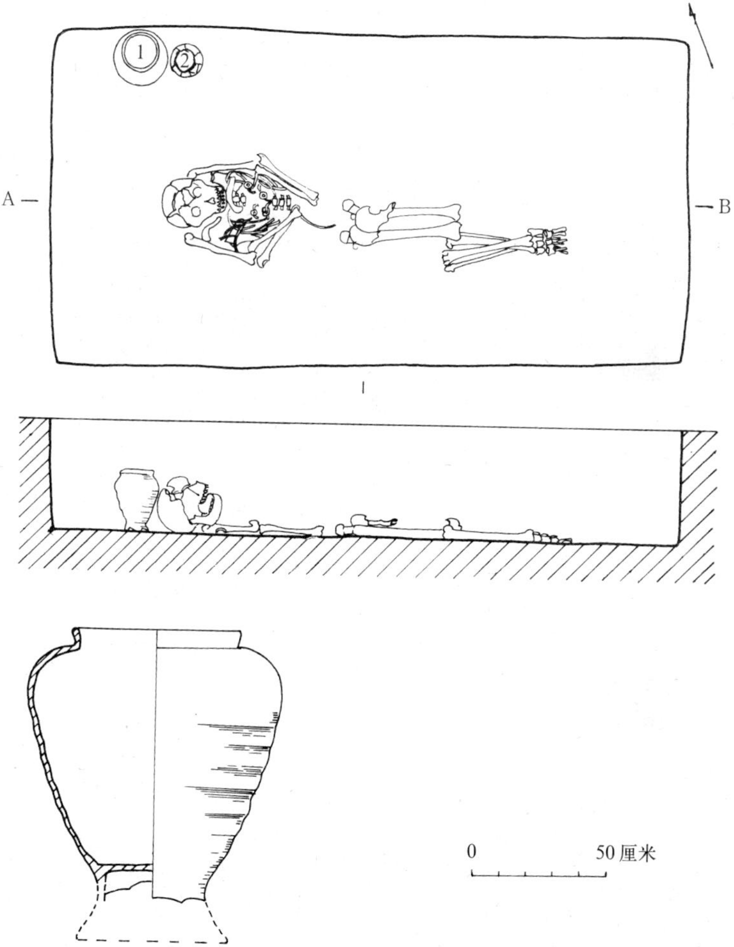


图二五　金沙遗址国际花园844号墓平面、剖面图

1.陶圈足罐　　2.陶罐

尖底盏。石器仅有石牙璋、磨石。

时代：发掘简报认为遗址第5A层为春秋早中期，第5B层为西周中晚期。这批墓葬的时代为西周晚期至春秋早期[10]。

这批墓葬虽然方向不同，但仅个别墓葬有打破关系，显然是一处墓地。

以上是属于早期蜀文化的几处墓地（墓葬），从商代至春秋时期，时间跨度大，墓葬的情况也比较复杂。如下的一些问题是耐人寻味的：

（1）从墓葬形制看，可以分为两大系统，即竖穴土坑墓和就地掩埋的形式。在这两个系统内也还有不同，如竖穴土坑墓有浅坑和规整的土坑，就地掩埋形式也有用陶罐作墓圹的和不用陶罐作墓圹的形式。

（2）就对墓室内的处理来说，仁胜村墓地是比较特殊的现象。这种情况不见于其他的墓葬。从时代来说，仁胜村墓地和月亮湾1号、2号、3号墓大体同时或时代相近。再说月亮湾和三星堆原本为一个遗址，但这两批墓葬的葬制显然有很大的差异。为什么会有这种不同，目前尚不太清楚，需要有更多的资料和进行多方面的思考。有可能反映了墓葬主人的特殊地位和身份，也有可能与不同的民族有关。当时以蜀族为主建立的蜀国内就生活着一些不同的民族[11]。

（3）三星堆文化源自宝墩文化，十二桥文化从三星堆文化演变而来。在宝墩文化的成都十街坊遗址、岷江小区遗址、鱼凫村遗址发掘的墓葬均为较规整的竖穴土坑墓，到了三星堆文化的月亮湾二期的1号、2号、3号墓却是不挖墓坑的就地掩埋形式。仁胜村土坑墓虽为较规整的土坑墓，但墓葬处理的独特方式却不见于宝墩文化的土坑墓。

（4）在十二桥文化时期水观音墓葬早期墓的5座中，除1座为浅坑外，其余4座均为就地掩埋的形式，而晚期的3座中除8号墓被扰乱外，1号墓、2号墓均用陶罐围成墓圹加以掩埋而不见墓坑。各种意见都认为水观音遗址的两期是前后衔接，但两期墓葬的墓葬形制却是大不相同，并且金沙遗址发现多处墓地和水观音墓葬的时代大体同时，但它们的墓葬形制却差异甚大。

（5）金沙遗址的墓葬均为较规整的竖穴土坑墓。从出土的陶圈足罐和尖底盏看，明显晚于三星堆文化的墓葬，是符合实际情况的。当然关于金沙遗址的年代还有不同看法，有些差异还很大，但总的看来，金沙遗址各发掘点的竖穴土坑墓在早期蜀文化中是比较晚的。

## （二）晚期蜀文化墓葬

晚期蜀文化墓葬发现的数量比起早期蜀文化要多。这一时期的墓葬从墓葬形制到随葬器物与早期蜀文化的墓葬相比都有一个大的变化，当然也还是有一些继承关系。从墓葬形制来说，有竖穴土坑墓、船棺（独木棺）墓、木椁墓、木板墓等多种类型。从随葬器物来说，除了继承早期蜀文化的因素，还吸收一些巴文化的因素，因此有学者称这一时期考古学文化为巴蜀文化，墓葬为巴蜀文化墓葬。蜀文化和巴文化的渊源不同，分布地域不同，民族不同，其早期文化面貌亦不相同[12]。到了晚期，它们亦各有特点，故这里仍称晚期蜀文化。现按地区和墓葬形制的不同分别叙述。在不同的地区不一定每种墓葬形制全部都有，这也许是与考古工作的不平衡有关，但不同类型的墓葬形制却往往共存于一个墓地。

成都平原自然条件优越，是蜀人活动的中心地区。这里也是晚期蜀文化墓葬集中的地区，发掘的墓葬数量远远超过其他地区，并且各类墓葬都有发现。土坑墓系竖穴土坑，不见葬具痕迹。这类墓往往和有葬具（包括有葬具痕迹）的墓葬同处于一个墓地，故推测这类墓可能原本就没有葬具。船棺（独木棺）墓是将葬具做成独木舟的形状。木椁墓为受中原文化影响的产物。木板墓是在墓底铺木板作为葬具，是蜀文化独有的葬制。

## Ⅰ 大中型墓葬

### 1. 成都羊子山 172 号墓

羊子山位于成都市北部驷马桥附近，原本为一个人工夯筑的三层大型土台，大约从战国晚期开始成为墓葬集中的地方。172 号墓时代最早，1953 年西南博物院进行了发掘。

墓葬形制：为竖穴土坑木椁墓。墓坑长约 6 米、宽 2.7 米，墓底距现存地面约 1.7 米。墓上部已被破坏，方向南偏西 76 度。墓的四周和墓底有一层厚 0.5 米的白色膏泥。葬具为一棺一椁，棺、椁具朽。仅存墓室东端几块椁板，椁板用宽而厚的木板做成，现存高度 1.74 米。椁室内西部有木棺痕迹，完全腐朽，有朱红遗痕，当为棺上朱漆，人骨架为仰身直肢。随葬器物大部分放置在椁室的东部，一些随身的器物放在棺内。

随葬器物：可分为青铜器、玉器、漆器、陶器几大类。铜器又可分为容器、日用器、服饰器、工具、车马器和兵器。容器有大鼎（镬鼎）1 件、小鼎 2 件、甗 1 件、釜 5 件（实际有 3 件应为鍪）、釜甑 1 件（上甑下釜，分别铸造，套合使用，

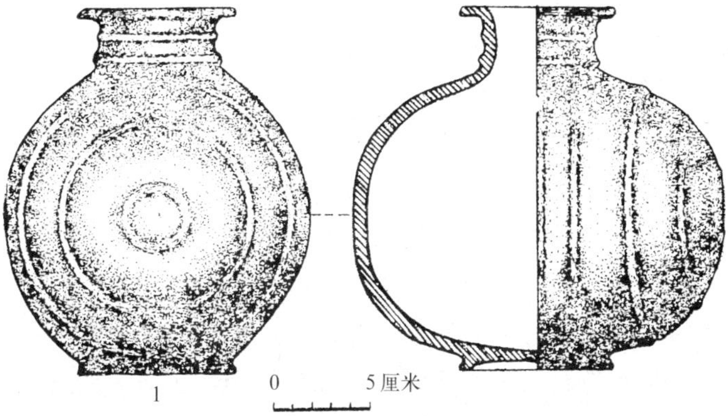


图二六　成都羊子山172号墓陶茧形壶

釜底平，有4个小矮足）、罍1件（就其形制而论应为盥缶）、匜3件、盘5件、钫1件、盉1件。日用器有灯1件、炉1件、枓1件（残）。服饰器有镜1件、带钩1件。工具有锯片1件、削1件（仅存环柄首部）。车马器有衔4件、銮1件、衡末饰4件、兽面饰2件以及盖弓帽等。兵器有剑2件、矛3件、戈1件、镞15件、弩机2件。玉器有璧2件、环5件、觿2件、管形饰1件，尚有剑上的标首、珌、璏等。漆器有圆漆盒2件、漆奁2件、方钔漆器3件、圆钔漆器2件。陶器有茧形壶1件（图二六）、圜底罐13件、平底罐2件。其他尚有银盘1件、银管194件、银壶形饰1件、铁三角架1件、琉璃珠1件、石圭1件、石环1件、砺石1件。

年代：发掘报告定为战国时期[13]。

羊子山172号墓规模较大，有棺有椁，出土器物丰富。这些随葬器物就其形制、花纹而论，可以分为外来文化因素与蜀文化因素。外来文化因素又可分为中原文化因素和楚文化因素。中原文化因素（包括秦文化）的器物有铜器中的两件小鼎。这种形制的鼎是中原地区战国至西汉前期流行的形式。甗为上甑下为鼎状，小口，三蹄足。此件甗和山西长治分水岭269号墓出土的铜甗[14]、河南辉县琉璃阁甲墓出土的铜甗[15]都非常相似。盉和长治分水岭36号墓出土的盉最为相似[16]。钫为中原文化战国晚期到西汉时常见的器物。陶器中的茧形壶为秦文化的有代表性的器物，平底罐为中原文化的器物。楚文化因素主要有铜器中的大鼎。这件鼎和安徽寿县蔡侯墓出土的鼎在器形、纹饰上都很接近[17]，也和湖北随县曾侯乙墓出土的大鼎的器形、纹饰略同[18]。蔡侯墓和曾侯乙墓的墓主虽然均非楚人，但他们受楚文化的影响很大，楚文化风格很浓厚是学术界的共识。172号墓的大鼎可视为楚文化的因素。盥缶（发掘报告称为罍），这种器物在楚文化中常有出土，并为楚墓中铜器的重要组合之一。这件盥缶当为楚文化因素[19]。不过，在楚墓中流行于春秋中晚期，而在蜀文化中流行的下限较长。这种现象有很多例证[20]。炉，172号墓出土的铜炉和信阳长台关1号楚墓的铜炉相似，特别是炉的提链末端结构相同，有理由将这件炉视为楚文化因素[21]。巴蜀文化因素主要有铜器中的鍪、釜、釜甑和盘。这一套铜器均为日常生活中使用的铜器，很有地方特色，也是蜀文化常见的组合。兵器和工具（锯、削）也为蜀文化中常见的器物。陶器中的圜底罐颇具地方特色，为蜀文化的器物。这种多文化因素的蜀文化墓葬所反映的特点是符合当时历史情况的。进入战国时期，蜀国和北方的秦、东方的楚交往颇多，文献资料多有记载。徐中舒先生据《史记》的《秦本纪》、《六国年表》和《华阳国志》的记载指出，在秦举巴蜀以前，秦国和蜀国之间就曾发生多次交往，包括战争[22]。蜀人接受秦文化的影响也是必然的。在秦举巴蜀以后，蜀归入秦国版图，这种影响会日益加强。《史记·楚世家》说：肃王四年蜀伐楚，取兹方。关于这次战役，蒙文通先生作了精当的考证[23]。在这些接触中，蜀国上层人物接受中原文化、楚文化影响较多，所以在大中型墓葬中出现较多外来文化因素也是必然的。

关于羊子山 172 号墓的年代，学术界也有不同看法。其主要有以下几种意见：

（1）宋治民认为羊子山 172 号墓出土器物中，许多都是战国至西汉初年流行的。例如，两件小鼎的形制，钫的形制。铜釜甑为上甑下釜，分开铸造，套合使用，釜的底部有 4 个小矮足，为这类器物最晚的形制，其下限可到西汉初年。铜鍪为一大一小双耳，是秦和西汉初年流行的形制。陶茧形壶为带圈足者，较无圈足者为晚，流行于秦和西汉早期。另外，在出土陶罐中小口圜底罐所占比例相当大。因此，172 号墓为秦代墓，下限可至汉初[24]。

（2）叶小燕认为羊子山 172 号墓为秦代墓，大约在秦攻占六国至秦亡[25]。

（3）林向提出羊子山 172 号墓出土器物可供比较排队的可分为三组：第一组流行于战国或更早，有铜玉具剑、宽叶圆脊矛、饕餮纹戈、蟠螭纹大鼎、上下分铸的甗等；第二组流行于战国与秦汉之间，有铜釜甑、平底盘和圜底陶罐以及谷纹玉璧等；第三组疑是晚于战国出现的器物，只有四种，为圈足茧形壶、铺首衔环铜钫、盖有三钮的扁圆形铜鼎和双耳铜鍪。其实这些器形都已在战国出现，所以羊子山172号墓很可能是战国晚期之初的墓葬[26]。

（4）孙华认为羊子山172号墓出土有一件陶茧形壶，是秦文化的典型器物。茧形壶演变的规律如下：第一、圈足由无到有，由矮到高，由大到小；第二、口由小到大再到小，颈由矮到高再到矮，沿由外卷沿到宽平折沿再到近乎无沿；第三、纹饰以绳纹加宽旋纹到素面加宽旋纹，再到彩绘加旋纹，最后到完全彩绘。羊子山172号墓的茧形壶正是秦代茧形壶的标准形式，因此羊子山172号墓的年代必定属于秦[27]。

羊子山172号墓发掘于1953年，是四川发现较早的晚期蜀文化大墓。此墓在墓葬形制方面已使用木椁和木棺，在众多的随葬器物方面有较多的中原文化因素和楚文化因素，同时也保留了浓厚的蜀文化因素。尽管墓葬年代有战国晚期和秦代的不同意见，但这时蜀国已被秦灭掉，蜀地已纳入了秦的版图，墓葬仍保留了许多蜀文化因素，说明在蜀人当中还顽强保存着本民族的文化和生活方式。《华阳国志·蜀志》说：秦举巴蜀以后，以张若为蜀国守，戎伯尚强，乃移秦民万家实之。秦举巴蜀后，三封蜀侯，皆为蜀王之子孙[28]。这些都是和羊子山172号墓反映的情况相吻合的。

**2. 成都百花潭中学10号墓**

1965年由四川省博物馆进行发掘。

墓葬形制：为狭长方形竖穴土坑墓，方向190度。墓坑长3.06米，宽0.9米，深约1.5米（图二七）。填土为灰黄色，墓底发现黑色木痕和朱砂，底部略为弧形，可能为船棺。随葬器物中兵器和工具主要放在容器内和头部，容器分别置于头部和脚部。

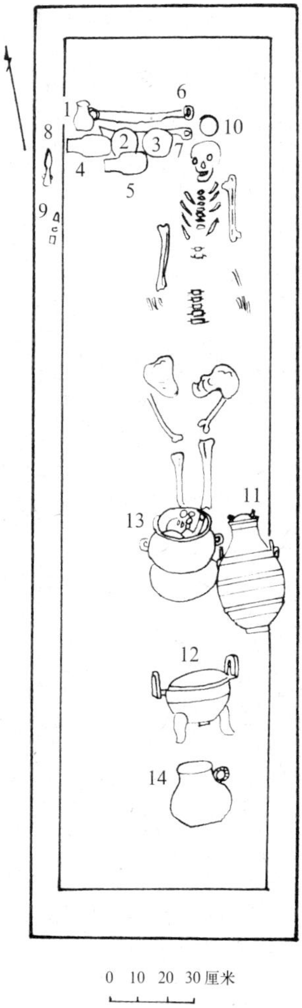


图二七　成都百花潭中学10号墓平面图

1.铜鍪　2、3.铜奁形器　4、5.铜钺　6、7.铜刀　8、9.铜矛　10.残陶尖底盏　11.铜壶　12.铜鼎　13.铜甑　14.大铜鍪

随葬器物：除了1件陶尖底盏，其余47件均为铜器。可分为兵器、工具和容器。兵器有戈11件、矛6件、剑1件、刀2件、钺2件。工具有削4件、斧4件、凿4件。容器有尖底盒（奁形器）2件、釜甑1件、鍪2件、鼎1件、壶1件（有错金属花纹）、勺4件，另有铜条片2件。随葬器物中除了1件鼎、1件壶和4件勺，其余均属蜀文化器物。

时代：发掘简报定为战国时期，约在秦举巴蜀前后[29]。

关于百花潭中学10号墓的年代，宋治民认为铜鼎和河南洛阳中州路东周墓葬的同类器物相似，铜壶的形制和洛阳中州路、汲县山彪镇铜壶相似，花纹和山彪镇铜鉴上的花纹相似。铜釜甑为上甑下釜连成一体，同时铸成，中间有活动的箅，为早期的形制。参考冯汉骥先生对蜀式戈的断代，故将百花潭中学10号墓的时代定为战国早期[30]。

百花潭中学10号墓从墓葬形制到随葬器物都具有浓厚的蜀文化风格，就是属于中原文化的铜壶也为蜀地仿铸[31]，对研究蜀文化墓葬随葬器物组合具有重要意义。根据10号墓出土的器物来看，除了鼎、壶，其余大致可分为三组：第一组为容器类，有尖底盒、釜甑、鍪；第二组为兵器类，有戈、矛、剑、钺、刀；第三组为工具类，有削、斧、凿。霍巍、黄伟指出普遍随葬青铜工具是早期蜀墓的一个重要特征[32]。百花潭中学10号墓随葬器物的组合为容器、兵器和工具。这成为蜀文化墓葬中比较重要而普遍的特征。10号墓随葬的青铜工具均以4件为一组，可能有某种含义。

**3. 成都西郊战国墓**

此墓位于成都市区西部青羊宫旁。1973年由四川省博物馆进行发掘。

墓葬形制：为长方形竖穴土坑墓，方向 265 度。墓口长 4.6 米，宽 2.71 米，墓底长 4.41 米，宽 2.54 米，墓底至地表深 2.64 米。四壁规整，底部平坦。墓壁和墓底均有一层白膏泥，墓壁白膏泥厚 5～7 厘米，墓底白膏泥厚 9～11 厘米。用灰褐色原坑粘土回填。葬具已朽，仅在墓底发现少许木痕和红色漆皮，当为棺木之痕。骨架仰身直肢。随葬器物置于骨架头端。

随葬器物：分为铜器和陶器两大类。铜器 32 件，可分容器、兵器和工具。容器有鼎 1 件、敦 1 件、壶 1 件、缶 2 件（图二八）、匜 1 件、尖底盒 2 件、鍪 4 件。兵器有戈 7 件、矛 4 件、钺 2 件、剑 3 件（包括双剑一鞘 1 件）。工具有削 3 件、刻刀（锥刀）1 件。陶器全部破碎不能复原，从残片看，多为罐类。

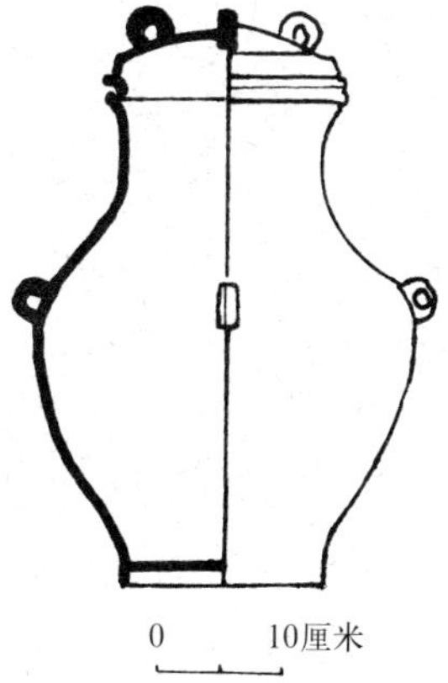


图二八　成都西郊战国墓出土铜缶

时代：发掘报告定为战国中晚期[33]。

西郊战国墓的墓坑呈长方形，比起那种狭长形土坑墓有所变化。葬具已朽，有无木椁不得而知。从随葬器物来看，算是比较多。尤其是有成套礼器出土。这些礼器为外来文化因素。其中铜鼎未附插图，从文字描述看为深腹，圜底，附耳，蹄足，应不是典型的楚式鼎，或为中原文化器物。壶亦为中原文化器物。敦、缶（简报称Ⅰ式壶）、匜为楚文化因素。尖底盒、鍪、兵器和工具为蜀文化因素。兵器中的双剑一鞘在蜀文化中也很有特色。这种剑仅发现在以成都平原为中心的四川西部地区，如峨眉山市、绵竹市、芦山县等地，应为蜀文化中具有特色的兵器。西郊墓以随葬蜀文化器物为主要，其器物组合体现了容器、兵器、工具共出的特点。

**4. 绵竹船棺葬**

1976年，绵竹清道公社农民挖土时发现一座船棺葬。当四川省博物馆考古工作人员到达现场时，船棺已被取出。

墓葬形制：据调查，此处耕土层厚约0.3米，下为0.5~0.6米厚的黄沙层，再下为卵石层。船棺位于距地表1.8米左右的沙卵石层中。无墓穴，仅将船棺放在沙滩上，再用沙石土掩埋。船棺似独木舟，一端稍平齐，一端略尖，用一截楠木制成，将圆木劈成两半，底部稍加削平，凿去部分树心形成弧形棺室。棺长5.3米，宽0.6~0.9米，高0.56米。船棺南北放置。铜戈、铜矛顺着船棺放置。

随葬器物：陶器均破碎。青铜器有150余件，可分为容器、兵器、服饰器、工具几大类。容器有鼎5件（1件仅存盖）、盖豆2件、敦3件、壶3件、钫1件、缶1件、釜1件、鍪1件、釜甑1件（上甑下釜，分别铸造，套合使用）、尖底盒5件，另有勺5件、匕5件。兵器有戈17件、矛37件、钺3件、剑19件（蜀式17件、中原式2件）、剑形器1件、剑鞘1件、刀2件。服饰器有带钩2件。工具有斧5件、削12件、凿11件、雕刀4件、锯5件。

时代：根据出土铜鼎的形制和铜釜甑的形制，将墓葬的年代定为战国中期偏晚[34]。

绵竹船棺不算大，但随葬器物却异常丰富。这些器物既有蜀文化因素，又有外来文化因素。其中蜀文化因素有鍪、釜、釜甑、尖底盒、兵器和工具。外来文化因素又可分为中原文化因素、楚文化因素和越文化因素，属中原文化因素的有壶、钫、盖豆，属楚文化因素的有鼎、敦等，属越文化因素的有鼎。清道船棺墓随葬铜器有些以5件为一组，如鼎、尖底盒、勺、匕等。一些用途相同的器物加起来也为5件，如豆加敦为5件，壶加钫加缶亦为5件。这种以5件为一组的情况与新都战国木椁墓的情况类似，可能反映蜀人的某些信仰和习俗，是值得注意的。关于墓葬的时代，从随葬器物来看，不但文化因素复杂，而且时代亦有早晚。早期的器物有2号豆、6号提梁壶和Ⅶ式戈。2号豆和安徽寿县蔡侯墓的豆有相似之处，器通身有镶嵌蟠兽纹的痕迹。镶嵌金属花纹流行于春秋、战国时期，如寿县蔡侯墓铜豆镶嵌红铜花纹、山西浑源出土铜豆镶嵌红铜狩猎纹图案，时代为春秋。河南辉县1936年出土的铜扁壶镶嵌红铜龙纹图案，时代为战国前期。成都百花潭中学10号墓出土镶嵌花纹铜壶，为战国早期。据此而言，绵竹2号豆镶嵌金属花纹，从图案风格看，不会晚于战国早期。6号壶为提梁壶，其形制和河南汲县山彪镇1号墓的提梁壶、河南洛阳中州路2717号墓的提梁壶均相同。其时代也应为战国早期。Ⅶ式戈最有时代特征的是锋部呈三角形，在西周至春秋时期颇为流行。这件戈和河南光山春秋墓铜戈最为接近，时代不会晚于春秋晚期。较晚的器物为釜甑、钫等。釜甑为上甑下釜，分开铸造，套合使用。甑之釜为圜底而无矮足，既不同于釜甑上下一体同时铸成的形制，亦不同于甑釜套合使用釜为小平底带4个或3个小矮足的形制。前者为早期的特点，多出于战国早中期墓中；后者为晚期的特点，多出于秦至汉初的墓葬中。清道的釜甑正好介于二者之间，定为战国晚期为宜。钫出现于战国晚期，流行于战国晚期至西汉早期。清道钫通身有镶嵌痕迹的蟠兽纹带有较早的风格，定为战国晚期较合适。另有1件剑形器也可能属于战国晚期。考虑这些因素，故将绵竹清道船棺墓定为战国晚期[35]。

**5. 新都战国木椁墓**

此墓位于成都市新都区马家乡，1980年发掘。

墓葬形制：为带墓道的竖穴土坑墓，方向270度。墓道为斜坡形，长8.82米，坡度24度。墓坑长10.45米，宽9.2米，坑底距地表深3.63米。椁室东西长8.3米，南北宽6.76米，墓坑与椁壁之间靠椁壁填以厚约0.3米的青膏泥，其外侧填夹沙黄土夯实。椁顶上部情况不详，以20根方木平铺作为椁底板，方木作为椁壁。椁室内分隔为棺室、头箱、脚箱和6个边箱。棺室长4.76米，宽2.88米，近东壁处置一独木棺。棺用直径约1.41米的圆木挖凿而成，长4.14米，高0.98米，棺口长2.66米，内底宽0.76米，深0.66米（图二九）。棺的内底及外壁髹黑漆，内髹红漆。墓葬早年被盗，椁室内出土陶器、铜器和漆木器。椁室东端椁底板以下有一方形腰坑，坑底

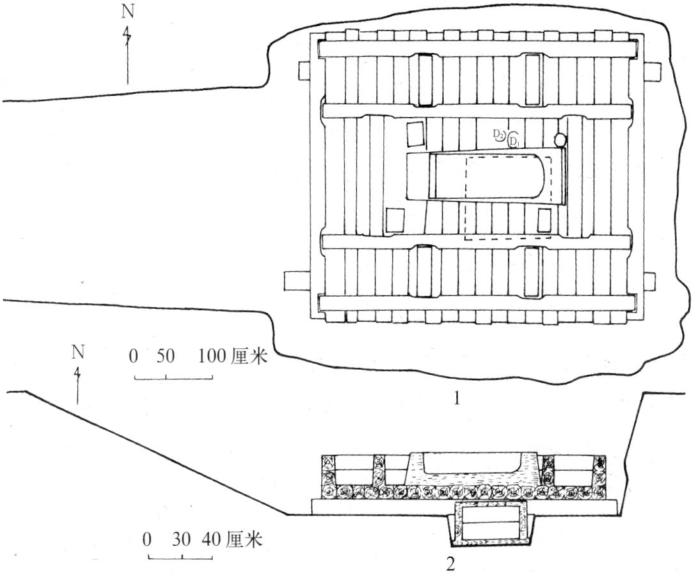


图二九　新都战国木椁墓平面、剖面图

平铺4块木板，四边各有2块木板上下叠砌，四角为榫接，顶盖用3块木板，坑壁四周均用青膏泥填实。腰坑内框东西长1.81米，南北宽1.5米，深0.98米。腰坑内共出铜器188件、木棒4节。

随葬器物：主要为铜器，还有陶器、漆木器等。铜器可分容器、兵器、工具、乐器和服饰器。容器有鼎5件、盖豆2件、敦2件、壶5件、缶5件、罍5件、盥缶2件、盘2件、鉴2件、匜2件、勺2件、釜5件、鍪5件、匕5件、豆形器5件、三足盘形器5件、釜甑2件、甗2件。兵器有中原式剑5件、蜀式剑5件、戈25件、矛5件、刀5件、钺10件、镞64件、弩机1件。工具有斧5件、斤5件、曲头斤5件、锯片5件、削15件、凿5件、雕刀5件。乐器有编钟5件。服饰器有印章1枚。陶器有罐、豆、釜。漆木器有耳杯、木弓等。

时代：发掘简报认为随葬器物中，铜器鼎、甗、敦、罍、缶、盘、匜、豆、勺的形制都是战国早期流行的，结合文献资料，故将墓葬定为战国早中期之际。

族属：属于蜀文化，有中原文化和楚文化因素[36]。

新都木椁墓的规模和丰富的随葬器物引起学术界的关注。关于墓葬的文化性质有不同的看法：

（1）沈仲常根据墓葬形制，使用白（青）膏泥，随葬器物中铜鼎及铭文“邵（昭）之飤（食）鼎”（昭为楚之大姓，鼎来源于楚地），其他如铜敦、壶、豆等皆为楚器，铜印章上的图像是罍和铎（礼器和乐器），认为新都木椁墓是一座战国时期比较典型的的楚文化墓葬[37]。

（2）徐中舒、唐嘉弘认为新都木椁墓中出土铜鼎铭文中的“邵”（昭）字的字体风格和安徽寿县蔡侯墓“鄂君启节”中的“邵”（昭）字相似。“邵”之为“昭”，文献和出土实物上均有铁证，无庸置疑。楚国贵族昭氏的器物为什么到了蜀地，可能性大的是昭氏支裔到了蜀地，或为驻守，或为监管，有如西周的三监。新都木椁墓从墓葬形制、铜器形制到铭文，都反映出的是楚文化[38]。

（3）李学勤认为新都木椁墓中出土青铜礼器与楚文化器物相似，是在同样时代流行类似的器形和艺术风格，而兵器演变自有脉络，与中原有别。另外，铜器中的鍪、釜、甑等是巴蜀墓葬常见的。墓葬的时代在擂鼓墩1号墓（即曾侯乙墓，年代为公元前433年）和望山1号墓（年代为公元前340年前后）之间，约为公元前4世纪前半叶[39]。

（4）郭德维认为是文化影响的结果。新都木椁墓从墓葬形制到随葬器物都有浓厚的楚文化风格，或直接使用楚制、楚器。例如，墓坑中填白膏泥，用墓道、腰坑，随葬品用楚的典型组合鼎、敦、壶、盘、匜，还出楚的典型器盥缶、尊缶、楚式剑等。由此可见，楚对蜀的影响是多么的深[40]。

（5）李复华认为有些器物的造型和纹饰与中原文化、楚文化的关系较为密切，多具中原文化和楚文化的因素。木椁葬制和“邵之飤鼎”铭文以及器物上的凤纹，都为楚文化的特征[41]。

（6）宋治民认为新都战国木椁墓规模大，出土器物丰富。从墓葬形制和随葬器物来看，外来文化因素占了相当大的比例。在这些外来文化因素中，有中原文化因素，也有楚文化因素。在葬制方面，腰坑为中原商和西周的特点。随葬铜器中中原文化因素有盖豆、壶、罍、甗、剑，楚文化因素有鼎、敦、盥缶、缶等。根据出土的蜀文化器物有釜甑、鍪以及兵器中的蜀式戈、剑、钺、矛，再加上工具中的斧、斤、曲头斤、锯、削、凿、雕刀等来看，应是属于蜀文化墓葬的组合。因此，新都木椁墓为蜀文化的墓葬[42]。

**6. 成都金沙巷战国墓**

1993 年，成都市文物考古工作队在成都市光荣小区金沙巷南侧发掘了 4 座墓葬。其中 1 座破坏殆尽，3 座大小、形制相近。4 座墓东西排列，间距最大 5.9 米，最小不到 2 米，均为狭长方形竖穴土坑墓。1 号、2 号、3 号墓的墓口均已被破坏，均以木板为葬具。保存较好的为 2 号墓，现简介如下：

墓葬形制：为狭长方形竖穴土坑墓，方向 360 度。现存墓口长 4.62 米，宽 1.44 米，深 0.44 米。以木板为葬具。葬具内外及墓底部涂一层青灰色膏泥。木板葬具以下两端各垫 1 块木板，东西两侧及南端各有 1 块挡板。随葬器物分置木板葬具的两端。

随葬器物：有陶器和铜器。陶器有豆1件、小口圜底罐4件。铜器分为容器、兵器、工具、乐器和杂件。容器有鼎1件、敦1件、壶1件、盘1件、豆1件、鍪2件、器盖1件。兵器有戈1件、钺1件、胄顶1件。工具有斧1件、削1件、锯1件。乐器有编磬2件。杂器有环6件、管2件、饰件1件。

时代：战国晚期[43]。

金沙巷2号墓的墓坑长4.62米，墓葬不算大，但出土铜器多达25件，特别是出土了鼎、敦、壶、盘一套礼器组合。铜鼎的形制为越式鼎，敦为楚器，壶为中原文化器物。铜豆就形制看，不见于中原文化和楚文化，其盖上的图案形符号应为蜀文化因素，而夔兽纹（龙纹）和中原文化春秋时期。战国早期铜器上镶嵌红铜龙纹图案相似。其他铜器均为战国时期蜀文化墓葬所常见，陶器亦为蜀文化的特点。

**7. 成都商业街船棺独木棺墓**

2002年发现于成都市商业街，由成都市文物考古研究所进行了发掘。

墓葬形制：这是一座大型的多棺合葬墓，为长方形竖穴土坑墓，方向240度。墓坑长30.5米，宽20.3米，残深2.5米。墓坑中发现船棺、独木棺17具。墓曾多次被盗扰。根据现存情况，棺木总数应当超过32具。墓坑为直壁平底。先在墓底铺一层1.1米厚的青膏泥，经夯打平整坚实，再在其上置枕木，枕木上置大型棺木，然后再填青膏泥到一定高度，并放置小型棺木。两层青膏泥现存最厚约2.4米，各棺木周围都填满青膏泥。放置好小型棺木后再填土夯实。墓葬周围地面上发

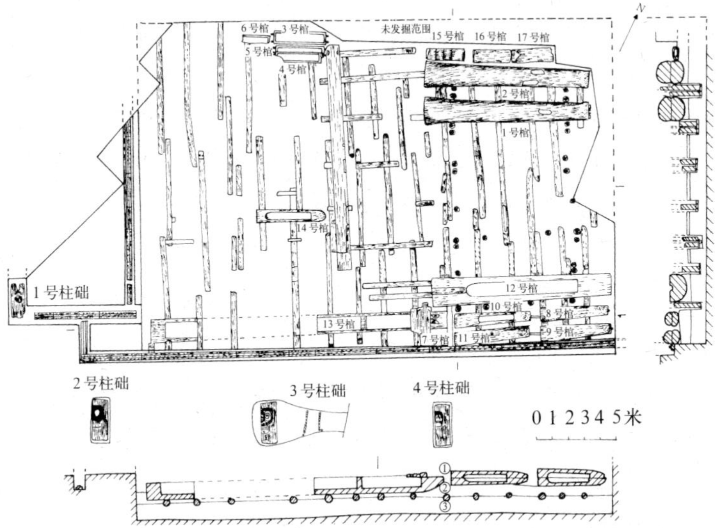


图三〇　成都商业街船棺、独木棺墓葬平面、剖面图

现了一些有一定分布形状和分布规律的基槽，其中有木质柱础、带有榫头的地栿（图三〇）。这说明在墓葬上有地面建筑。17 具棺木中有 9 具为船棺，8 具为独木棺，均为一段楠木挖空中心部分而成，均有盖。最大的 13 号棺为船棺，全长 18.8 米，直径 1.5 米，高 1.12 米。较小的独木棺长约 3.3～3.8 米，宽 0.77～0.95 米，高约 0.6 米。最小的独木棺长约 2.33～2.7 米，宽约 0.7～0.87 米，高约 0.3 米。随葬器物皆放入棺内。

随葬器物：被盗严重。残留有漆器、铜器、陶器和其他器物。漆器出土数量众多，有许多是将器物拆开放入棺木内，完整器物有鼓 1 件、盒 1 件、盘 1 件、簋 1 件、案 3 件、器座 7 件，另有较多漆器部件。漆器均出土于船棺之中。陶器均为夹细砂灰陶，有双耳瓮 29 件、无耳瓮 2 件、平底罐 6 件、尖底盏 17 件、器盖 40 件、圜底釜 6 件、豆 2 件。其中双耳瓮只出于船棺之中。铜器中兵器有矛 1 件、戈 1 件、钺 1 件，工具有斤 1 件、削 1 件；服饰器有带钩 1 件、印章 3 枚、饰件 3 件。其他尚有角器 1 件、木梳 3 件、葫芦笙 1 件等。

时代：发掘报告定为战国早期偏晚，为蜀国开明氏王朝王族或蜀王家族之墓[44]。

商业街墓规模之大，合葬人数之多，为蜀文化墓葬罕见，就是在全国来说也不多见。墓上的建筑基址更是可贵的发现。漆器只出在船棺之中，似乎说明船棺葬者是墓葬的主人们。这和船棺体形巨大而独木棺较小是一致的。墓葬反映了许多信息，对探讨蜀国的物质文化和精神文化极为宝贵，需要从多个方位进行探索。其随葬器物组合亦为容器、兵器和工具。大批漆器随葬在蜀文化墓中为仅见。有学者对此加以讨论如下：

（1）江章华、颜劲松认为商业街合葬墓出土漆器和楚国漆器风格有同有异，从器形到纹饰都有自己的特点。商业街漆器的纹饰主要模仿中原地区青铜器上的蟠螭纹和龙纹，没有什么大的变化。蟠螭纹和春秋晚期、战国早期青铜器上的蟠螭纹最为接近，如安徽寿县蔡侯墓、湖北随县曾侯乙墓中出土青铜器、漆器上的蟠螭纹。龙纹也是模仿青铜器上的龙纹。这种龙纹主要见于春秋晚期至战国早期中原文化和楚文化中镶嵌红铜工艺的青铜器上。这些说明墓葬时代为战国早期。商业街漆器纹饰仿自中原文化青铜器上的纹饰。此时的蜀文化深受中原文化影响，蜀文化墓葬中有许多中原风格的青铜器。正是这些青铜器的出现，使当时的漆器才会模仿这些青铜器的纹饰[45]。

（2）宋治民对商业街船棺墓出土器物进行了分析，认为其陶器、铜器都有较早的特点。其漆器从器形到纹饰都有独特的风格，而不同于当时楚国和秦国的漆器，因此商业街漆器可视为蜀文化的漆器。同时也应看到它们也受其他地区的影响。漆器上的龙纹和中原青铜器上用红铜镶嵌的龙纹完全一样，变形龙纹也和中原青铜器上的窍曲纹、蟠虺纹都有一定关系。很明显，商业街漆器上的这种纹饰是模仿中原青铜器上同类纹饰而来。关于商业街墓葬的年代，从葬具来说，像这样的大型墓不用木椁，与新都木椁墓和羊子山 172 号墓比，更多地体现了蜀文化固有的特色。从随葬器物来说，无论是陶器、铜器，或是漆器，都有较早的特点，而没有发现明确属于较晚的器物。因此，将商业街墓葬的年代定在春秋后期（包括春秋晚期）为宜。应为蜀文化的墓葬，可能是鳖灵一支的后裔[46]。

**8. 成都文庙西街 1 号墓**

该墓在施工中已遭到严重破坏，2003 年成都市文物考古研究所进行清理。

墓葬形制：为竖穴土坑墓。墓坑仅剩余长约 0.6 米、宽约 1.35 米、深 0.3 米的一端。随葬青铜器已被施工人员全部取出。

随葬器物：青铜器有簠、敦、壶、盘、釜、尖底盒、勺、匕以及一些部件。

时代：战国早期[47]。

文庙西街 1 号墓虽被严重破坏，但出土青铜器颇为重要，其中簠、敦为楚文化器物，壶为中原文化器物，釜、尖底盒为蜀文化器物。簠在蜀文化墓葬尚属首次发现，并且和敦伴出。在楚墓中有鼎、簠、壶，鼎、簠、敦、壶，鼎、敦、壶三种组合方式。文庙西街 1 号墓虽然缺鼎，显然是采用第二种组合方式。这在蜀文化墓葬中也是罕见的。

以上是晚期蜀文化大中型墓葬的简单情况。从总的来看，这些墓葬有两个情况值得注意：一是规模大，使用木质棺椁，或是使用船棺（独木棺）；二是随葬铜器多，除了常见的蜀文化的一套组合，还有中原文化、楚文化的组合，尽管有的组合并不完整。至于大型墓和中型墓如何区分，目前还很难有个标准。似乎不能简单地以墓葬规模大小来划分，因为在蜀文化墓葬中有的使用船棺（独木棺），这类墓葬一般比较长，所以还必需结合随葬铜器的情况。随葬铜器数量众多，有中原文化、楚文化铜器（礼器）组合，墓葬规模大，有椁室的可以称为大型墓葬；随葬铜器相对较少，也有中原文化、楚文化铜器（礼器）组合，墓葬规模较小，无椁室的可称为中型墓葬。当然在大型墓葬和中型墓葬之中，它们的规模、随葬器物也是有差别的。按照这个标准，成都商业街船棺葬、新都木椁墓、绵竹清道墓、羊子山 172 号墓可划分为大型墓；百花潭中学 10 号墓、成都西郊战国墓、成都文庙西街 1 号墓、成都金沙巷 2 号墓可划为中型墓。

### Ⅱ 小型墓葬

小型墓葬除了规模小，无椁室，多使用船棺、木板为葬具，或为土坑墓。随葬器物以陶器居多。青铜器主要为鍪、釜、釜甑等蜀文化器物，一般不见中原文化、楚文化的青铜器，青铜兵器和工具为常见。

**1. 成都市区墓葬**

成都市区的小型蜀文化墓葬多发现在市区西部，即今人民南路以西的地区，市区东北部也有零星发现。20 世纪 80 年代以来，发现有京川饭店战国墓[48]、成都中医学院战国墓[49]、成都市西郊金鱼村战国墓[50]、罗家碾战国墓[51]、金牛区土坑墓[52]、成都西郊水利设计院土坑墓[53]、成都西郊石人小区土坑墓[54]、成都北郊战国墓[55]、成都光荣小区战国墓[56]、成都三洞桥战国墓[57]、成都金沙遗址船棺墓[58]、成都西郊土坑墓[59]、成都市青龙乡土坑墓[60]、成都无机校战国墓[61]。这些墓或为竖穴土坑墓，或为船棺（独木棺）墓，或为木板葬具墓，其中有些葬具已朽只留痕迹。随葬器物以随葬陶器为主。铜容器有鍪、釜、釜甑一类蜀文化常见的铜器，外来的中原文化、楚文化青铜器罕见，兵器和工具为常见，随葬器物的组合依然是容器、兵器、工具。现选择有代表性的墓葬，简介如下：

（1）成都中医学院土坑墓

此墓位于成都市十二桥西侧，1980 年发掘。

墓葬形制：为狭长形竖穴土坑墓，方向 9 度。残长 2.56 米，宽 0.6 米，墓底距地表 1.52 米。葬具已朽，仅在墓壁残留红色漆片。随葬器物分置墓坑南北两端。南端放置陶器、铜容器和工具，北端放置青铜兵器和工具。

随葬器物：分陶器、铜器。陶器有釜 1 件、尖底盏 4 件。铜器可分为容器、兵器、工具，容器有敦 1 件、鍪 1 件，兵器有戈 5 件、剑 3 件、钺 1 件，工具有锯 1 件、凿 3 件。另外，铜器中还有矛的骹部、削的残片。

时代：发掘简报根据尖底盏及兵器的形制和花纹，定墓葬的时代为战国早、中期之际。

（2）金牛区战国墓

位于成都市金牛区圣灯乡。1980 年，成都市文物管理处发掘了两座墓，两墓相距 32.5 米。

墓葬形制：两墓均为狭长形竖穴土坑墓。1 号墓已残，墓坑长约4.5米，南北方向。填土为杂有黄土的白膏泥，墓底南侧发现朱砂和戈、矛的木柲痕迹。2号墓墓坑长3.8米，宽1.2米，墓底距地表0.67米，南北方向。墓内填土亦为杂有黄土的白膏泥。人骨已朽。出有陶器、铜器。

随葬器物：1号墓随葬器物为收集品，有铜器和铁器。铜器有柳叶形扁茎剑2件、短骹双弓形耳矛1件、无胡三角形援戈1件、长胡三穿戈1件、圆刃折肩钺1件、尊1件、胄顶1件，另有带钩1件、锯片1件。2号墓出土铜器和陶器。铜器为单耳鍪1件。陶器为夹砂红陶，器表呈灰色，均残破不能复原，有大陶罐2件、小陶罐2件、釜2件、豆2件。

时代：发掘简报根据出土陶器、铜鍪和铜兵器的形制，将两墓定为战国晚期。

（3）成都西郊金鱼村战国墓

位于成都市西部一环路以西的抚琴住宅小区的北部。1982年在这里发掘战国墓葬4座，其中14号墓保存较好，1号、7号、18号墓破坏严重。现以14号墓为代表，简述如下：

墓葬形制：14号墓为狭长形竖穴土坑墓，坑口遭破坏。墓坑长5.32米，宽1～1.2米，深1.16米，方向南偏西30度。现存坑口以下0.08米处四周有熟土二层台，二层台以内形成规整的墓室。墓室长4.3米，宽0.7～0.8米，墓底铺2块木板作为葬具，墓室四壁及木板下分别抹厚2～10厘米和8厘米厚的白膏泥。人骨及随葬器物均置于木板上，器物放置前先抹上白膏泥，容器内均灌满白膏泥，然后连同尸体一起用白膏泥封裹。人骨架保存较好，为仰身直肢葬。随葬器物主要放在墓室南部。

随葬器物：有陶器、铜器和漆器。陶器有豆19件、釜2件、尖底盏1件。铜器分为容器和兵器，容器有鍪1件、盆1件，兵器有矛1件、剑1件、戈2件、钺2件、镞1件。漆器1件已朽，不辨器形。

时代：发掘简报根据出土陶器和兵器中戈、矛的形制以及花纹，定14号墓为战国晚期。

金鱼村14号墓的墓葬形制、木板葬具和随葬器物都是晚期蜀文化墓葬常见的。14号墓为蜀文化墓葬应无疑问，但二层台和使用白膏泥的方法在蜀文化墓葬中却极为罕见。

（4）罗家碾战国墓

罗家碾位于成都市西郊，1987年配合基建在这里发掘了两座墓葬。两墓相距2.3～2.7米。

墓葬形制：均为狭长形竖穴土坑墓。1号墓长5.4米，宽0.91米、深0.1～0.22米；2号墓长4.9米，宽0.92米、深0.12～0.2米。东西方向。葬具无存，墓坑内有红色漆皮分布。骨架大部腐朽无存。铜器置于头部和脚部。

随葬器物：均为铜器。1号墓出土铜釜甑1件，兵器有矛2件、剑1件、钺1件、戈4件，工具有凿1件、斤1件。2号墓出土剑3件、环1件。

时代：发掘简报根据铜釜甑和铜戈的形制以及墓坑的长宽比例，定墓葬为战国早期或战国早中期之际。

（5）石人小区战国墓

石人小区位于成都市西部。1994年在这里发掘了两座战国墓，即8号墓和9号墓。

墓葬形制：两墓均为狭长形竖穴土坑墓，相距仅0.52～1.02米，方向均为30度。8号墓长7.22米，宽1.47～1.82

米，残深0.89米。填土为含白膏泥的五花土，墓底有长3.05米、宽0.23～0.6米的漆皮痕。9号墓长9.02米，宽1.22～1.44米，残深0.6米。填土为灰黄色的五花土，墓底亦有长3.78米、宽0.54～0.75米的漆皮痕。

随葬器物：8号墓出土陶器15件、铜器33件、漆器2件。9号墓出土陶器11件、铜器34件、漆器4件。陶器多已破碎不能修复，器形有釜、罐、尖底盏等。铜器分为容器、兵器和工具，容器有鼎1件、敦2件、鍪3件、釜甑1件、尖底盒3件、匕1件，兵器有戈13件、矛9件、钺2件、镦5件、胄顶1件，工具有削7件、斤2件、凿10件、雕刀1件、锯1件、纺轮1件。漆器有6件，均为棍。

时代：为战国早期。

石人小区两墓均为典型的狭长形土坑墓，其长宽之比分别为5∶1和6∶1。这类墓葬年代较早。两墓相距极近且方向相同，它们的关系应较为密切。随葬器物中虽有外来文化因素但数量很少，鼎为越式鼎，敦为楚器。它们分别出于两墓，而鍪、釜甑、尖底盒为蜀文化的器物。两墓出土陶器，也是蜀文化常见的器物。随葬器物组合为容器、兵器和工具。

（6）成都金沙遗址“国际花园”地点船棺墓

2004年，在“国际花园”地点发掘15座船棺墓葬。

墓葬形制：多为长方形竖穴土坑墓，有少数呈狭长形。多为合葬墓，少数为单人葬。葬具为船棺（独木棺），多已腐朽，但其形制清楚，均为两端截齐，中间挖空，仅个别墓有残存的棺盖。墓坑填土多为青色膏泥，结构紧密，粘性大。墓葬方向一致，皆为西北—东南向。随葬器物贫乏，1～8件不等，有铜器、玉石器和陶器。值得注意的是，每墓都随葬1件或2

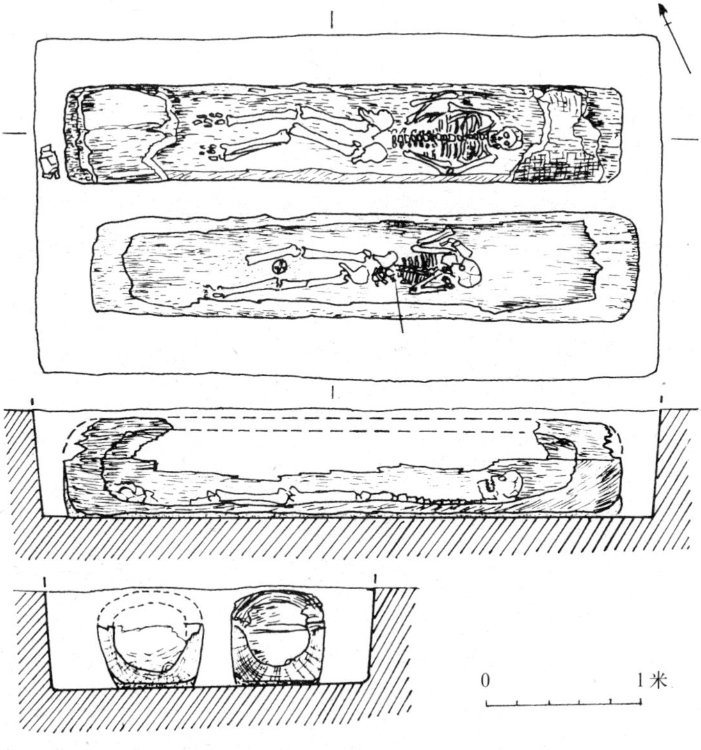


图三一　金沙遗址国际花园945号船棺墓平面、剖面图

件磨石，位于胸部或臂部。第943号墓为同穴合葬墓。墓坑平面长方形，墓口长4.01米，宽2.02米，残深0.48米，墓底长3.86米，宽1.88米。方向120度。填土为褐色五花土，底部铺青膏泥。并列双棺，北棺残长3.42米，南棺残长3.3米。北棺为单人仰身直肢葬，南棺为单人俯身葬。第945号墓为同穴合葬墓。墓坑平面呈长方形，墓口长4.1米，宽2.14米，残深0.7米，墓底长4.04米，宽2.08米。方向115度。填土为青灰色膏泥，质地紧密，粘性大。并列双棺。北棺残长3.66米，残存棺盖，为一截整木一剖为二构成，是本墓地唯一存留棺盖的船棺（独木棺）。南棺残长3.56米，棺盖已不存（图三一）。双棺各葬一人，为仰身直肢葬。第850号墓为单棺葬。墓坑平面呈狭长形，墓口长3.9米，宽0.76米，残深0.58米，墓底长3.8米，宽0.6米。方向295度。填土为青灰色膏泥，质地紧密，粘性大。船棺（独木棺）残长3.62米，尸骨保存完整，为仰身直肢葬。

随葬器物：第943号墓随葬器物有铜器、玉器、石器。铜器有戈2件、剑2件，另有圆形饰件1件、兵器饰件26件（全为微缩的兵器模型）。玉器已残。石器有凿1件、磨石2件。第945号墓随葬器物有圆形铜饰件1件、磨石1件。在墓坑填土中发现有陶器，计瓮形器2件、瓮2件、平底器的器底1件，皆残。第850号墓随葬器物有铜圆形饰件1件、铜兵器饰件8件。

时代：春秋晚期。

"国际花园"地点墓地的船棺（独木棺）墓开口于遗址第4层下。它们无打破关系。从随葬器物看，数量少，缺少晚期蜀文化墓葬中的铜鍪、釜、釜甑这一套器物，兵器仅有剑、戈，普遍随葬磨石，同时也缺乏陶器，就是少量的陶器也和晚期蜀文化墓葬陶器区别明显。这些都是早期的因素。这种同穴合葬的船棺（独木棺）和单人葬的船棺（独木棺）与蒲江县东北乡的两座船棺（独木棺）相比，从棺的形制，到使用白膏泥的情况都相同。蒲江县东北乡的两座墓为战国中期或晚期（详见后文）。这又是较晚的因素。再者这批船棺（独木棺）墓开口于遗址的第4层下，打破第5A层。第5A层下叠压着一批墓葬，大多数为长方形竖穴土坑墓，无葬具，一般没有随葬器物，仅少数随葬有陶器，瓮、圈足罐、尖底盏等。有两座墓随葬磨石，1座墓随葬石牙璋1件。从地层关系、墓葬形制及少数的陶器来看，与船棺（独木棺）都有明显地区别。开口于第5A层下的土坑墓的时代，发掘简报定为西周晚期偏晚至春秋早期。开口于第4层下打破第5A层的船棺（独木棺），或许已到战国时期，可能属于战国早期或春秋战国之际。

**2. 成都平原边缘地区墓葬**

成都平原边缘地区主要指平原向丘岭、山区的过度地带。这些地区发现的晚期蜀文化墓葬，主要分布在成都市北面的彭州市与什邡市、西面的大邑县和西南面的蒲江县。

（1）彭州市太平公社独木棺墓

1980年发掘。

墓葬形制：为狭长形竖穴土坑墓。墓坑长8.6米，宽1.4米，距地表深1.5米。方向北偏西20度。葬具为船棺（独木棺），系用一段两端截齐的粗大圆木从中剖开，将中间凿空而成。棺全长7.4米，宽1.10～1.25米，高0.55～0.66米，棺内长5.8米。棺两端均有圆形穿孔。棺盖残。随葬器物放在棺内北端。

随葬器物：均为铜器，有圆刃折肩钺1件、三角形援戈1件、镞1件、曲头斤1件、璜形饰1件[62]。

时代：发掘简报认为这种棺可称之为独木舟式船棺或独木棺，墓葬的年代为战国中期。

（2）大邑县五龙乡墓葬

墓葬位于大邑县城东南约2公里的五龙乡五龙砖厂附近。这里是高于周围农田1～2米的平坦台地。1982年和1984年在这里发掘了晚期蜀文化墓葬6座，应为蜀文化墓地。1982年发掘的4座为1～4号墓，另1座5号墓为汉代墓，发掘简报未介绍。属于战国的4座墓中1号、2号墓居中，两墓相距4米。3号墓在东南，相距1号、2号墓约35米。4号墓在1号、2号墓西北，相距30余米。1984年发掘的两座墓为18号和19号墓，两墓相距20米。

墓葬形制：1号、2号墓为土坑木椁墓，墓向北偏东30度。1号墓扰乱严重。2号墓墓坑长4.3米，宽0.9米，深2.05米，墓坑北端有一个高0.85米、宽0.4米的熟土二层台，木椁长3.7米，宽0.7米，高1.3米，四周填厚约0.1米的白膏泥，随葬器物置于椁内。3号墓为狭长形竖穴土坑墓，墓坑长约5.9米，宽0.84米，深0.9米，方向北偏东8度，墓坑内填五花土，无葬具。4号墓为竖穴土坑三棺合葬墓，方向北偏东3度。墓坑长9米，宽4.16米，深1.09米。墓坑内填五花土。在墓坑底部并排3个长条形棺坑，坑内各置船棺（独木棺）1具，棺周围填充白膏泥。1号棺坑位于墓坑西侧，长约9米，宽1.36米，深0.22米。2号棺坑居中，长5米，宽0.5～0.58米，深0.22米。3号棺坑位于墓坑东部北端，长3.2米，宽0.52米，深0.22米。随葬器物置于各棺内[63]。18号、19号墓均为长方形竖穴土坑墓，方向均为340度。两墓均无葬具。19号墓墓坑长3.7米，宽1.9米，深1.04米，墓壁、墓底均用0.01米厚的青膏泥涂抹。18号墓墓坑长3.94米，宽1.76米，深1.03米，墓壁涂抹厚0.01米的青膏泥，墓底铺0.05米厚的青膏泥[64]。

随葬器物：2号墓随葬铜器、陶器和其他器物。陶器有鼎3件、釜4件、豆1件。铜器分为容器、兵器、工具，容器有鍪2件、釜甑1件，兵器有剑4件、钺3件、弩机1件、镈1件，工具有斤2件，另有带钩1件、銮铃1件。其他尚有玉璧1件、料珠10件、碳精正方体1件。3号墓随葬陶器、铜器和其他器物。陶器有釜3件、圜底罐3件、鼎1件、釜甑1件、大口瓮1件、罐2件、豆1件。铜器分为容器、兵器和工具，容器有鍪1件，兵器有矛1件、剑1件、钺1件、镞2件，工具有斤1件。其他器物有铁削1件、砺石1件。4号墓随葬陶器、铜器和其他器物。陶器有釜1件、圜底罐1件、大口瓮1件、钵12件、平钮器盖1件、尖顶器盖12件、圈钮器盖2件。铜器为兵器和工具，即矛1件、刻刀1件。其他器物有石印章1件、金珠1件以及漆片。18号、19号墓出土有陶器、铜器和铁器。陶器有釜6件、罐9件、豆3件、盆3件、器盖1件。铜器主要为容器和兵器，容器有釜1件、釜甑1件、盘1件、量1件，兵器有矛2件、戈1件、剑3件、镈2件，另有带钩3件、铃1件。铁器有剑1件、削1件、镰2件、三足架1件，另有铜柄铁削1件。18号墓还出有半两钱。

时代：发掘简报认为4号墓从出土器物看可能较早，属战国早期。3号墓墓坑长宽之比为6∶1左右，陶器中釜和圜底罐增多，出土小件铁器，应为战国中期。1 号、2 号墓墓坑长宽之比为 4∶1 左右，使用木椁，陶器以鼎、豆、釜为组合，应属于战国中晚期。18 号、19 号墓从墓葬形制及随葬器物组合、出土钱币来分析，定为秦代。

从考古发现看，这里除了战国墓、秦代墓，还发现有汉墓。20 世纪 80 年代已发现 10 余座，应为战国秦汉时期的一处墓地。1982 年发掘的 4 座战国墓，它们的年代在战国时期大致正确。除了 4 号墓，其余 3 座可能稍晚。从 3 号墓出土陶釜甑看，为上甑下釜连成一体，应为模仿铜釜甑上甑下釜连成一体同时铸成的那一种。不过，这件陶釜甑为泥质灰陶，显然非实用器，从器形上看，虽为较早的因素，而伴出的陶鼎，鼎身似釜三足细长而足尖外撬，一般称为釜形鼎，其流行的下限可到汉初，所以 3 号墓的时代可能为战国晚期。2 号墓出土的铜釜甑形制为上甑下釜分别铸成套合使用，釜底有 3 个小矮足，是铜釜甑中最晚的形式，流行在战国晚期至汉初，所以 2 号墓亦应为战国晚期。1 号墓和 2 号墓同时[65]。

（3）蒲江县船棺（独木棺）墓

蒲江位于成都平原的西南边缘地区。先后在蒲江县的东北乡和鹤山镇发掘两处船棺（独木棺）墓。1981～1982 年在东北乡发掘了两座战国墓，即 1 号墓和 2 号墓。两墓并列，相距仅 1 米。两墓原有封土，因历年取土已荡然无存，而且墓口已遭到破坏。1998 年在鹤山镇又发现战国墓葬 1 座。下文分别叙述：

①东北乡战国墓。

墓葬形制：1 号墓已残，为狭长形土坑墓，方向 235 度。长 7.84 米，宽 1.34 米，墓底距地表 2.31 米。墓内填原坑土，

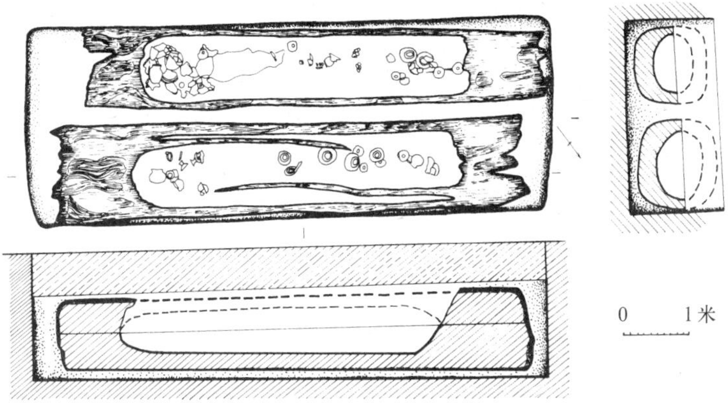


图三二　蒲江东北乡战国墓平面、剖面图

坑底铺厚0.12～0.14米的灰白色膏泥，棺四周以灰白色膏泥填充，棺盖之上填厚约0.15米的灰白色膏泥。这样木棺的上下四周均为灰白色膏泥封裹。棺两端截齐，长7.26米，宽0.9～1.02米，高0.59米，盖已朽。骨架无存，随葬器物置于棺内两端。2号墓为长方形竖穴土坑双棺合葬墓，方向237度。墓坑长8.02米，宽2.86米，墓底距地表2.02米。填土为原坑土。墓底铺厚0.14米的灰白色膏泥。其上置船棺两具，南侧为1号棺，北侧为2号棺。两棺均有盖，盖已残，均为同一截楠木对剖成两半，凿去树心，一半为棺身，一半为盖。1号棺长7.06米，宽0.98米，高0.62米。2号棺长7.18米，宽1.08～1.44米，高0.69米。两棺之间和四周以及棺盖上均填充灰白膏泥。两棺均处于灰白膏泥的封固之中（图三二）。

随葬器物：1号墓随葬陶器和铜器。陶器有罐4件、豆1

件、器盖1件。铜器有钺1件、凿1件。2号墓随葬陶器、铜器和漆器。陶器有罐17件（主要为圜底罐）、盖豆1件、豆4件、器盖8件。铜器有削3件，印章1枚。漆器仅存残漆皮。另有核桃24枚。

时代：战国中期。

②鹤山镇战国墓。

墓葬形制：为长方形竖穴土坑墓，墓壁竖直，平底，墓坑打破生土。方向70度。坑口距地表0.55米。墓坑长5.86米，宽1.94米，深1.43米。坑内填红色土。坑内置船棺（独木棺）一具，为一段圆木对剖成两半，一半为棺身，一半为棺盖。棺盖已残，棺尾斜削上翘。棺长5.78米，宽1.01米，高0.96米。整个木棺被厚约0.1米的白膏泥封固。骨架已朽。棺内铺长方形竹席，以黑皮锁边。随葬器物放在竹席上。

随葬器物：有陶器、铜器、铁器、钱币和竹木器。陶器有大口釜2件、大口平底罐（瓮）1件、小口圜底罐6件、豆4件。铜器有錞1件、带钩1件、汉字印章1件（印文“敬事”）、巴蜀印章2件。铁器1件已残，不辨器形。钱币为半两钱20枚。竹器6件已朽。木器有案1件、梳2件、柲3件（其中1件出土时装在铜镈上）。另有核桃4枚。

时代：战国晚期至秦代[67]。

蒲江县发现的战国墓葬不多，但这两处墓葬在墓葬形制、使用白膏泥的情况和棺木的形制方面都基本相同，随葬器物也基本相同。鹤山镇墓葬出土的半两钱直径为2.9～3.3厘米，钱形较大。根据发表的拓片来看，“半”字下面平划短于上面平划，“两”字的上面平划较短，或者无上平划，“两”字的中间两个“人”字上部都带有很长的竖笔。根据吴镇锋的研究，这种直径较大、具有上属特点的半两钱属于战国晚期秦国的货币[68]。发掘简报将此墓的时代定在战国晚期至秦代，基本正确。可能东北乡和鹤山镇墓葬的时代接近。前文曾提到成都金沙遗址“国际花园”发掘点的15座船棺（独木棺）墓从墓葬形制、船棺形制和使用白（青）膏泥情况，与蒲江的两处墓葬均相同，并且都有单棺和双棺墓，只是随葬器物有差异。蒲江墓既为战国晚期至秦代，以此为准，“国际花园”发掘点的墓葬要比蒲江墓为早，推定为春秋、战国之际到战国早期是有道理的。这类船棺（独木棺）墓，目前仅发现于成都金沙遗址和蒲江县境内。

（4）什邡城关战国秦汉墓地

什邡市属成都平原的西北边缘地带，在成都市北面约60公里处。1988年至2002年，经过23次发掘，共清理战国秦汉墓葬98座，其中战国、秦代墓葬87座。这组墓群属于晚期蜀文化墓地，也是成都平原上少见的规模较大的墓地。

墓葬形制：均为竖穴土坑墓，可分为有葬具和无葬具两大类。有葬具者又可分船棺（独木棺）和木板两类。无葬具者又可分狭长形墓（长宽之比为4∶1～8∶1）、长方形墓（长宽之比约2∶1～3∶1）。另外，属于汉代的木椁墓只有椁而无棺，不同于中原文化或楚文化的木椁墓。现举例如下：7号墓为船棺（独木棺）墓。墓口长6.28米，宽0.8米，深0.85米。方向为东西向86～266度。墓坑内置船棺一具，填五花土，尸骨不存。棺长5.18米，宽0.6～0.82米，高0.32米。舱室长4.75米，宽0.76米，深0.2米。棺体东端上翘，两端平齐。随葬陶器、铜器置于舱内西半部。58号墓为长方形竖穴土坑双船棺合葬墓。墓坑长5.2米，宽2米，深0.2～0.5米。方向45～225度。坑内填五花土。墓坑内并列二具船棺，两棺各挖有棺坑。1号棺位于北侧，棺长3.8米，宽0.4米，高0.25米。2号棺位于南侧，棺长4.6米，宽0.4米，高0.22米。随葬器物置于1号棺内。54号墓为狭长形竖穴土坑墓，无葬具。墓坑长5米，宽1米，深0.3米。方向120～300度。坑内填五花土，尸骨无存，随葬器物置于墓底中部。74号墓为狭长形竖穴土坑合葬墓。墓坑口长5.2米，宽1.6米，深0.65米。坑内填五花土，方向75～255度。两墓重叠合葬，74号B墓在下，74号A墓在上，两墓上下间距约0.1米。B墓墓口长5.2米，宽0.9米，深0.3米。内填五花土。未发现葬具痕迹，尸骨已朽尽。随葬器物置于墓底中部。A墓墓口长5.2米，宽1.06米，深0.25米。未发现葬具痕迹。随葬器物置于墓底中部。95号墓为长方形竖穴土坑墓。墓坑口长5米，宽2.2米，深0.3米。方向100～280度。坑内填五花土，无葬具，尸骨已朽。随葬器物放置在墓底的西端和中东部。25号墓为长方形竖穴土坑（报告称近方形土坑）合葬墓。墓坑口长3.4米，宽2.2米，深0.35米。内填五花土。方向65～245度。无葬具，尸骨已朽。随葬器物分两排放置。

随葬器物：分为陶器、铜器、漆器和其他器物。陶器有釜、圜底罐、釜甑、尖底盏、瓮、器盖等具有蜀文化特色的器物，也有鼎、壶、缶等外来文化因素。铜器中容器有鍪、釜、釜甑、盘等蜀文化器物，也有外来文化的敦。兵器有戈、矛、剑、钺。工具有斤、凿、削、雕刀、锯等。随葬器物组合符合容器、兵器和工具的习俗。另有服饰器带钩、璜、印章等。漆器有盘、盒、奁。其他器物有铁鼎、鍪、铁犁铧、铁镰、玛瑙珠等。现举例如下：7号墓随葬器物中陶器有圜底罐6件、釜甑2件。铜器容器有鍪1件，兵器有矛3件、剑2件、钺1件，工具有斤1件、凿1件、雕刀1件、锯1件。58号墓随葬陶圜底罐1件、铜削1件。54号墓随葬陶器有圜底罐7件、豆4件、釜1件。铜器中容器有釜1件、鍪1件，兵器有戈1件、剑1件、钺2件，工具有削1件，服饰器有印章1件、璜9件。74号B墓随葬陶器和铜器。陶器有尖底盏3件、圜底罐1件、平底罐2件、器盖2件。铜器中容器有敦1件，兵器有戈3件、矛1件、剑3件、钺1件，工具有凿1件、雕刀2件。74号A墓随葬陶器、铜器和石器。陶器有尖底盏1件、豆6件、平底罐1件、器盖1件、"陀螺"形器1件。铜器有矛1件、剑1件，另有残铜片1件。石器为串饰2件。95号墓随葬陶器和铜器。陶器有圜底罐4件、釜甑1件、豆12件。铜器中容器有釜1件、鍪1件、盆1件，兵器有戈1件、矛1件、剑1件、钺1件，工具有削1件，服饰器有璜4件、印章1件，另有銮铃3件、残铜片1件。25号墓随葬陶器和铜器。陶器有尖底盏11件、豆1件、釜4件、平底罐2件、缶1件、器盖1件。铜器中兵器有戈4件、矛3件、剑3件、钺3件，工具有雕刀1件。

时代：什邡城关墓地为战国经秦代到西汉的中晚期。其中25号墓为战国早期，7号墓、58号墓为战国中期，74号A墓、B墓为战国中期，54号墓为战国晚期，95号墓为战国末期[69]。

什邡城关墓地是成都平原上迄今发掘和公布材料的最大墓地，给人们提供了十分宝贵的信息。其中一些问题值得我们思考：

第一，该墓地从战国早期开始，一直延续到西汉中晚期。虽然中间经过秦举巴蜀、秦统一六国、西汉王朝的建立这些重大历史事件，墓葬形制和随葬器物也在不断发生变化，但直到西汉早中期一些蜀文化的器物仍然存在，如蜀文化陶器中的釜、釜甑、豆等。这说明蜀文化未因朝代的改换而消失。它的最终消失应在西汉中期以后。这是符合当时的历史情况的。从出土器物和器物组合看，该墓地为同一人们集团的墓地。

第二，该墓地有几种不同的墓葬形制，但从随葬器物及其组合看，墓主有着共同的文化传统，即都属于蜀文化。

第三，该墓地的船棺（独木棺）分为A、B、C三类。A类为将一段粗大的圆木劈去一半，凿去树心部分作为舱室，舱、舷较深，木棺一头平齐、一头上翘，形似木船；B类仅在木头中间凿去少部分表示舱室，形成浅舱、浅舷，木棺一头平齐、一头上翘，因为舷很浅，有的看上去就像一块木板；C类为平舱无舷，仅头、尾部略高于舱部，木棺两头截齐，看上去更像一块木板，象征性更浓。C类船棺若单独发现很难和船棺（独木棺）联系上，但若把它放在墓中船棺（独木棺）的演变系列中，却是可以清楚地看到它的来龙去脉，则这种C类船棺有可能是木板葬具的源头。蜀文化中的这种以木板作葬具的迷或可解开。

第四，该墓地98座墓葬从墓葬形制结合随葬器物来看，应是属于小型墓葬。它们的随葬器物基本上属于蜀文化墓葬常见的，外来文化因素较少。陶器中的缶、铜器中的敦是楚文化因素。陶缶出土10件（报告称壶），铜敦仅出土1件。出土漆器中有1件盘（M66：7）属于西汉前期。其彩绘图案和湖北云梦睡虎地11号墓的漆盂[70]、33号墓的漆盂[71]的图案相似，可定为秦器。在蜀文化的小型墓葬中顽强地保留着本民族的文化和习俗，而接受外来文化影响较少。

第五，该墓地船棺（独木棺）墓、狭长形无葬具土坑墓、长方形无葬具土坑墓和木板墓共存。它们都同时并存一段时间。该墓地的木椁墓都属于西汉，而且都只有椁而无棺。这与中原地区或楚地的木椁墓似有区别，并体现蜀地的特点。为什么同一个墓地内有不同的墓葬形制共存和互相混杂？有些同穴双棺或双人合葬很明显属于合葬墓。有些虽为异穴，但二者并列，相距很近，是否是他们关系密切或异穴合葬？这些都值得思考。

**3. 四川盆地南缘地区墓葬**

位于大渡河以南的犍为县在20世纪70年代和80年代先后发掘的两批蜀文化墓葬，是迄今为止发掘的四川省境内位置最南的蜀文化墓葬。1977年，在犍为县的金井乡发掘4座墓葬，在五联乡发掘7座墓葬，共计11座[72]。1984年，在金井乡又发掘了2座墓葬[73]。两处墓地相距约1公里。

墓葬形制：均为竖穴土坑墓，主要为长方形土坑，有1座为近方形。无葬具，骨架无存。金井1号墓为长方形竖穴土坑墓，方向85度。墓口长2.1米，宽0.8~0.7米，深0.85米。五联3号墓为长方形竖穴土坑墓，方向10度。墓口长2.2米，宽1.3米，深0.9米。金井5号墓为近方形竖穴土坑墓，方向北偏西60度。墓口长3.76米，宽3.25米，墓底距地表深1.12米。墓底正中有长方形腰坑。腰坑长1.6米，宽0.7米，深0.32米。金井6号墓为长方形竖穴土坑墓，方向北偏西62度。墓口长3.02米，宽2.1米，墓底呈斜坡状，东端距地表0.97米，西端距地表0.75米。东南侧墓壁下有二层台，台长同墓坑，宽东端 1. 1 米、西端 0. 8 米，高东端 0. 14 米、西端 0. 09 米。二层台的宽度接近墓室底部的一半。

随葬器物：金井 1 号墓主要为陶器，次为铜器。陶器有釜 6 件、罐 6 件、碗 2 件、盂 2 件。铜器有矛 1 件、钺 1 件。五联 3 号墓随葬有陶器、铜器和铁器。陶器有釜 4 件、罐 3 件、豆 3 件、缶 2 件（原简报称壶）、盆 1 件。铜器为釜甑 1 件。铁器为臿 1 件。金井 5 号、6 号墓随葬有陶器、铜器。5 号墓的铜器主要放在腰坑内，6 号墓器物主要放墓坑西南角和二层台上。陶器有釜 11 件、圜底罐 2 件、釜甑 1 件、三足釜 1 件（简报称鼎）、平底罐 2 件、钵 2 件、豆 7 件、盂 1 件。铜器中容器有鍪 3 件、釜 2 件、釜甑 1 件、盆 1 件，兵器有剑 4 件、矛 1 件、钺 2 件、刀 1 件，工具有刀 1 件、削 1 件、印章 3 件。另有玉管 1 件。

时代：发掘简报推定犍为金井乡、五联乡的蜀文化墓葬为战国晚期。

金井乡、五联乡的战国墓是秦灭巴蜀后蜀人南迁的墓葬。秦灭蜀后，蜀人沿岷江南迁，在川南山丘一带还保留相当势力，仍保留着本民族的文化特征和习俗，因而留下这批墓葬[74]。金井 5 号墓有腰坑，6 号墓有二层台，这在蜀文化中都是罕见的。腰坑墓此前曾有新都战国木椁墓，加上金井 5 号墓共有 2 座，二层台墓除金井 6 号墓外也不多见。这些都值得注意。《华阳国志·蜀志》曰：“周慎王五年秋，秦大夫张仪、司马错、都尉墨等从石牛道伐蜀，蜀自葭萌拒之，败绩。王遁走，至武阳为秦所害。其相、傅及太子退至逢乡，死于白鹿山，开明氏遂亡。凡王蜀十二世。冬十月蜀平。”武阳在四川彭山县境内。彭山县以南依次为青神县、乐山市、犍为县。它们都在岷江沿岸。大约蜀王在武阳败死后，余部继续沿岷江南下，以至在犍为留下这批墓葬。《史记·三代世表》褚少孙曰："蜀王，黄帝后世也，至今在汉西南五千里，常来朝降，输献于汉。"褚少孙在汉元帝、成帝间为博士，大概此间蜀王后代还朝献于汉，所以他将这些材料补于《史记》中。关于这一点，蒙文通先生考证甚详[75]。《交州域外记》有载："蜀王子将兵三万，来讨雒王、雒侯，服诸雒将。蜀王子因称安阳王。"关于蜀王子为安阳王事，徐中舒先生、蒙文通先生均有精当的考证[76]。应该说犍为墓群为南迁的蜀人及其后代的墓葬是可信的。

**4. 四川盆地北缘和西南缘地区墓葬**

（1）四川盆地北缘墓葬

四川北部的广元市昭化宝轮院在1954年配合宝成铁路修建工程，发掘了15座墓葬[77]。当时仅清理了路基内的墓葬，可能这15座墓葬只是墓地的一部分。1995年，又在宝轮院清理墓葬9座[78]。它们与1954年发掘的15座处于同一地点。1954年发掘的15座墓中9座为船棺墓，6座为木椁墓。1995年发掘的9座墓中8座为船棺墓，1座为土坑墓。此墓地位于清江的二级台地上。

墓葬形制：船棺墓均为竖穴土坑墓。墓坑在施工中已被挖去大半，坑长在2.5～4米之间。从残存情况看，墓坑的大小与船棺的形状相等而略大。葬具保存好，其形制就像一个独木舟，系用一段大楠木将其上部削去一小半，底部稍为削平，两端向上斜削，使两端翘起如船之两头，船身正中挖空作为船舱。这种船棺可分两类：一类为在船舱内另置小棺放置尸体，这类船棺实际上变成了船椁；另一类是将尸体直接放于船舱

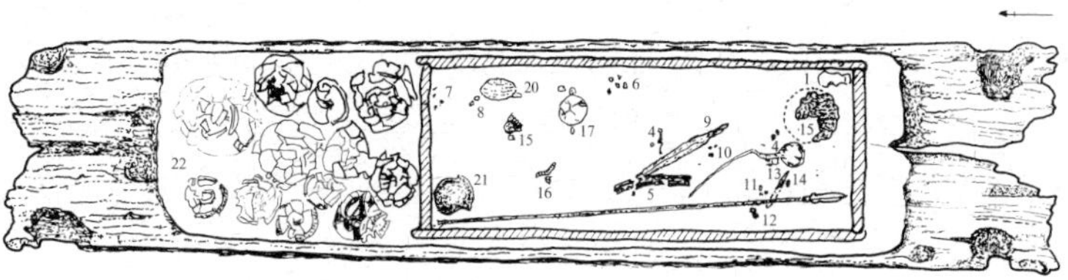


图三三　广元昭化宝轮院14号墓船棺平面图

1.铜钺　2.铜矛　3.铜剑　4.铜带钩　5.剑鞘痕　6－12.果核　13.14.木器　15.蔑编痕　16.铜削　17.漆器痕　18.半两钱　19.木梳　21.铜鍪　22.陶器

内。木椁墓也为竖穴土坑墓，只是因长、宽之比较大，称为狭长形墓。木椁多已朽坏，少数有保存。椁室内置木棺，随葬器物主要置于椁室内。现举数例如下：宝轮院1号墓为船棺墓，墓坑长、宽不明，船棺已残，尸体直接放在船舱之内。随葬器物中陶器放于船舱的一端，另一端仅有铜剑和铜钺，推测这里是放置尸体的地方。宝轮院14号墓的船棺两端稍残，在船舱之内另置小木棺。随葬器物中铜器、漆器、竹编器、木器置于小木棺内，陶器置于小木棺之外的船棺南部（图三三）。宝轮院13号墓为狭长形竖穴土坑木椁墓，木椁保存基本完好。木椁全长4.1米，宽1.38米，高1.12米。全用楠木制成，底板用两块木板拼成，底板之下有两根枕木，椁墙用4块木板合成，椁盖已失。木板厚0.13米。椁室的南部靠东边置木棺。木棺长约2米，宽约0.9米，高约0.6米。随葬器物分别置于棺内、棺外椁室北端和棺外两侧。

随葬器物：主要为陶器和铜器。陶器以圜底罐和无把豆为主。铜器以容器、兵器、工具为主，容器有鍪、釜、釜甑，兵器有钺、剑，工具为削，另有印章。现举例如下：宝轮院1号墓随葬陶器有圜底罐9件、平底罐3件、釜1件、盆2件、盂1件。铜器有釜1件、钺1件、剑1件。宝轮院14号墓随葬陶器有圜底罐2件、平底罐2件、豆4件、盂1件、盆1件。铜器中容器有鍪1件、釜1件，兵器有剑1件附剑鞘、矛1件带柲（柲长1.95米）、钺1件，服饰器有带钩1件。其他尚有漆盘2件、木梳1件、竹编器1件、铁镞1件、半两钱4枚、果核7枚。宝轮院13号墓随葬陶器有圜底罐8件、平底罐4件、盂1件、缶1件、盆1件。铜器中容器有鍪1件、釜1件、釜甑1件、盘1件，兵器有剑2件、矛1件、钺1件、戈2件，工具有削1件。另有漆器盒1件、漆木弓1件、半两钱1枚。

时代：1954年的发掘报告定宝轮院船棺墓为公元前3世纪即秦举巴蜀前后，狭长坑木椁墓约在公元前3世纪后半叶至公元前2世纪初叶，晚不过西汉前期以后。1995年的发掘简报认定年代为战国晚期。

族属：1954年发掘报告认为是巴人的墓葬，推测是秦举巴蜀以后为秦人戍守该地的巴人的墓葬。1995年发掘简报认为“涪陵小田溪的巴族墓不是船棺葬”，而“古蜀族的分布地域也发现大量船棺，如成都、郫县、什邡、新都、彭县、荥经等地。所发现的船棺葬，从墓葬到文化内涵也都倾向一致”。“所以直到今天，何谓巴之船棺？何谓蜀之船棺？以及巴式铜兵器、蜀式铜兵器，巴之符号、蜀之符号等等，并不能系统地加以区别。正如巴蜀各自的疆域及文化内涵等问题未能完全解决一样，船棺的族属问题也未完全解决，目前只能统称为‘巴蜀船棺葬’”。

广元昭化宝轮院1954年发掘报告公布以后，关于这一批墓葬的族属问题曾引起广泛的讨论和不同的意见：

①童恩正在《古代的巴蜀》一书中认为：“从考古资料看，战国前期蜀地的文化与新繁水观音遗址、彭县竹瓦街窖

藏、广汉西周遗址所显示的传统风格迥然不同，而与巴地文化则一致。如用船棺，铜器多单薄的釜、甑、鍪，武器多柳叶形无格剑、短骹矛、无胡戈、折腰钺……”“《华阳国志·蜀志》载苴侯曾被封于葭萌（今四川昭化一带），昭化宝轮院出土的船棺葬，很可能就是巴族的遗物……过去有同志以所谓‘以巴人成蜀’的假设来解释巴蜀两地文化性质相同的现象，但笔者认为不如迳释苴为巴较为恰当。”[79]

②《四川文物考古工作三十年》的作者指出：过去认为船棺葬和巴人有一定的关系。船棺下埋的时间，晚的在秦并巴蜀以后，或接近秦代，早的在秦并巴蜀以前。那时巴的势力已很微弱，放弃了江州（今重庆市），退处阆中。船棺葬出土的地点都是秦并巴蜀以前蜀的势力范围内，因而船棺葬和蜀的关系较大[80]。

③沈仲常、孙华认为：第一，船棺葬除了巴县冬笋坝一处，其余都在蜀地；第二，川东巴人活动地区，发现大量巴人遗存，却无船棺葬发现；第三，涪陵小田溪战国土坑墓群的发掘说明巴人不用船棺。四川的船棺葬可能是随庸人西进的裨、鯈、鱼人的遗存[81]。

④黄尚明研究了成都平原发现的船棺（独木棺）认为：船棺葬是蜀人固有的葬俗。宝轮院的船棺葬为苴人的墓葬，苴是巴人的一支，是蜀人的船棺葬对苴人产生了影响，并且苴人还在蜀人文化的基础上将蜀文化一头齐一头上翘和两头平齐的船棺改造为两头上翘的船棺[82]。

随着考古学研究不断深入，新的材料不断发现，对船棺葬的族属问题值得认真加以考虑。特别是配合三峡水库工程，四川大学考古系在重庆云阳李家坝进行了大规模的发掘，提供了新的重要资料。1997～1998 年发掘墓葬 40 座[83]，1998～1999

年进行第二次发掘，加上以往几次的发掘，共计发掘墓葬逾百座。这些墓葬均为巴文化墓葬[84]。这些墓葬都是长方形竖穴土坑墓，许多墓有木质棺椁，但却没有使用船棺（独木棺）。此外，20 世纪 70～80 年代在重庆市涪陵的小田溪发现一批战国墓，也无有使用船棺者[85]。这些均属巴人墓葬，学术界并无不同意见。它们都不使用船棺，可以证明巴人并不用船棺，似乎考古发现并不支持船棺葬是巴人墓葬的说法，所以四川省境内主要是四川盆地西部地区发现的船棺的族属还值得重新考虑。至于船棺（独木棺）中两头平齐者、一头平齐一头上翘者和两头都上翘者，它们的关系如何也值得考虑。根据成都平原上的发现，两头平齐的船棺（独木棺）以成都金沙遗址“国际花园”发掘点发掘的船棺（独木棺）为最早，可上溯到春秋晚期或春秋战国之际。一头平齐一头上翘的船棺（独木棺）发现的最早者为成都市商业街船棺（独木棺）墓，时代为战国早期或可早至春秋后期。似乎这类船棺（独木棺）由两头平齐发展到一头平齐一头上翘，再发展到两头上翘是有其道理。虽然它们的随葬器物有许多共同之处，但它们的葬具有明显的差异。这些必有其原因，还有待进一步的探讨。

（2）四川荥经县战国墓

四川盆地的西南缘荥经县发掘了几批战国墓葬。荥经县位于大相岭以北，为成都平原和川西高原的交界地区，属于古蜀国的边塞之地。20 世纪 80 年代先后在荥经县同心村和南罗坝村发现属于蜀文化的墓地[86]。同心村和南罗坝村位于县城附近，两地隔经河相望，相距约 1 公里。1984～1985 年在经河北岸的同心村发掘战国墓葬 5 座，1985～1986 年又在同心村发掘战国墓葬 26 座，1987 年在同心村发掘墓葬 4 座，1988 年在经河南岸的南罗坝村发掘战国墓葬 11 座。4 次发掘清理的战国墓从墓葬形制到随葬器物都相同。它们应属于一个文化，即蜀文化墓葬。同心村、南罗坝村的两处墓地的墓葬均排列整齐，未见相互打破现象。同心村墓地墓葬均为南北方向，南罗坝村墓地墓葬为西北至东南方向。

墓葬形制：均为长方形竖穴土坑墓。从残存情况观察，葬具多数应为两头上翘的船棺（独木棺），少数不见葬具。现举例如下：同心村 11 号墓为狭长形竖穴土坑墓，方向 347 度。无葬具。墓底长 4.5 米，宽 1.06 米，距地表深 0.74 米。骨架腐朽无存。随葬器物主要放在墓坑的南端。同心村 7 号墓为狭长形竖穴土坑墓，方向 1 度。墓底长 4.95 米，宽 0.67 米，距地表深 1.32 米。墓底有棺木腐朽的黑色灰烬，据迹象推测应属船棺（独木棺）。骨架已朽。随葬器物中的陶器主要放在墓底的两端，铜容器置于墓底北端，铜兵器及饰品放于墓底中部。同心村 21 号墓为上下重叠的合葬墓。21 号 A 墓重叠于 21 号 B 墓之上。21 号 B 墓的墓壁被 21 号 A 墓打破。两棺上下相距 0.1 米，方向均为 354 度。21 号 A 墓墓底长 6.7 米，宽 1.36 米，距地表深 0.8 米，船棺长约 4.45 米，宽约 1 米，两端上翘。骨架已朽。随葬器物置于棺内两端。21 号 B 墓墓底长 5 米，宽 1 米，距地表约深 1.17 米。墓底有一层棺木腐朽的痕迹。从墓底的形状看，其形状和 21 号 A 墓的船棺形状相同而略小。人骨已朽。随葬器物中的陶器置于墓坑底部两端，铜器置于墓底北部和中部。南罗坝村墓葬为长方形竖穴土坑墓，墓坑不够规整，墓口已被施工破坏。除了 11 号墓墓底两端高，中间低，有碳化的木质痕迹，葬具当为船棺（独木棺），其余 10 座均未见葬具。南罗坝村 1 号墓为长方形竖穴土坑墓，方向155度。墓底长4.36米，宽1.26米，墓底距地表深0.73～0.92米。无葬具。人骨已朽。随葬器物中陶器和铜容器放在墓坑底部两端，铜兵器和工具放在头部和腰部。另在墓底中部有大量漆器残痕。南罗坝村9号墓为长方形竖穴土坑墓，方向147度。墓底长4.14米，南宽1.14米，北宽0.88米，距地表1.2米。随葬器物分别放在头部和腰部。

随葬器物：同心村和南罗坝村两处墓地出土器物可以分为陶器、铜器、铁器和其他器物。陶器的组合为釜、罐、钵、无把豆、圜底罐。铜容器以鍪、釜、盆为基本组合，并出土1件敦。铜兵器主要有剑、戈、矛。同心村1号墓出土1件铜矛在骹上有“成都”二字。铜工具为斧、斤、削、雕刀，有“巴蜀图语”印章。另外，还有属于石棺葬文化的铜扣饰、镯等小件器物。现举例如下：同心村11号墓主要为陶器，有豆6件、釜5件、鍪1件、圜底罐2件。另有铜镯1件、铜印章1枚、铁斧1件、陶胎漆豆1件。同心村7号墓随葬陶器有瓮1件、圜底罐3件、釜1件、鍪1件、盆1件、豆5件。铜器分为容器、兵器和服饰器，容器有釜1件、鍪1件，兵器有戈1件、剑1件、矛2件，服饰器有带钩1件、瓶形饰1件、印章1枚。铁器有环柄刀1件、斧1件。同心村21号A墓随葬有陶器、铜器、铁器和漆器。陶器有釜2件、圜底罐4件、豆24件。铜器又分容器、兵器、工具和服饰器，容器有釜3件、鍪4件、釜甑1件、缶1件（报告称罍）、匜1件，兵器有戈5件、矛5件、剑3件，工具有斤1件、凿1件、雕刀1件，服饰器有鸟形饰2件、泡1件、璜形饰1件、印章1枚。铁器为削刀1件。漆器为耳杯1件。21号B墓随葬器物可分陶器、铜器和其他器物。陶器有圜底罐6件、釜1件、钵2件、豆16

件、器盖2件。铜器又分为容器、兵器、工具和服饰器，容器有釜1件、鍪1件、盆1件，兵器有矛1件、剑1件，工具有斧1件、削刀1件，服饰器有镯1件、印章5枚。其他器物有玉环1件、料珠3颗。南罗坝村1号墓随葬器物主要为陶器和铜器。陶器有釜4件、甑（盘状）1件、圜底罐8件、豆36件、盂1件、缶1件（报告称罍）、器盖1件。铜器分为容器、兵器和工具，容器有鍪2件、釜2件、盆2件，兵器有剑3件、戈2件、矛5件、钺1件，工具有斧1件、凿1件、削刀1件、雕刀1件。其他尚有料珠2颗及漆器残痕。南罗坝村9号墓随葬器物主要为陶器和铜器。陶器有釜6件、鍪1件、圜底罐7件、盒1件、盂1件、高柄豆1件、器盖1件、三联盏1件。铜器分为容器、兵器、工具和服饰器，容器有釜1件、鍪1件，兵器有矛1件，工具有斤1件，服饰器有镯1件、印章1枚、泡1件。其他尚有料珠1枚及漆器残痕。

时代：根据两墓地出土器物的特点，发掘报告将它们的时代定为战国晚期。

荥经县同心村、南罗坝村两处墓地有自己的特色。随葬陶器中以无把豆的数量最多，罐类中圜底罐最多，有一定数量的平底罐。铜容器中不见蜀文化常见的那种釜甑，仅同心村1985～1986年发掘的21号A墓出土1件铜釜甑，但这件铜釜甑和蜀文化常见的釜甑差异明显，甑耳和釜耳都不同于蜀文化釜甑的耳。铜兵器中钺的数量少，两墓地共出3件（同心村1984～1985年发掘的3号墓出1件，1985～1986年发掘的18号墓出1件，南罗坝村1号墓出1件），与铜戈、铜矛、铜剑出土数量悬殊较大，并且同心村3号墓的那件有内，内上有穿，和蜀式钺不类。铜戈中不见蜀文化常见的无胡三角援戈。

铜工具不见蜀文化常见的锯。同时，两处墓地都出土了一些石棺葬文化的小铜饰件，如铜泡、铜扣、瓶状小饰件，出土的铜镯为大石墓常见的器物。虽有以上特点，但总的看从墓葬形制到随葬器物，两处墓地四次发掘的墓葬都属于蜀文化墓葬。出现这些特点可能是蜀文化分布范围内的地方特点。荥经一带位于古蜀国的西部边陲，这里是通往今云南省的交通枢纽。从考古发掘资料看，这里不但有蜀文化墓葬，也有秦人移民的墓葬。其西北和石棺葬文化分布区相邻，向南翻越大相岭、跨过大渡河就是安宁河流域的大石墓分布区。处于这种多种文化的交汇地带，形成自身的文化特点也是很自然的。1981 年在同心村墓地以西的荥河北岸清理 1 座战国土坑墓，出土一批小件铜器就包括石棺葬文化的因素和蜀文化的因素。其中属于石棺葬文化因素的如铜泡、铜扣饰，还有带柄铜镜（原简报称铜饰牌），属于大石墓文化的有铜镯，属于蜀文化的因素如“巴蜀图语”印章、环首削。此墓对了解这一地区战国时期的文化交流很有帮助[87]。

笔者以前曾把南罗坝墓地与重庆市涪陵小田溪的墓葬相比，提出南罗坝村（包括同心村）墓地为巴人墓葬。它们和广元昭化宝轮院墓地一样，也是在秦举巴蜀以后利用巴人戍守该地的遗留[88]。现在根据一些学者对四川船棺葬族属的探讨，荥经这批墓葬的族属可以继续探讨，不同意见的讨论有利于问题的解决。这里暂且将荥经这两处墓地归属蜀文化墓葬。

## （三）四川盆地西部的秦人墓

在蜀文化的分布区，相当于战国、秦至汉初这一时期，除了数量多、分布广的蜀文化墓葬，还发现了几批不同于蜀文化墓葬的另外一个系统的墓葬。它们是青川县的郝家坪墓地、成都市龙泉驿区北干道墓地、荥经县古城坪和曾家沟墓地。这些墓葬从墓葬形制、随葬器物都与蜀文化墓葬有着明显的区别。

**1. 青川郝家坪墓地**

1979～1980 年，四川省博物馆等在青川县的郝家坪发掘了 72 座墓葬[89]。此墓地位于青川县南约 1 公里的一处缓山腰地带，墓坑排列有序，无打破关系，方向在 300～340 度之间。

墓葬形制：皆为长方形竖穴土坑墓。葬具有一棺一椁、有椁无棺、有棺无椁，还有无棺无椁的土坑墓。使用白膏泥涂抹或填充墓坑的情况普遍。其中有一棺一椁墓 45 座，椁室由盖板、墙板、挡板、底板套合构成。盖板之上有的还铺 2～3 层桦树皮，其上填厚 0.1～0.3 米的白膏泥，然后又盖 0.05～0.15 米厚的黄沙土，墓底多夯填白膏泥，有的厚 0.05 米，有的厚达 2 米，椁室四周也填白膏泥。有棺无椁墓 11 座，这类墓无椁室，棺木放在墓正中或一侧。有椁无棺墓 3 座，椁室无盖板，使用白膏泥填充。土坑墓 13 座，无葬具，有的有二层台。1 号墓为一棺一椁墓中最大的一座。墓坑长 5.10 米，宽 3.46 米，深 7 米。在墓底夯填 2 米厚的白膏泥，其上横置 2 根垫木，椁室置于垫木之上。椁室长 3.9 米，宽 1.84 米，高 1.42 米。木棺置于椁室正中，四周放置随葬器物。47 号墓为土坑墓中最大的一座。墓口长 3.4 米，宽 3.2 米。墓底长 3 米、宽 2.8 米，深 3.52 米，平面近方形。随葬器物放在骨架四周。42 号墓为土坑墓中最小的一座。墓坑长 2.23 米，宽 1.3 米，深 1.25 米。四周有生土二层台，台宽 0.15 米，高 0.25 米。尸体放于长 1.93 米、宽 1.05 米、深 0.25 米的墓室内。墓室填满白膏泥，无随葬器物。

随葬器物：以陶器、铜器、漆器为主，其他有竹木器等。陶器有120件，组合为鼎、豆、壶，鼎、盒、壶。铜器有58件，有鼎、鍪、带钩等。漆器有171件，有鸱鸮壶、圆壶、扁壶、双耳长盒、耳杯、奁等，以双耳长盒、扁壶最有特色，有的耳杯上有“成亭”文字。木器有俑、马俑，颇有特色。另外，50号墓出土木牍2件。1件（M50：16）长0.46米，宽0.25米，厚0.04米。正背两面皆以隶书墨写。正面三行121字：“二年十一月己酉朔朔日，王命丞相戊（茂）、内史郾，□□更修为田律：田广一步，袤八则为畛。亩二畛，一百（陌）道。亩百为顷，一千（阡）道，道广三步。封高四尺，大称其高。捋（埒），高尺，下厚二尺。以秋八月，修封捋（埒），正疆畔，及发千（阡）百（陌）之大草。九月大除道及除浍。十月为桥，修陂堤，利津□。鲜草，睢（虽）非除道之时，而有陷败不可行，相为之□□。”背面四行33字：“四年十二月，不除道者：□一日，□一日，年一日，壬一日，亥一日、辰一日，戌一日，□一日。”[90]单座墓随葬器物以1号墓为例。1号墓随葬器物可分陶器、铜器、漆器等。陶器有罐2件。铜器有鼎1件、器座1件、环1件。漆器有鸱鸮壶1件、双耳长盒3件、扁壶1件、碗4件、奁1件、耳杯4件、匕1件。其他尚有木车轮1件、藤条1根。

时代：发掘简报定为战国中晚期。

文化性质：发掘简报认为有很多楚文化因素，可能和“秦民移川有关”。

**2. 成都龙泉驿墓地**

1992年，成都文物考古研究所在成都市龙泉驿区北干道发掘战国、秦汉墓葬34座[91]。此墓地位于龙泉驿西北的平原和龙泉山脉相接的缓坡地带，多成组排列，以两墓为一组较多，也有的以三墓或四墓为一组。墓有东北向和南向两种。其中有4座被破坏，30座保存较完整。

墓葬形制：为长方形竖穴土坑墓。墓口长3～4米，宽1.5～2米，打破生土。填土为五花土经夯打，五花土下为白膏泥。尸骨多已不存。葬具可分有椁无棺和以木板为葬具两种。有椁无棺墓28座，椁室由盖板、墙板、挡板、底板套合而成，底板下有垫木，使用白膏泥密封。有的在随葬器物之间填塞白膏泥，个别墓椁室内填满了白膏泥。木板墓2座，在墓底部置木板为葬具，尸体放于木板上，有熟土二层台。34号墓为有椁无棺墓。墓口为不规则长方形，墓口长3.9米，宽2.65米，深1.73米。墓口边呈不规则弧形。椁室下有两根枕木，枕木周围填塞0.04米厚的白膏泥。椁室长3.07米，宽1.43米，高1.14米。椁室北侧隔出一个长方形边箱，边箱长同椁室，宽0.34米，高0.12米。随葬器物大多数放置在椁室内，一些小件器物置于边箱内。22号墓为竖穴土坑木板墓。墓口已被破坏，现存长3.44米，宽1.9米，深0.6米。二层台距坑口0.4米，台高1.2米。墓室四周及墓底均抹一层白膏泥，墓底铺一层木板。随葬器物置于二层台上。

随葬器物：可分陶器、铜器、漆木器、铁器和钱币。陶器以瓮、罐、釜、豆、甑、盆、器盖为主。铜器中容器有釜、鍪、釜甑、盘、匜，兵器有戈、矛、钺、剑等，工具为削，服饰器有带钩、环。漆器有盂、奁、耳杯，木器有几、案。铁器中工具有斧、凿、锸、镰，兵器有剑。现举例如下：34号墓随葬器物可分为陶器、铜器、漆器、木器和钱币。陶器有瓮6件、釜3件、豆2件。铜器中容器有釜1件、鍪1件、盘1件、匜1件，兵器有钺1件，工具有削1件，服饰器有带钩1件。漆器有盂1件。木器有纺轮1件、器盖1件。钱币为半两钱。22号墓随葬器物可分陶器、铜器、漆器、铁器和钱币。陶器有瓮1件、钵2件、豆5件。铜器为矛2件、鐏1件。漆器仅存漆皮。铁器有镰1件、斧1件，另有残器。钱币为半两钱。

时代：发掘简报将墓地分为三期，早期墓为战国晚期，中期墓为秦代，晚期墓为西汉早期。

文化性质：发掘简报认为随葬器物为楚文化风格，墓地可能与楚国移民有关。这些人就是白起拔郢以后迁向巴蜀地区的移民。

**3. 荥经古城坪和曾家沟墓地**

1977年，荥经古墓发掘小组在荥经古城坪发掘战国至西汉早期的墓葬3座[92]。1981～1982年，在荥经县的曾家沟发掘墓葬6座[93]。1983年，又在曾家沟发掘墓葬5座，仅发表了21号墓的资料[94]。

（1）古城坪墓葬

古城坪位于荥经县城以西2.5公里的严道古城遗址西南的荥河北岸。

墓葬形制：均为长方形竖穴土坑墓，方向70～90度。葬具一棺一椁，椁室外填塞白膏泥。2号墓方向70度。墓口长5.44米，宽3.38米，深3.24米。墓底长4.1米，宽1.85米。墓内上层填五花土，下层及椁室四周用厚约0.16米的白膏泥封填。椁室长3.50米，宽1.40米，高1.05米。椁室只有墙板、挡板加底板，未见盖板，椁室底板下铺一层桦树皮。椁室内分隔为棺室和足箱，棺室内置木棺一具。

随葬器物：以漆器为主，其中双耳长盒、耳杯盒、扁壶颇有特色，其他还有盒、奁、耳杯等。铜器主要是釜、鍪。陶器有瓮、罐。另有半两钱出土。1 号墓出土漆器中有 10 件朱书“王邦”二字。以 2 号墓为例，随葬器物以漆器为多，还有铜器、陶器和木器。漆器多达 27 件，有圆盒 2 件、奁 2 件、盒盖 1 件、耳杯 18 件、双耳长盒 1 件、耳杯盒 1 件、扁壶 1 件、匕 1 件。铜器有釜 2 件、鍪 2 件、镜 1 件、铃 1 件。陶器有瓮 1 件、罐 1 件。木器有梳 1 件、篦 1 件。另外，有炭精发簪 1 件。

时代：1 号墓为战国至秦代，2 号墓、3 号墓略晚于 1 号墓。

文化性质：楚文化墓葬。

（2）曾家沟墓地

曾家沟墓地位于严道古城遗址东南的荥河南岸。在这里先后发掘战国时期墓葬 11 座，已发表材料的有 7 座。

墓葬形制：均为长方形竖穴土坑墓，方向 258 度～270 度。葬具可分一棺一椁、有椁无棺、有棺无椁三类，其中 16 号墓在椁室的西端又附一头箱。随葬器物多置于头箱、边箱、二层台上及棺椁之间。一棺一椁墓有 5 座。16 号墓为长方形竖穴土坑墓，一棺一椁外加一头箱，方向 259 度。墓口长 3.7 米，宽 2.46 米，深 2.48 米，南、北、西三面有熟土二层台。墓坑内填五花土。椁室长约 2.5 米，宽约 1.12 米，高 1 米。椁室西端有一头箱，长 1.12 米，宽 0.39 米，高 0.39 米。椁盖板上铺有两层桦树皮，椁室上下四周均填白膏泥，椁底板之下最厚约0.25米，其余厚约0.1~0.15米。椁室中间偏南置木棺一具，棺长约2米，宽约0.8米，高约0.8米。棺内底层铺碎木炭，其上垫0.8米厚的带壳粮食，最上层铺0.02米厚的草。骨架无存。随葬器物放在头箱、棺北侧和棺内。21号墓亦为长方形竖穴土坑墓，墓坑壁较直。墓坑长3.74~3.76米，宽2.36~2.46米，墓底至地表深1.54米。方向北偏东8度。坑内填五花土，椁室四周上下皆以厚0.15~0.21米的白膏泥封固。椁室长2.57米，宽1.38米，高1.03米。椁盖板上铺三、四层桦树皮。椁室内靠东边隔出边箱，边箱长2.57米，宽0.24米。棺室居西，长2.3米，宽1.05米，高1.02米。内置木棺一具，棺长2.2米，宽0.86米，高0.84米。棺盖上铺方格纹竹编织物，其上有百余竹片呈扇形分布。木棺两头用棕绳捆扎，各围8圈后打结于盖面。随葬器物主要置于边箱内，小件器物出于棺内。

随葬器物：以漆器、木器为多，主要有奁、双耳长盒、耳杯。有的奁上刻有“成屮”（成草）二字，有的耳杯上有“成”（成）字，另有漆剑。木器有杖、棒等。陶器有罐、釜。铜器均是小件器物。另有竹编器。16号墓随葬器物可分为漆器、木器、陶器、竹编器等。漆器有奁1件、耳杯2件。木器有双耳长盒1件、棒2根。陶器有釜1件、平底罐1件。竹编器有圆盒1件、方形篮1件（残）。21号墓随葬器物分为漆木器、陶器、铜器等。漆木器有漆扁壶1件、双耳长盒1件、圆盒1件、奁1件、耳杯4件（图三四），另有漆木剑1件、木杖1件、棒4根。漆圆盒、耳杯皆有彩绘纹饰，双耳长盒外底针刻“番阳睻”三字。铜器有印章1枚（印文为“唐沽”）、带钩1件（残）。此外，还发现有竹笥和竹编织物。

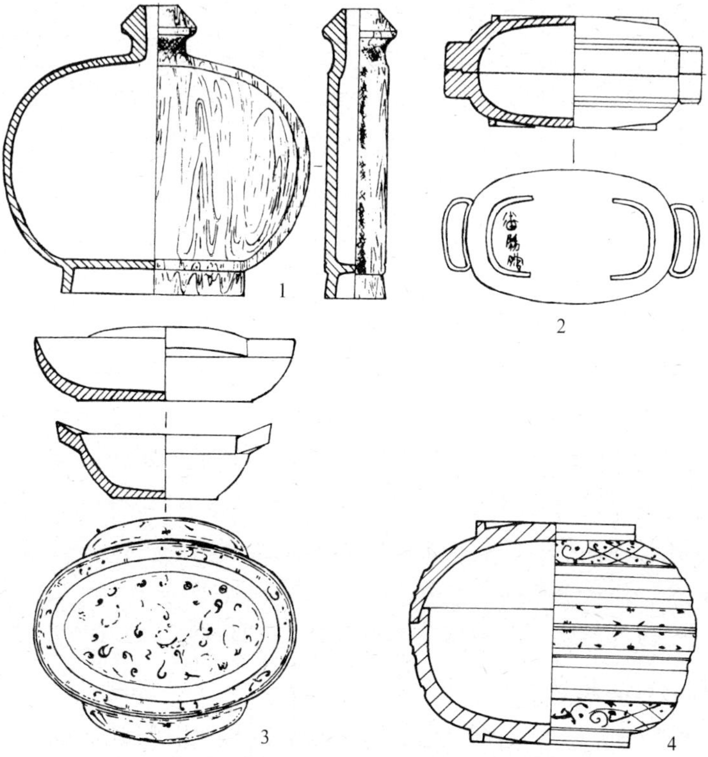

图三四　荥经曾家沟秦人墓漆器

1.扁壶　2.双耳长盒　3.耳杯　4.盒

时代：发掘简报定 11 ~ 16 号墓为春秋末期至战国早期，21 号墓为战国中期。

文化性质：楚文化墓葬。简报转引徐中舒先生在论文《试论岷山庄王和滇王庄骄的关系》中所说“蜀地严（庄）道，原以岷山庄王居此而得名”的意见，因而认为曾家沟墓地所反映的楚文化因素应该是居严（庄）道的岷山庄王等原楚地之民带来的，或者可以说，曾家沟墓地就是居于严（庄）

道的楚人的公共墓地。

青川郝家坪、成都龙泉驿、荥经曾家沟和古城坪这几处墓地的墓葬从墓葬形制到随葬器物，都明显地和蜀文化墓葬不同。这几处地方都属于蜀文化的分布范围，成都龙泉驿更是蜀人的中心地区。这些墓葬是属于外来文化的墓葬，而不仅仅是蜀文化接受外来文化的影响。这几处墓地的特点基本相同，它们属于同一文化。

关于这些墓葬的年代，青川墓地定为战国中晚期，并且指出“可能和秦民移川有关”。龙泉驿墓地分为三期，早期相当于战国晚期，中期当在秦代，晚期为西汉初年。这些断代和墓葬形制、随葬器物是一致的。古城坪 3 座墓的断代也是可从的。唯曾家沟墓地定为春秋末年到战国早期、中期尚可讨论。从墓葬形制来说，曾家沟墓和青川墓、龙泉驿墓基本相同。从随葬器物来说，曾家沟墓出土最多的漆器中最有特征的是扁壶和双耳长盒。这在青川墓中也有出土。这两种漆器均出在战国晚期至秦代的墓葬中。例如，在湖北云梦睡虎地发掘的几批战国、秦至西汉初年的墓葬中，就出有扁壶和双耳长盒这两种漆器[95]。云梦睡虎地墓年代明确，可供断代时参考。再从陶器看，曾家沟墓地出土最多的Ⅰ式罐共 5 件，其形制为侈口、平沿、束颈、圆肩、鼓腹、平底。这类罐和陕西凤翔高庄五期墓出土的Ⅱ式陶罐相似，高庄五期墓的时代为秦代[96]。它们也和湖北云梦睡虎地出土的 BⅠ式小口瓮相似，共出土 3 件，时代均属战国晚期。曾家沟 13 号墓出土的Ⅲ式罐，为喇叭状侈口、束颈、斜肩、圆腹、平底。这类罐和河南省洛阳中州路东周墓的Ⅴ式罐相似，特别是与第七期 2418 号墓出土的Ⅴ式罐相似，其时代为战国晚期[97]。至于说曾家沟 11～16 号墓出土的漆器未有彩绘，21 号墓出土的漆器有彩绘，未彩绘者可能早于带彩绘者。这个结论恐怕未必能成立，不能简单地认为未彩绘者必然早于带彩绘者。例如，湖北省云梦睡虎地 27 号墓为秦代墓，44 号墓亦为秦代墓。它们出土的双耳长盒均未彩绘，而战国晚期的46 号墓出土的漆卮、漆耳杯反而有彩绘花纹。因此，不能以漆器有无彩绘而断定它们时代的早晚，还应结合其他器物。根据以上情况，曾家沟战国墓定在战国晚期为宜[98]。

青川郝家坪、成都龙泉驿、荥经古城坪和曾家沟这几处墓地属于蜀文化分布范围内的外来文化墓葬已无疑问，但它们的族属还是有不同的看法。发掘者和一些学者认为这些墓葬的楚文化因素很浓，是楚人的墓葬，但对这几处墓地的墓葬进行深入分析，就会发现其实它们的中原文化（秦文化）因素占有主导地位。例如，墓葬形制均为竖穴土坑墓，多数有椁、棺，有二层台，使用白膏泥等。其中竖穴土坑墓无墓道是春秋、战国时期秦墓一直流行的形式。洞室墓出现于战国晚期，但这时竖穴土坑墓仍然很流行。这种中小型的竖穴土坑墓一般无墓道，而楚墓中的竖穴土坑墓往往是在墓坑口部有几层台阶，也有一些带有斜坡墓道。棺椁方面，楚墓流行在椁室中隔出头箱、边箱和脚箱的形制，在秦墓中也有在椁室分隔出头箱、边箱和脚箱的形制。二层台（包括生土二层台和熟土二层台）为秦墓中所常见，而在楚墓中甚为罕见。在楚国境内一些墓坑窄而长的墓葬中往往有二层台，但根据出土器物看，这些墓为越人之墓而非楚墓。使用白膏泥填塞或涂抹墓室为楚墓流行，但秦人墓中也发现有使用白膏泥填塞椁室四周的情况，如甘肃省天水放马滩的秦墓[99]。放马滩墓地发掘了 14 座竖穴土坑墓，13座为战国晚期至秦代墓，1座为西汉早期墓，普遍使用白膏泥填塞墓室。特别是放马滩1号墓，根据插图所示，椁室的上下四周填满了白膏泥，将椁室封固在白膏泥之中。据此而论，在楚国地区以外发现墓中使用白膏泥要具体分析，不能一发现墓葬中使用白膏泥就简单地认为是楚文化因素，还要根据墓葬出土器物等各方面的因素加以考虑。以陶器而论，青川郝家坪墓的基本组合为鼎、豆、壶和鼎、盒、壶，而不见楚文化常见的鼎、簠、敦、壶，鼎、簠、壶，鼎、敦、壶。以鼎、豆、壶和鼎、盒、壶为基本组合，乃是中原文化（包括秦文化）常见的陶器组合形式。一些器物也属于中原文化（包括秦文化）的形制。例如，陶器中的盆出土于青川郝家坪墓。其形制为大口、束颈、折腹，下腹内收成小平底。这种盆在秦文化中常有发现。陶蒜头壶出土于青川郝家坪墓地。蒜头壶乃是秦文化中具有代表性的陶器之一。荥经曾家沟墓地出土的Ⅰ式罐为秦文化因素，成都龙泉驿墓地出土的钵也为秦文化的器物。铜器中有青川郝家坪墓地出土的铜鼎的形制为附耳、三蹄足、圆腹、圜底，盖已缺。这种形式的鼎为中原地区和关中地区战国时期最为流行的形式，和楚式鼎的区别明显。以上三处墓地出土的漆器和楚国漆器风格不同，和成都商业街蜀文化船棺（独木棺）墓出土的蜀文化漆器的风格也明显不同，而和湖北省云梦睡虎地墓地出土的漆器在器形与纹饰方面有许多相同之处。例如，扁壶和双耳长盒是云梦睡虎地墓地出土漆器的具有代表性器物，扁壶的口部都有一周凸棱，显然是脱胎于秦代的蒜头扁壶。青川郝家坪、荥经曾家沟墓也出土有漆扁壶和漆双耳长盒。龙泉驿25号墓出土的1件漆盂的盖为黑漆地红彩，纹饰的中心是长颈怪兽，外围有3条鱼纹。这种内容的纹饰不见于楚文化的漆器，同类纹饰的漆器在湖北省云梦睡虎地墓地出土3件。它们是11号墓出土2件、33号墓出土1件。另外，四川什邡城关战国秦汉墓地的西汉早期66号墓也出土1件漆盘，其花纹和龙泉驿25号墓漆盂盖的花纹内容相同。只是睡虎地出土的3件漆器的花纹为两条鱼，龙泉驿和什邡城关的漆器上为3条鱼，但它们的内容和风格是一致的，特别是鱼的画法。湖北省云梦睡虎地墓地为秦人的墓葬，所以青川郝家坪、成都龙泉驿、荥经曾家沟和古城坪这几处墓地也应为秦人之墓[100]。什邡城关66号墓那件漆器也是秦器。至于这些墓葬中出土的一些蜀文化因素的器物，应是秦移民在这里定居后接受一些蜀文化影响的结果。它们虽为秦人的墓地，但都发现在蜀地，并且对蜀文化产生了重大的影响，所以在谈到蜀文化时是不得不提及的。

从文献资料看，也有秦向蜀地移民的记载。《华阳国志·蜀志》曰："周赧王元年，秦惠王时封子通国为蜀侯，以陈壮为蜀相。置巴郡。以张若为蜀国守。戎伯尚强，乃移秦民万家实之。"周赧王元年为秦惠王十一年。秦举巴蜀在周慎王五年，即秦惠文王后元九年。就是说在秦举巴蜀两年后便开始向蜀地移民。蒙文通先生考证秦举巴蜀后曾三封蜀侯都是蜀王的子孙，又都因反叛被杀。由此可见，蜀人反秦势力还很强大，秦移民入蜀是为了巩固秦的统治。秦国似不可能移楚国人入蜀。《史记·项羽本纪》记范增说项梁曰："夫秦灭六国楚最无罪，自怀王入秦不反，楚人怜之至今，故楚南公曰：楚虽三户，亡秦必楚也。"如果秦移楚人入蜀，岂不使楚人、蜀人的反秦势力联合起来。

至于说楚人在今荥经一带设置“荥经总管”，深入今四川西部开采黄金也不见记载。就当时的形势而论，如果当时楚国在今四川省荥经一带建立一个以岷山庄王为首的朝廷，这无疑是国中之国。战国时期，蜀国曾一度占据汉中，攻秦至雍，也曾“雄张僚僰”，还曾伐楚取兹方。由此可见，蜀国是有一定实力的。在这种情况下，岂会容忍楚国在其管辖的范围内建立一个国中之国。据此而言，楚国在今四川省荥经建立小朝廷，设置“荥经总管”于情理不合，完全是一种推想。

根据考古材料和结合文献记载来看，上述几处墓地乃是秦人墓，是秦移民之墓。这几处墓地所处的地理位置都很重要。青川郝家坪墓地位于白龙江下游，沿白龙江南下即可至葭萌（今广元昭化）。葭萌乃蜀国北部重镇，蜀王曾封其弟于葭萌号为苴侯。郝家坪墓地正处于葭萌以北从南郑至葭萌的咽喉要道，又居于昭化宝轮院船棺墓地的上游，可以威慑、监视蜀人。成都为蜀国的政治中心。龙泉驿位于龙泉山下，是成都的东大门，对成都来说地位重要，可以说控制龙泉驿即能控制成都。秦人移民的一支居住于此也在想像之中。荥经曾家沟位于荥经县城西南约 1 公里，其西面大约 1.5 公里为严道古城。根据调查，古城的城垣内包含有东汉陶片，时代较晚，但从一些记载来看，严之地名存在是比较早的。《史记·樗里子甘茂列传》说：秦惠王二十六年，樗里子“助魏章攻楚，败楚将屈丐，取汉中地，秦封樗里子号为严君”。索隐：“按严君是爵邑之号，当是封之严道。”近些年来考古调查和发掘的资料表明，这里在战国、秦和汉初是人口密集的地区，发现有南罗坝村、同心村蜀人墓地。大约今荥经在古代也是一个重要的地区，是成都通向四川西南部、云南的交通孔道。后来的旄牛道即以严道为起点。秦移民居于此可能与这种情况有关。

有学者指出：四川盆地西部出土较多的秦人移民墓，与秦灭蜀的进军路线基本吻合[101]。这个分析是有道理的。

## （四）蜀文化墓葬的特点

蜀文化作为独具地方特色的考古学文化，其墓葬自然也具有浓厚的地方特色。尽管在晚期蜀文化中受到中原文化和楚文化的影响，并最终融入汉文化之中，但仍保留了本文化的特色。至于早期蜀文化中墓葬的特色就更为明显。

**1. 早期蜀文化墓葬**

早期蜀文化墓葬发现较少，成片的墓地更是不多，所以对早期蜀文化墓葬的认识尚不够深入，可以说还处在探索的阶段。就墓葬形制方面而言，有竖穴土坑墓、浅坑墓、就地掩埋和以圜底陶罐作为墓圹的墓葬。它们均无葬具。像三星堆遗址仁胜村土坑墓的葬俗，像广汉月亮湾二期文化的就地掩埋形式，像新繁水观音遗址那种以圜底陶罐围成墓圹的形式都是很有特色，在蜀文化以外没有发现过的。对它的来龙去脉也不清楚，目前也不能解释。

随葬器物方面是以陶器为主。三星堆遗址仁胜村墓地有玉器、石器，新繁水观音晚期墓出有铜器，也有一些墓葬无任何随葬器物。新繁水观音晚器墓随葬器物总的组合似乎已出现了容器、兵器和工具的形式。

**2. 晚期蜀文化墓葬**

晚期蜀文化墓葬发现相对较多，分布范围也较广，但成片墓地发现的仍不够多。从墓葬形制看，流行狭长形竖穴土坑墓、长方形竖穴土坑墓。从葬具方面看，流行船棺（独木棺），较大的墓有棺椁，还有以墓底铺木板作为葬具，也有无葬具的土坑墓。以木板作为葬具，颇有特色。有意见认为根据四川省什邡城关战国秦汉墓地中船棺（独木棺）的演变情况，这种以木板作为葬具的特点是由船棺（独木棺）演变而来[102]。

关于在墓中使用白膏泥填塞或涂抹墓壁，在晚期蜀文化墓葬中有一定的普遍性。许多学者都认为使用白膏泥填塞墓室和涂抹墓壁是楚文化的特点，蜀文化墓葬中使用白膏泥是受楚文化的影响，属于楚文化的因素。关于这个问题，似有进一步讨论的必要。在墓葬中使用白膏泥是楚文化的特点之一，但是在蜀文化墓葬中使用白膏泥是否属于楚文化因素和受楚文化的影响，或者进一步说在楚国以外地区的墓葬中使用白膏泥是否都是楚文化因素，都是受楚文化的影响值得进一步研究。根据考古发现，在墓葬中使用白膏泥的情况除了楚墓比较普遍，迄今发现最早的是河南省罗山县天湖商代墓葬[103]，还有北京市昌平白浮村西周1号、2号墓[104]，山东省栖霞县吕家埠西周1号、2号墓[105]，山西省长子县牛家坡东周7号、11号、12号墓[106]，陕西省凤翔1号秦公大墓[107]，甘肃省天水放马滩的战国秦墓[108]。以上材料从地区说包括今日的河南省、北京市、山东省、山西省、甘肃省，从时代来说包括商、西周、东周（春秋、战国），从当时的诸侯国（方国）来说有息、燕、齐、晋（韩）、秦。从各方面情况看，都不能说它们是受了楚文化的影响。用白膏泥填塞墓室或涂抹墓壁有防潮、防渗水的功效。它作为墓葬中的设施，犹如墓室中积石、积炭一样。只要人们认识到这一点，本地又有这种膏泥，它就会被人们利用。楚墓中使用白膏泥比较普遍是事实，但是不能以此反证凡是使用白膏泥的墓葬都是楚文化墓葬，或是受了楚文化的影响。从另一方面说，使用白膏泥防潮的情况在蜀地却有悠久的历史和传统。在三星堆遗址二期文化的乙组房屋遗址地面就垫有0.02～0.05米的白膏泥[109]。在十二桥文化时期的彭县竹瓦街青铜器窖藏中的铜戈上均涂抹一层白膏泥[110]。对此，有学者指出："蜀地使用白膏泥防潮的习俗也由来甚久，并自成体系。由于蜀地自然环境的卑湿和就地取材的便利，蜀人同样较早地掌握了使用白膏泥防潮防腐的技术，如广汉三星堆商代房屋中即发现在居住面加一层白膏泥以防潮。彭县竹瓦街春秋窖藏中的铜戈，在其埋藏前均有意识地糊抹一层白膏泥，其用意显系密封防腐。这与墓葬中使用白膏泥的目的是相同的，在行动上也仅有一步之隔了。本期新出现并流行船棺葬，蜀人将已有的使用白膏泥防潮防腐的技术运用于墓葬中以保护船，是很自然的事。"[111]成都市金鱼村14号墓将随葬器物和尸体一起用白膏泥包裹。蒲江东北乡将船棺（独木棺）封固在白膏泥之中。这种情况不见于楚墓，与山西省长子12号墓椁室周围用青灰色膏泥封固、甘肃省天水放马滩1号墓椁室的上下四周用白膏泥封固有些相似。因此，在晚期蜀文化墓葬使用白膏泥无疑是蜀文化自身的传统。

## 注　释

[1] 马继贤《广汉月亮湾遗址发掘追记》，《南方民族考古》第5辑，四川科学技术出版社1993年版。

［2］李明斌《广汉月亮湾遗存试析》，《华夏考古》1999 年第 1 期。
［3］四川省文物管理委员《广汉三星堆遗址》，《考古学报》1987 年第 2 期。
［4］四川省文物考古研究所三星堆工作站《四川广汉市三星堆遗址仁胜村土坑墓》，《考古》2004 年第 10 期。
［5］宋治民《三星堆遗址仁胜村土坑墓的思考》，《 四川文物》2005 年第 4 期。
［6］四川省博物馆《四川新繁县水观音遗址发掘简报》，《考古》1959 年第 8 期。
［7］李伯谦《城固铜器群与早期蜀文化》，《考古与文物》1983 年第 2 期。
［8］宋治民《关于蜀文化的几个问题》，《考古与文物》1983 年第 2 期。
［9］江章华、李明斌《古国寻踪》169 页～170 页、第 183 页，巴蜀书社 2002 年版。
［10］成都市文物考古研究所《金沙遗址“国际花园”地点发掘简报》，《成都考古发现（2004）》，科学出版社 2006 年版。
［11］蒙文通《巴蜀古史论述》27～35 页，四川人民出版社 1981 年版。
［12］宋治民《蜀文化与巴文化》210 页～215 页，四川大学出版社 1998 年版。
［13］四川省文物管理委员会《成都羊子山 172 号发掘报告》，《考古学报》1956 年第 4 期。
［14］山西省文物管理委员会《长治分水岭 269、270 号东周墓》，《考古学报》1974 年第 2 期。
［15］郭宝钧《山彪镇与琉璃阁》图版壹壹伍之三，科学出版社 1959 年版。
［16］山西省文物管理委员会《山西长治分水岭战国墓第二次发掘》，《考古》1964 年第 3 期。
［17］安徽省文物管理委员会《寿县蔡侯墓出土遗物》图版叁，科学出版社 1956 年版。
［18］湖北省博物馆《曾侯乙墓》190 页，文物出版社 1989 年版。
［19］刘彬徽《楚国青铜礼器初步研究》，《中国考古学会第四次年会论文集》，文物出版社 1985 年版。
［20］宋治民《四川先秦时期考古研究的问题》，《四川考古论文集》，文物出版社 1996 年版。
［21］顾铁符《有关信阳楚墓铜礼器的几个问题》10 页，图一〇，《文物参

考资料》1958 年第 1 期。
[22] 徐中舒《论巴蜀文化》7 ~ 8 页，四川人民出版社 1981 年版。
[23] 同 [11] 54 ~ 56 页。
[24] 宋治民《略论四川战国秦墓的分期》，《中国考古学会第一次年会论文集》，文物出版社 1980 年版。
[25] 叶小燕《略论秦墓》，《考古》1982 年第 1 期。
[26] 林向《羊子山遗址新考》，《四川文物》1988 年第 5 期；《羊子山 172 号墓新考》，《成都文物》1990 年第 2 期。
[27] 孙华《羊子山土台考》，《四川文物》1993 年第 1 期。
[28] 同 [11] 56 ~ 61 页。
[29] 四川省博物馆《成都百花潭中学 10 号墓发掘记》，《文物》1976 年第 3 期。
[30] 同 [24]。
[31] 杜恒《试论百花潭镶嵌铜壶》，《文物》1976 年第 3 期。
[32] 霍巍、黄伟《蜀人的墓葬分期》，《巴蜀历史民族考古文化》，巴蜀书社 1991 年版。
[33] 四川省博物馆《成都西郊战国墓》，《考古》1983 年第 7 期。
[34] 王有鹏《四川绵竹县船棺墓》，《文物》1987 年第 10 期。
[35] 宋治民《四川战国墓葬试析》，《四川文物》1990 年第 5 期。
[36] 四川省博物馆《新都战国木椁墓》，《文物》1981 年第 6 期。
[37] 沈仲常《新都木椁与楚文化》，《文物》1981 年第 6 期。
[38] 徐中舒、唐嘉弘《古代楚蜀的关系》，《文物》1982 年第 6 期。
[39] 李学勤《论新都出土的蜀国青铜器》，《文物》1982 年第 1 期；此文 1985 年增改后刊于《巴蜀考古论文集》，文物出版社 1987 年版。
[40] 郭德维《蜀楚文化发展阶段试探》，《三星堆与巴蜀文化》，巴蜀书社 1993 年版。
[41] 李复华《新都战国墓里中原文化和楚文化因素试探》，《西南民族研究》，四川人民出版社 1983 年版。
[42] 同 [8]。
[43] 成都市文物考古研究所《成都金沙巷战国墓清理简报》，《文物》1997 年第 3 期。
[44] 成都市文物考古研究所《成都市商业街船棺、独木棺墓葬发掘报告》，《成都考古发现（2000）》，科学出版社 2004 年版；此文又见《文物》

2002 年第 11 期。
[45] 江章华、颜劲松《商业街船棺出土漆器及相关问题探讨》，《四川文物》2003 年第 6 期。
[46] 宋治民《成都商业街墓葬的问题》，《四川文物》2003 年第 6 期。
[47] 成都市文物考古研究所《成都市文庙西街战国墓葬发掘简报》，《成都考古发现（2003）》，科学出版社 2005 年版。
[48] 成都市博物馆考古队《成都京川饭店战国墓》，《文物》1989 年第 2 期。
[49] 成都市博物馆考古队《成都中医学院战国土坑墓》，《文物》1992 年第 1 期。
[50] 成都市文物考古工作队《成都西郊金鱼村发现的战国土坑墓》，《文物》1997 年第 3 期。
[51] 罗开玉、周尔泰《成都罗家碾发现二座蜀文化墓葬》，《考古》1993 年第 2 期。
[52] 成都市文物管理处《成都市金牛区发现两座战国墓葬》，《文物》1985 年第 5 期。
[53] 成都市文物考古工作队《成都西郊省水利设计院土坑墓清理简报》，《考古与文物》2000 年第 4 期。
[54] 成都市文物考古研究所《成都西郊石人小区战国土坑墓发掘简报》，《文物》2002 年第 4 期。
[55] 成都市文物考古工作队《四川成都市北郊战国东汉及宋代墓葬发掘简报》，《考古》2001 年第 5 期。
[56] 成都市文物考古工作队《成都市光荣小区土坑墓发掘简报》，《文物》1998 年第 11 期。
[57] 成都市文物管理处《成都三洞桥青羊小区战国墓》，《文物》1989 年第 5 期。
[58] 同 [10]。
[59] 成都市文物考古研究所《成都西郊土坑墓、砖室墓发掘简报》，《成都考古发现（2001）》，科学出版社 2003 年版。
[60] 成都市文物考古研究所《成都市青龙乡海滨村墓葬发掘简报》，《成都考古发现（2003）》，科学出版社 2005 年版。
[61] 四川省文物管理委员会《成都战国土坑墓发掘简报》，《文物》1982 年第 1 期。

[62] 四川省文物管理委员会《四川彭县发现船棺葬》,《文物》1985 年第 5 期。
[63] 四川省文物管理委员会等《四川大邑五龙战国巴蜀墓葬》,《文物》1985 年第 5 期。
[64] 四川省文物管理委员会《四川大邑五龙乡土坑清理简报》,《考古》1987 年第 7 期。
[65] 同 [35]。
[66] 四川省文物管理委员会《蒲江县战国土坑墓》,《文物》1985 年第 5 期。
[67] 成都市文物考古工作队《成都蒲江县船棺墓发掘报告》,《文物》2002 年第 4 期。
[68] 吴镇锋《半两钱及其相关问题》,《考古与文物》丛刊 3 号。
[69] 四川省文物考古研究院等《什邡城关战国秦汉墓地》,文物出版社 2006 年版。
[70] 湖北孝威地区亦工亦农考古训练班《湖北云楚睡虎地十一号秦墓发掘简报》,《文物》1976 年第 6 期。
[71] 王学理、尚志儒、呼林贵《秦物质文化史》53 页、图 4,三秦出版社 1994 年版。
[72] 四川省博物馆《四川犍为县巴蜀土坑墓》,《考古》1983 年第 9 期。
[73] 四川省文物管理委员会《四川犍为金井乡巴蜀土坑墓清理简报》,《文物》1990 年第 5 期。
[74] 王有鹏《犍为巴蜀墓的发掘与蜀人的南迁》,《考古》1984 年第 12 期。
[75] 同 [11] 56 ~ 61 页。
[76] 同 [22] 153 ~ 164 页;蒙文通《越史丛考》63 ~ 76 页,人民出版社 1983 年版。
[77] 四川省博物馆《四川船棺葬发掘报告》,文物出版社 1960 年版。
[78] 四川省文物考古研究所《广元市昭化宝轮院船棺葬发掘简报》,《四川考古报告集》,文物出版社 1998 年版。
[79] 童恩正《古代的巴蜀》43 页、72 页,四川人民出版社 1979 年版。
[80] 四川省博物馆《四川文物考古工作三十年》,《文物考古工作三十年》,文物出版社 1979 年版。
[81] 沈仲常、孙华《关于四川“船棺葬”的族属问题》,《民族论丛》第 2

辑，1982 年版；此文收入孙华《四川盆地的青铜时代》217～226 页，科学出版社 2000 年版。

[82] 黄尚明《关于川渝地区船棺葬的族属问题》，《四川文物》2005 年第 3 期。

[83] 四川大学历史文化学院考古系《云阳李家坝东周墓地发掘报告》，《重庆库区考古报告集》（1997 年卷），科学出版社 2001 年版。

[84] 黄伟《试论云阳战国墓地的几个问题》，《重庆 2001 三峡文物保护学术研讨会论文集》，科学出版社 2003 年版。

[85] 四川省博物馆《四川涪陵小田溪战国土坑墓清理简报》，《文物》1974 年第 5 期；四川省文物管理委员会《四川涪陵小田溪四座战国墓》，《考古》1985 年第 1 期。

[86] 四川省文物管理委员会《四川荥经同心村巴蜀墓发掘简报》，《考古》1988 年第 1 期；严道古城博物馆《四川荥经县同心村巴蜀墓的清理》，《考古》1996 年第 7 期；四川省文物考古研究所《荥经县同心村巴蜀船棺葬发掘报告》，《四川考古报告集》，文物出版社 1988 年版；荥经严道古城博物馆《四川荥经南罗坝村战国墓》，《考古学报》1994 年第 3 期。

[87] 李晓鸥等《四川荥经烈太战国土坑墓清理简报》，《考古》1984 年第 7 期。

[88] 同 [12] 180～183 页。

[89] 四川省博物馆等《青川县出土秦更修田律木牍——四川青川县战国墓发掘简报》，《文物》1982 年第 1 期。

[90] 释文众多，今从赵殿增、李明斌《长江上游的巴蜀文化》414～416 页，湖北教育出版社 2004 年版。

[91] 成都市文物考古研究所等《成都龙泉驿区北干道木椁墓群发掘简报》，《文物》2000 年第 8 期。

[92] 荥经古墓发掘小组《四川荥经古城坪秦汉墓葬》，《文物资料丛刊》第 4 辑，文物出版社 1981 年版。

[93] 四川省文物管理委员会等《四川荥经曾家沟墓群第一、二次发掘》，《考古》1984 年第 12 期。

[94] 四川省文物管理委员会等《四川荥经曾家沟 21 号墓清理简报》，《文物》1989 年第 5 期。

[95] 孝感地区亦工亦农考古训练班《湖北云梦睡虎地十一号秦墓发掘简

报》，《文物》1976 年第 6 期；孝感地区亦工亦农考古训练班《湖北云梦睡虎地十一座秦墓发掘简报》，《文物》1976 年第 9 期；云梦县文物工作组《湖北云梦睡虎地秦汉墓葬发掘简报》，《考古》1981 年第 1 期。

[96] 吴镇锋等《陕西凤翔高庄秦墓地发掘简报》，《考古与文物》1981 年第 1 期。

[97] 中国科学院考古研究所《洛阳中州路（西工段）》151 页、图五〇·6，科学出版社 1959 年版。

[98] 同 [35]。

[99] 甘肃省文物考古研究所《甘肃天水放马滩战国秦汉墓群的发掘》，《文物》1989 年第 2 期。

[100] 宋治民《略论四川的秦人墓》，《考古与文物》1984 年第 2 期；同 [35]。

[101] 同 [9] 248 页；同 [90] 378 页。

[102] 宋治民《什邡城关、荥经船棺葬墓地有关问题的探讨》，《四川文物》1999 年第 1 期。

[103] 河南信阳文管会《罗山天湖商周墓》，《考古学报》1986 年第 2 期。

[104] 北京市文物管理处《北京地区的又一重要考古收获——昌平白浮西周木椁墓的新启示》，《考古》1976 年第 4 期。

[105] 栖霞文物管理所《山东栖霞松山乡吕家埠西周墓》，《考古》1988 年第 9 期。

[106] 山西省考古研究所《山西长子县东周墓》，《考古学报》1984 年第 4 期。

[107] 韩伟《略论陕西春秋战国秦墓》，《考古与文物》1981 年第 1 期。

[108] 甘肃省文物考古研究所《甘肃天水放马滩战国秦汉墓群》，《文物》1989 年第 2 期。

[109] 同 [3]。

[110] 王家祐《记四川彭县竹瓦街出土的铜器》，《文物》1961 年第 11 期。

[111] 霍巍、黄伟《四川丧葬文化》89 页，四川人民出版社 1992 年版。

# 四 蜀文化遗物

三星堆文明是我国商周时期长江上游的文明中心，经十二桥文化发展到战国时期达到了顶峰。其出土文物丰富多彩。这些文物折射出蜀人由三星堆文化时期的神权统治到战国时期的君权统治，由以宗教祭祀用品为主到以日常生活用器为主，反映了蜀人社会的发展历程。

20世纪30年代三星堆遗址玉器的出土，40年代据说出自成都白马寺的青铜器的出土，使人们从物质文化方面对蜀的历史有了新的认识。新中国成立后，经过大规模的田野考古工作，出土了大量精美的蜀文化遗物。人们可以根据这些珍贵的实物史料，研究古代蜀的历史。这些出土遗物包括金器、青铜器、玉器、漆器、石器、陶器以及其他器物。

## （一）早期蜀文化遗物

早期蜀文化遗物和晚期蜀文化遗物，除了陶器中的某些器物，其他均区别明显。它们似乎不相衔接。究其原因，除了社会结构和人们社会意识发生变化，还与早期蜀文化较晚阶段的西周、春秋时期发现的材料相对较少以及研究也不够深入有关。这是今后应加强的一个薄弱环节。

**1. 金器**

金器主要发现在广汉三星堆遗址和成都金沙遗址。根据观察，这些金器主要是由金箔捶揲而成。对金沙遗址出土的个别金器进行了检测。金器一般厚度在0.1~0.2毫米，个别厚0.4毫米左右。金箔、金片为热锻成型。对一些金器进行了无损检测，金沙遗址出土金器可能为所采的自然金加工而成。据观察，金器上的纹饰为刻划而成，镂空纹饰是反复刻划形成的。个别金器的表面进行了抛光处理，大部分金器并未进行抛光处理。金器的制作采用了捶揲、剪切、打磨、錾刻、模冲等手法。金沙遗址的黄金制品与三星堆遗址出土的黄金制品是一脉相承的[1]。

三星堆遗址的金器共计65件，出自1号、2号祭祀坑。金沙遗址的金器多达200余件，均出自“梅苑”发掘点的东北部[2]。由于金沙遗址正在发掘之中，许多材料尚未公布，这个统计数字今后还可能有所变动。现先择主要器物，简单介绍如下：

金杖。1件，出自三星堆遗址1号坑。用金皮包卷而成，其内侧尚留有木质炭化物，可能原有木芯。杖长1.43米，重463克。表面刻人头、鸟、箭、鱼图案，鸟背负箭，箭射中鱼（彩版一）。这一组图案可能和传说中的“鱼凫”有关。

面罩。1件，出自三星堆遗址1号坑。人面形，用金皮捶打而成。高11.3厘米，残宽21.5厘米，重10.62克。双眼镂空。

虎形饰。1件，出自三星堆遗址1号坑。用金箔捶拓而成。高6.7厘米，通长11.6厘米，重7.27克。作昂首咆哮奔跑状，眼镂空，通身饰虎斑纹。

金料。1块，出自三星堆遗址1号坑。长11.9厘米，宽4.4厘米，厚0.2~0.5厘米，为不太规则的长方形。

面罩。2件，出自三星堆遗址2号坑。用金箔在铜像头上捶拓而成。K2③: 147 已残。高 9. 6 厘米，残宽 23. 2 厘米，重 29. 36 克。眉眼镂空。

四叉形器。1 件，出自三星堆遗址 2 号坑。用长方形金箔将一端錾刻成尖角四叉形，另一端平齐。高 9. 4 厘米，宽 6. 9 厘米，重 6. 02 克。

璋形箔饰。14 件，出自三星堆遗址 2 号坑。以器形而论可分两型：A 型呈平形四边形，K2②: 88—45 两端略内凹。长 11 厘米，宽 2. 2 厘米，重 1. 74 克。B 型体窄长，K2③: 130—8 保存完好，射前部开叉形刃似牙璋，邸部呈钝角形。长 9. 8 厘米。

鱼形箔饰。19 件，出自三星堆遗址 2 号坑。器身呈柳叶形，顶部呈鱼头形，中间有一圆穿孔，两侧各有一缺口将鱼头部和鱼身部分开，鱼身饰鱼刺纹和刺点纹。K2③: 130 长 7. 7 厘米，宽 1 厘米。

圆形箔饰。6 件，出自三星堆遗址 2 号坑。6 件大小相同，直径 2. 1 厘米，圆心处有一圆穿。6 件共重 4. 37 克。

其他尚有残破的带形饰和金箔残片。

金沙遗址的金器只作了部分报道，这里介绍的也是部分器物：

太阳神鸟。1 件，出自金沙遗址“梅苑”发掘点。圆形，外径 12. 5 厘米，内径 5. 29 厘米，厚 0. 02 厘米。图案镂空，内层为圆圈，有 12 个旋转的齿状光芒，外层围绕 4 只鸟沿旋转光芒的相反方向飞行，极具动感。应为贴于某种器物上的饰品。

射鱼纹带。1 条，出自金沙遗址“梅苑”发掘点。圆环形，出土时断裂为长条形，直径 19. 6 ~ 19. 9 厘米，宽 2. 68 ~

2.8 厘米，厚 0.02 厘米。纹饰用錾刻技术做成，由四组图案构成。每组分别为鸟、箭、鱼和圆圈纹，箭射中鱼，鸟背负箭，形象和内容同于三星堆金杖上的图案，圆圈纹位于每两组图案之间。

鱼纹带。2 条，出自金沙遗址“梅苑”发掘点。两带大小相等。纹饰为两条尾部相对的鱼，鱼身细长，嘴部特长而似鸟喙。1 条（2001CQJC: 6871）长 21.1 ~ 21.6 厘米，宽 2.01 ~ 2.03 厘米，厚 0.02 厘米。这两条金带上的鱼纹和上述射鱼纹金带上的鱼纹体形大不一样。值得注意的是，这种鱼纹的鸟喙状长喙与战国铜兵器上鸟纹的长喙有相似之处。

金面具。1 件，出自金沙遗址“梅苑”发掘点。人面罩形，捶揲而成。高 3.74 厘米，宽 4.92 厘米，厚 0.01 ~ 0.04 厘米。嘴、眼、鼻俱全，眉毛凸起，双眼和嘴镂空（彩版二）。

蛙形饰。8 件，出自金沙遗址“梅苑”发掘点。2 件完整，片状，形似蛙，头、眼、四肢具备，饰弦纹和乳丁纹。2001CQJC: 215 长 6.96 厘米，宽 6 厘米，厚 0.04 ~ 0.16 厘米。

鱼形饰。3 件，出自金沙遗址“梅苑”发掘点。2 件完整，器呈柳叶形，头部圆，有穿孔，尾部尖，器身刻类似叶脉纹的鱼刺纹。2001CQJC: 1359 长 4.9 厘米，宽 1.1 厘米。

三角形器：出自金沙遗址“梅苑”发掘点。平面呈圆角三角形，中部为三角形孔，一端有长方形柄部。长 25 厘米，宽 7.2 厘米，厚 0.02 厘米。

盒。1 件，出自金沙遗址“梅苑”发掘点。器身椭圆形，平底，无盖，经过抛光处理。高 3.13 厘米，宽 2.97 厘米，长 9.43 厘米，壁厚 0.3 厘米。此盒为先秦时期罕见的金制容器。

喇叭形器。2 件，出自金沙遗址“梅苑”发掘点。器呈喇叭形。2001CQJC: 31 器底直径 11.62 厘米，顶径 1.12 厘米，壁厚 0.02 厘米，高 4.8 厘米。经抛光处理，用途不详。

“几”字形器。器呈“几”字形。长 49 厘米，宽 1 厘米。可能为某种器物边缘的装饰。

三星堆遗址和金沙遗址出土的黄金器物有着浓厚的地方风格。它们主要是某些器物上的装饰品。这些器物大约都是宗教、祭祀类用器。两遗址出土的金器有一定的发展继承关系。例如，金沙遗址出土的人面具、带形饰上的鸟、箭、鱼的花纹和鱼形饰分别就与三星堆遗址出土的人面具、金杖上的纹饰和鱼形饰都有相同或相似之处。不过，金沙遗址出土的金器也有发展和创新，如太阳神鸟的镂空图案制作精美，金容器盒等应是在三星堆黄金制品制作的基础上新的发展、新的创意。这些黄金制品堪称早期蜀文化的代表作之一。

**2. 青铜器**

早期蜀文化的青铜器主要出土于三星堆遗址的两座祭祀坑和金沙遗址，另处一些遗址和墓葬中也有少量发现。它们主要为蜀土本地生产，有些中原地区流行的器物也是在本地生产的仿制品。三星堆 1 号、2 号祭祀坑共出土青铜器 913 件，金沙遗址出土青铜器 1200 件。

根据对三星堆祭祀坑出土的部分青铜器的检测，“各类型中铜锡铅含量变化较大，说明在殷商时期，巴蜀地区铸造青铜手工业的工艺和技术都还比较粗糙和原始”。“从金相组织观察中看出：这些铜合金的浇铸件大多数都存在气孔和缺陷。这与同一时期中原地区出土的青铜铸件相比较，反映出巴蜀地区的青铜冶炼和浇铸技术上的落后和不成熟”。“祭祀坑出土铜器的铸造使用陶范，陶范的主要原料是经过加工粉碎的沙和泥土”。“根据铸造所留下的铸痕，铸造工艺可分二类。一类使用混铸法，即多范合铸一次成型……二是分铸法。它是在浑铸法基础上发展起来的”。“分铸法是殷时期中原地区广泛使用的铸造青铜器技术。因采用分铸法，分段浇铸，铜人体内的泥芯都一直保留着，直到出土后进行清理时才被取出”[3]。早期蜀文化中青铜器铸造使用陶范，容器或中空的人像使用复合范，属于中国的传统。这一点夏鼐先生早已指出[4]。

对金沙遗址青铜器研究认为：“金沙遗址的铜器在合金技术上基本与三星堆一脉相承，用铅比较普遍，铅锡青铜为主要合金材质类型。金沙绝大部分具有地方青铜文明特色的戈形器、锄形器、璧形器及一半以上的像生和装饰类器物含有与三星堆青铜器铅同位素完全一致的高放射性成因铅，但也出现部分含普通铅器物。而杂器中普通铅器物更是占多数。这一结果揭示了金沙时期对早期开发的高放射成因铅青铜金属原料产区的继续利用，同时也揭示了矿业活动由开采已久的旧矿区逐渐向新矿区转移的历史变迁。”[5]

早期蜀文化的青铜器，可分为宗教祭祀用器、礼器、兵器和工具等几大类：

(1) 宗教祭祀用器

宗教祭祀用器主要发现在三星堆祭祀坑和金沙遗址。

三星堆祭祀坑出土的这类铜器如下：

大立人像。1 件，出自三星堆遗址 2 号祭祀坑。头带冠，身着右衽长衣，立于基座上，跣足，双手作握物状。通高 2.608 米，人像高 1.8 米，座高 0.808 米。用分段浇铸法铸成（彩版三）。

小立人像。1 件，残，出自三星堆遗址 2 号祭祀坑。头部已残，双臂屈于胸前，两手相握。带座残高 8.3 厘米。

跪坐人像。共 4 件，1 件出自三星堆遗址 1 号祭祀坑，3 件出自三星堆遗址 2 号祭祀坑。头带冠，身着对襟长袖衣，腰系带，双手置于大腿之上。K2③:05 正面跪坐。通高 12.4 厘米。K2③:04 侧面跪，左腿呈弓步，右腿侧跪。高 13.3 厘米。

顶尊跪坐人像。下为喇叭形座，人像跪于座上，双手捧尊顶于头上。人像上身裸，下身着裙，腰间系带。通高 15.6 厘米，座高 5.3 厘米。

兽首冠人像。1 件，出自三星堆遗址 2 号祭祀坑。头带兽首状冠，双手屈于胸前作握物状，仅存上半身。残高 40.2 厘米。

鸟爪足人像。1 件，出自三星堆遗址 2 号坑。仅存下半身，着紧身短裙，双足呈鸟爪形，立于二鸟头上。鸟颈细长，尖尾。

人头像。共 57 件，1 号坑出土 17 件，2 号坑出土 40 件。皆只有头部，颈部下端铸成倒三角形（彩版四）。K2②:15 通高 38.8 厘米。

人面具（人面像）。共 22 件，2 件出自三星堆遗址 1 号坑，20 件出自 2 号坑。K2②:153 完整，为人面形，口缝处涂有朱砂。高 40.3 厘米，宽 60.5 厘米。

兽面具（兽面像）。12 件，出自三星堆遗址 2 号坑。其中称兽面具者 3 件，造型半人半兽，双眼呈柱状凸出，两大耳似翼，额正中有一方孔，孔内补铸一夔龙形饰件。通高 82.5 厘米，面具高 31.5 厘米，宽 77.4 厘米（彩版五）。称兽面者 9 件，是模仿商周时期青铜器上的兽面（饕餮）纹而制作，为薄片状。K2③: 228 高 21. 6 厘米，宽 39 厘米，厚 0. 2 厘米。

神树。6 件，出自三星堆遗址 2 号坑。由基座、树干、树枝组成，并分别在基座、树干、树枝上铸有人、龙、花、鸟等。K2②: 94 树干上铸 3 层树枝，每层有树枝 3 枝。通高 3. 96 米。

神坛。3 件，均残破，出自三星堆遗址 2 号坑。K2③: 296 由兽形座、立人座、山形座、盝顶建筑组成。通高 53. 3 厘米。

神殿。2 件，残，出自三星堆遗址 2 号坑。K2②: 134 – 1 为神殿的顶部，是一座亭阁式建筑。残高 31 厘米。

龙柱形器。1 件，出自三星堆遗址 1 号坑。器形为龙爬于铜柱上，龙的后两爪抱柱，前两爪爬于柱顶，龙头向上伸出，张口露齿，双角巨大后弯，长髯，长尾屈卷。高 41 厘米。

戈形器。共计 61 件，其中 1 号坑出 44 件，2 号坑出 17 件。形制相同，呈十字形，援部细长而呈等腰三角形，援本部向上下凸出，方内，援身刃部呈锯齿形，援本部有一圆穿。K1: 198 通长 19. 8 厘米，援长 16. 2 厘米，内长 3. 9 厘米。

铜牌饰。共 4 件，出土于三星堆仓包包祭祀坑和广汉高骈乡祭祀坑（图三五）。这种牌饰基本为圆角长方形，器表镂空或镶嵌绿松石。最长为 14 厘米，最短为 12. 3 厘米，最宽为 5. 2 ~ 5. 8 厘米，最窄为 4. 3 ~ 5 厘米，厚 0. 1 ~ 0. 2 厘米。牌身四角有 4 个钮，应是钉在某种器物之上。这类铜牌饰在河南省偃师二里头曾发现数件。

以上是主要的器物，其他尚有龙、虎、蛇、鸡、鸟等（应为器物上的附件），还有有领瑗、戚形方孔璧、各种挂饰、眼形器和眼泡等。

这些青铜器均为早期蜀文化所特有，目前在其他地区尚未

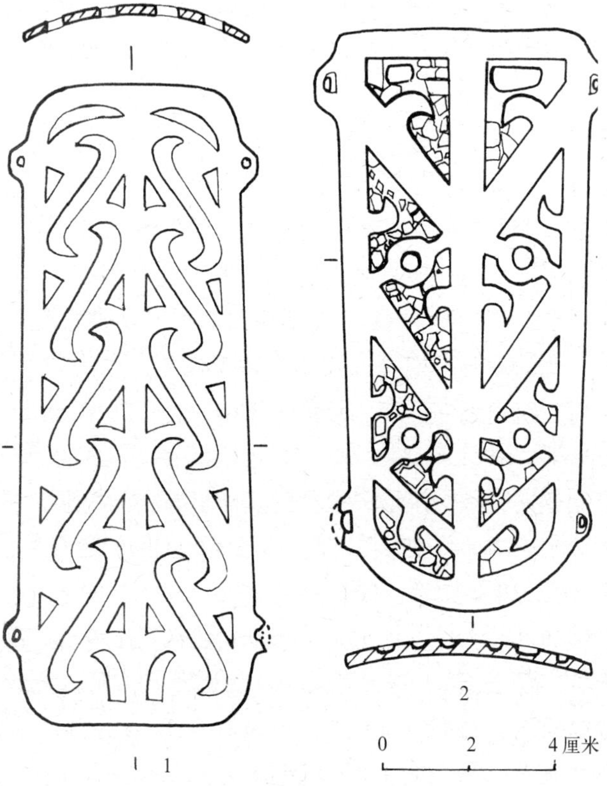


图三五　三星堆遗址仓包包祭祀坑铜牌

1.A型　2.B型

见发现，均应属于宗教祭祀用品。戈形器的器形似戈，可能仿自商代铜戈而加以改造，在蜀文化中应是作为宗教、祭祀活动中的仪仗类用器。

金沙遗址出土的这类铜器如下：

立人像。1 件，出自金沙遗址“梅苑”发掘点。头戴有 13 个旋转状齿形冠，脑后垂长发辫，身着长袖长衣，腰系带，双手屈于胸前作握物状，双足站于座上。通高 19.6 厘米。

人面形器。2 件，出自金沙遗址“梅苑”发掘点。略似人面，纹饰模糊。2001CQJC∶317 长 15 厘米，宽 14.3 厘米，厚 1.5 厘米。

眼形器。25 件，出自金沙遗址“梅苑”发掘点。分为两类：一类为外形如鸟，瞳孔、眼角墨绘。2001CQJC∶393 长 26.3 厘米，宽 8.4 厘米。一类眼形轮廓呈菱形，用墨绘或穿孔表示眼睛、眼角。2001CQJC∶692 长 17 厘米，宽 9.9 厘米。

璧环形器。多达 142 件，均出自金沙遗址“梅苑”发掘点。大部分的特征是好部有领凸出器面，有少部分为无领。2001CQJC∶588 环面一侧有一短柄，环两面均饰有 3 只飞鸟，飞鸟顺时针方向飞行，首尾相接。直径 10.2 厘米，孔径 4.3 厘米，领高 2.9 厘米。2001CQJC∶606 器身平，不出领，直径 3.2 厘米，好部直径 1.1 厘米。

璋。1 件，出自金沙遗址“梅苑”发掘点。长条形，射部开叉呈 V 形，长方形柄，双阑，柄部有穿。长 4.05 厘米，宽 1.2 厘米。

戈形器。31 件，均出自金沙遗址“梅苑”发掘点。器呈十字形，无内，长援，上下刃部呈锯齿状，方内，援本有穿孔，器形同于三星堆出土的戈形器。

其他尚有虎、龙首、鸟、牛首、螺形器和各种挂饰等多件。

金沙遗址出土的这类铜器一般较小，缺乏三星堆遗址出土的大型器物，体现了另一种风格，反映出金沙遗址时期人们思想意识有了某些变化。

（2）礼器

蜀人仿制中原文化系统的铜器，在接受中原文化的影响时是有选择的。蜀人只选择了某几种器物，说明蜀人的崇尚有自已的特点和需要。青铜礼器主要发现于三星堆遗址的1号、2号祭祀坑和彭州市的两座青铜器窖藏。金沙遗址只发现有残圈足，可能是铜礼器的圈足，但未发现礼器。

三星堆出土的铜礼器如下：

尊。10件，其中三星堆遗址1号祭祀坑出土2件，2号祭祀坑出土8件。另有残片。铜尊均为圆形，大敞口，长颈，斜折肩，圆腹内收，圈足。K1∶158、258出土于1号祭祀坑，口沿残，肩上铸三组龙纹，腹部铸三组虎食人纹，圈足饰兽面纹。残高43.3厘米。K2②∶146肩饰立鸟及虎耳象鼻纹，腹饰三层花的分解连体兽面纹，圈足特高饰兽面纹。口径47厘米，通高52.6厘米。K2②∶129肩部有三羊头与三鸟相间，腹部饰三层花兽面纹，圈足饰兽面纹（彩版六）。口径42.6厘米，通高45.5厘米。

瓿。5件，可分三类：一类为圆肩，扁圆腹，圆足；二类为折肩，腹较直，圆足；三类为方瓿。其中一类1件出自三星堆遗址1号坑，二类3件、三类1件出自2号坑。另外，有些属于瓿的残片。K1∶130为一类，已残，可以看出器形为口部外敞，短颈，圆肩，矮圈足，腹上部饰兽面纹，圈足饰目纹、云雷纹。这件瓿应属扁圆腹。这种瓿大约出现于殷墟一期文化。K2②: 88 为二类，口沿外侈，直颈，斜折肩，直腹，高圈足，肩部饰 3 立鸟与 3 羊头相间，腹部饰兽面纹，圈足饰兽面纹，均以云雷纹为地。这类器物原发掘报告称罍。郭宝钧先生、马承源先生考证这类器物应为瓿[6]。根据其器形的特点，应属于早期的瓿。这类瓿发现最早的是河南郑州二里冈文化的白家庄[7]，在安阳殷墟也有发现[8]。到了殷墟文化一期时被那种圆肩、扁圆腹、矮圈足的瓿所代替，但是这类瓿在我国南方地区继续流行，而在纹饰方面流行兽面，并以云雷纹作为地纹。K2②: 159 通高 54 厘米，口径 26. 5 厘米，圈足径 24. 6 厘米（彩版七）。K2③205 为三类，即方瓿，原报告称方罍。这件器物的特点属瓿类，因为方形故应称为方瓿。其形制为直口，沿外平折，长颈，斜折肩，直腹，圈足，有盖。盖上饰兽面纹，云雷纹为地，肩部四角各饰立鸟 1 只并饰对鸟纹，腹部饰兽面纹，以云雷纹为地，圈足饰目云纹。通高 35. 6 厘米，口宽 13. 3 厘米，肩宽 19 厘米，圈足宽 12. 6 厘米。

盘。1 件，出自 1 号祭祀坑。宽沿外平肩、腹部弧形而浅、圈足，腹部饰弦纹和联珠纹。口径 32. 2 厘米，通高 10. 4 厘米。

罍。9 件，出自彭州市竹瓦街窖藏，第一座窖藏出土 5 件，第二座窖藏出土 4 件。罍的形制均为小口，短颈，圆肩，圆腹内收，圈足，肩有双耳，下腹有鋬，有盖。从罍的器形看，与前文说的瓿区别明显。饕餮纹罍出自第一座窖藏，口沿外侈，短颈，圆肩，圆腹，圈足，有盖。盖饰昂首的蟠龙，肩有两个大兽头耳衔环，腹部饰卷尾夔纹组成的兽面纹，腹下部有鋬，圈足上饰夔纹。通高 50 厘米。羊头饰铜罍，出自第二座窖藏，直口，方唇，短颈，圈肩，圆腹内收，圈足，覆豆形盖，盖顶饰蟠龙纹。肩部有跪牛形双耳，双耳间饰羊头，腹部镶嵌绿松石，下腹部有牛头形鋬。通高 79 厘米。铜罍在中原地区出现于殷墟文化二期，一直流行到西周。

（3）兵器

早期蜀文化的兵器有戈、戟、矛、钺、镞等，主要出土于成都金沙遗址、彭州市青铜器窖藏、新繁水观音晚期墓和成都十二桥遗址等。这些兵器中有的可能不是实用器，根据其形制统归于兵器类。

戈。金沙遗址“梅苑”发掘点出土 1 件，彭州市竹瓦街青铜器窖藏出土 18 件，新繁水观音墓葬出土 6 件。这些铜戈均为无胡、方内，援部可分长条形和三角形援。金沙遗址出土的 2001CQJC:646 号戈，援呈长条形，锋部呈钝三角形，长方形内，窄阑，无穿。长 22 厘米，内长 5.4 厘米，厚 0.7 厘米。竹瓦街第二座窖藏出土的 18 号戈援为正三角形，锋部圆钝，援本部有一个大圆穿，近阑处有二个长方形穿，长方形内上一桃形穿。援长 16.8 厘米，内长 7.4 厘米。这些戈中有些在援上饰鸟纹或兽面纹。

戟。彭州市竹瓦街青铜器窖藏共出土 3 件，第一座窖藏出土 1 件，第二座窖藏出土 2 件。它们的形制相同，唯纹饰有异。第一座窖藏出土的 1 件为刺与戈分铸，戈为长三角形援、方内，援本与内上各有一穿，刺呈戈援形，有椭圆形銎，戈与刺上均饰鸟纹。第二座窖藏出土的 6 号戟饰兽面纹，戈援长 18.6 厘米，内长 7.4 厘米，刺长 16.2 厘米。这种戟系用柲将戈与刺装在一起。

矛。彭州市竹瓦街第一座窖藏出土 1 件，水观音墓葬出土

2件。矛叶均为长尖叶状，骹较短，上有双小耳。竹瓦街第一座窖藏出土的1件，矛叶上饰鸟纹，骹上饰蜥蜴纹。通长32厘米。

钺。金沙遗址“梅苑”发掘点出土1件，彭州市竹瓦街窖藏出土5件，新繁水观音墓葬出土2件。可分三类：一类平面近梯形，出自金沙遗址。2001CQJC∶498钺身平面近梯形，刃外弧略呈扇形，长4.15厘米，宽3.51厘米。二类出自竹瓦街第一座窖藏，刃部作半圆形，中空，刃的后部作V形槽，尚未形成正式的銎。三类出自竹瓦街第二座窖藏和新繁水观音墓葬，刃部呈舌形，向上内收成肩，上伸延成銎。竹瓦街窖藏14号钺饰牛头纹，通长16.2厘米，銎宽8.4厘米。水观音出土者无纹饰。

镞。成都十二桥遗址出土4件，为双翼式，有倒刺。ⅡT3612∶11长6.75厘米。金沙“梅苑”的1件亦为双翼式，有倒刺，长3.61厘米。

（4）工具

斧（斤）。竹瓦街第一座窖藏出土1件，为长身，中空，半圆形銎。水观音墓葬出土2件。M1∶2为长身，刃略呈扇形，方銎，长6厘米。

综观以上早期蜀文化的青铜器，具有很浓厚的地方特征。宗教祭祀用器目前仅发现于早期蜀文化的三星堆遗址和金沙遗址中。它们的造型和纹饰反映出了早期蜀文化独特的文化面貌。礼器和兵器中的戈从形制看均为来自中原的商周文化，但又有地方特点。例如，尊、瓿、罍形体高大，圈足特高，戈上有花纹等。在接受中原商周文化影响时有所选择，选择了尊、瓿、罍，而扬弃了中原商周最流行的觚、爵和鼎、簋等。

关于中原商周文化向蜀地的传播通道，以往多认为是通过长江中游地区传播到成都平原。近些年来，陕西省南部宝山文化的发现和城洋青铜器的研究，证明陕南汉中地区也是中原商周文化传播和影响成都平原青铜文化的一个重要中介点。商文化到达关中地区，翻越秦岭到达汉中地区，再到成都平原就比较容易了。这条通道早在新石器时代就已经存在了[9]，所以在不排除长江通道的情况下，这也应是一条重要的通道。

在兵器中的戟、矛、钺无论器形和纹饰都不同于中原地区的商周文化，而为早期蜀文化所特有。

在彭州市竹瓦街第一座窖藏中曾出1件尊和2件觯，为中原商代晚期的青铜器。尊为柱状尊。2件觯分别有铭文“覃父癸”和“牧正父已”。徐中舒先生考证铭文为晚商的两个家族。这3件铜器乃是周王的赏赐或蜀参加武王伐纣的掳获物。它们不属于蜀文化的遗物，因出土于蜀地，谨附记于此。

**3. 玉器**

早期蜀文化的玉器主要出土在广汉三星堆遗址和成都金沙遗址。1929年（一说1931年），三星堆遗址内的月亮湾出土一批玉器，随后多遭散失，仅有很少部分收藏于四川省博物馆和四川大学博物馆。其中有玉斧3件、玉琮3件、玉牙璋3件和玉钏3件。冯汉骥先生曾有专文介绍。20世纪80年代在三星堆遗址1号、2号祭祀坑和仓包包祭祀坑发现了大批玉器。成都金沙遗址于本世纪初发现，出土大批玉器。根据对三星堆1号祭祀坑出土的部分玉器残片的鉴定，这些玉矿物学名称为闪石玉，即透闪石矿物集合体，宝石学名称软玉[10]。另外还鉴定出软玉、汉白玉、和岫玉、透辉石等[11]。对金沙遗址出土玉器鉴定的结果，显示除了个别器物（61号琮），都属透闪石玉，与三星堆祭祀坑大部分玉器相同。金沙遗址透闪石矿物材料矿物组成单调，颜色平淡，风化强烈、质地疏松，透明度差。成都平原西北部山区广泛分布着变质岩。根据年代愈久的玉器就地取材的可能性愈大的原则，成都平原西北部山区应是透闪石玉器（也包括板岩石器）的索源地。该区汶川县龙溪（曾产出透闪石玉）当列其首选。金沙村玉器表面呈现出丰富的色彩（内部材料基本无色）。这表明皮色与器物表面对外来离子的吸附有关。61 号玉琮与其他透闪石玉有显著的差别。其表里为绿色，透明度较高，质地致密，风化程度较微，保持了原石较高的硬度和强度，但仍属透闪石而非阳起石，应是与本土材料有差异的透闪石[12]。根据三星堆、金沙两处出土玉器看，它们应有发展和继承的关系。从玉器的种类来看，有礼器、仪仗用器、工具和装饰品等。

（1）礼器

牙璋。三星堆 1 号、2 号祭祀坑出土 57 件，金沙遗址正在发掘之中，已出土 101 件。这些牙璋的基本形状一样，器呈长条扁平形，有柄有齿，射部内凹，刃尖一高一低，不对称。大体可分三类：一类射部呈弧形内凹（彩版九）。这类牙璋和中原夏商文化的牙璋器形相同，应是从中原传播而来。二类为射部呈 V 形内凹，刃尖也不对称（彩版八）。这类牙璋未见其他地方出土过，显然是蜀人制造的，具有浓厚的蜀文化特征。三类器身似戈，有阑，锋部有 V 形开叉。这类牙璋有称玉戈者，也有称戈形器者，从总的特征看归为牙璋类更恰当。从其器形特征看，这种器物似应是璋、戈传入蜀地后混合的产物，当然为蜀人所创造，是蜀文化中所独有的玉器。

琮。三星堆 1 号祭祀坑出土 1 件，金沙遗址出土 12 件。

均为方柱体，内圆外方，中间有孔，器形有长有短。玉琮在良诸文化中为常见的器物。值得注意的是，金沙遗址出土的61号琮，长10节，表里均为绿色，透明度较高，每节之上刻划简化的人面纹，与良诸文化的玉琮非常相似。其材料和金沙遗址出土的其他玉琮不同，很可能系外来之物。

璧环类器。三星堆1号、2号祭祀坑和仓包包祭祀坑以及金沙遗址均有出土。器为圆形，中间穿孔为好。夏鼐先生指出："我以为瑗和环实际上便也是璧"，"我建议把三者总称为璧环类，或简称璧"[13]。按照夏鼐先生的意见，这里把环、瑗、璧统称为璧。有一种"好"缘上下凸起形成领，称为有领璧。还有金沙出土的一种外缘有4组凸齿者，称为戚璧。

（2）仪仗用器

剑。三星堆遗址、金沙遗址均有出土。其形制为扁茎柳叶形剑。

戈。三星堆1号祭祀坑出土18件、2号祭祀坑出土21件、金沙遗址出土31件。形制大体相同，皆为长援、锐锋、方内、无胡（彩版一〇）。这种玉戈是模仿中原商周文化的玉戈制作。这种形制的玉戈在河南安阳殷墟妇好墓、河南鹿邑县太清宫长子口墓都有发现。

钺（戚）。出土于金沙遗址，有三类：一类为梯形，身扁平，刃部外弧略呈扇形，两侧各有3组齿状凸起，身中部有穿；二类为扁平璧形，两侧各有2组凸齿，器身有穿，连弧形刃。三类器身平面近梯形，弧形宽刃，器身上部饰兽面纹，两侧饰卷云纹。

矛。出于金沙遗址。有长叶式和短叶式，均锋部尖锐，刃部薄。

（3）工具

刀。三星堆1号祭祀坑出土。长条形，背平刃薄而锋利，柄上沿与刀背呈直线，下沿窄于刀身。刀长仅27厘米，似不属兵器类，故列为工具类。金沙遗址出土者为长条形或梯形，一边开刃。

斧。三星堆1号、2号祭祀坑和金沙遗址均有出土。形制为长方梯形或长条形，器身扁平，弧形双面刃。

锛。三星堆1号祭祀坑、金沙遗址有出土。器身呈长方梯形或长条梯形，单面刃。

凿。三星堆1号、2号祭祀坑出土78件，金沙遗址出土65件。器身呈长条形，断面多作方形、圆形、椭圆形，亦有作长方形者。它们共同的特点是器身细长，为双面刃。其中有一种“凹刃”凿，器身平面为窄长方形，断面呈半月形、梭形或长方形。其特点是在接近刃部处器身内凹。这种凿在三星堆出土的凿中有少量发现，而在金沙遗址中出土多达33件，占出土玉凿的二分之一。这种玉凿为蜀文化特有的器物。

其他器物。三星堆遗址出有玉磨石、玉珠、玉管。金沙遗址出有玉人面像、玉海贝、椭圆形盘状器。另有2件玉梯形器正面刻出5道凹槽，背面平整，不知器名和用途。除此之外，还有箍形器。

以上早期蜀文化玉器主要出土于三星堆遗址的1号、2号祭祀坑和金沙遗址的“梅苑”发掘点。其中属礼器的为宗教、祭祀用品应无疑问。属于仪仗类的多为兵器。这是按其器形定名的。它们不是实用器，属于工具类的也不是实用器，也是根据它们的器形定名的。夏鼐先生指出：“锋刃锐利的工具在形状方面是和武器相同或相类的，有时同一武器可兼作武器和工具之用。武器有许多是只作仪仗之用，不是实用物，但仍是要算作武器。”[14]根据夏鼐先生的意见，早期蜀文化中发现的这些玉兵器和玉工具在当时都是作为宗教、祭祀方面的用器。

这些玉器从器形看，有许多属于中原商周文化的器物，但对玉器进行检测，其原料极有可能来自成都平原的西北山区。这些玉器中既像璋又像戈的璋戈混合器、凹刃玉凿、玉椭圆形盘状器、玉梯形器等不见于其他地区。蜀文化中的玉器绝大部分应为蜀人制造。

**4. 石器**

对三星堆1号、2号祭祀坑出土的石器初步鉴定后认为：其石料较多的是一种热变质岩，还有火山岩、沉积岩等。其产地“在成都附近的龙门山脉南段，即茂县——汶川——灌县（都江堰市）一带。龙门山脉位于成都平原的西北部，离成都仅50公里，在地质时期曾有过多次岩浆活动（至今仍是我国强烈活动的地震带之一），从而形成了分布广泛的花岗岩、流纹岩、大理石、蛇纹石、白云石等多种岩浆岩和变质岩。这为古人的采石、制石活动提供了丰富的来源”[15]。对于金沙遗址出土部分石器鉴定结果，石质为“橄榄岩、蛇纹岩，属于统称蛇绿岩的超级性岩浆岩及蚀变岩石（其中蛇纹石化大理岩也与其相关）。该岩系的最近产地是成都平原西北边沿的彭州市山区。由于在蛇纹石器中发现了重要的特征标志矿物，这一产地的假设几乎可以锁定”。“在一件石卧虎（161号）蛇纹岩材料的断口上搜寻到一星点紫红矿物，疑为碳镁铬矿……该矿物是近几十年才发现的稀少新矿物，而首次发现地（尚未查到其后的发现地资料）正是成都平原西北的白水河”[16]。这些材料证明早期蜀文化这两处遗址的石器材料来自成都平原的西北部山区。

这些石器有像生类器、礼器、仪仗用器和工具等。

(1) 像生类器

人像。出土于金沙遗址“梅苑”发掘点。呈跪坐式，裸体，赤足，双手被反缚。

虎。出土于金沙遗址。均呈卧姿，直颈昂首，张口露齿，头部大而夸张，细部阴刻。

蛇。出土于金沙遗址。蟠体或屈体，头部呈三角形，圆眼，张口。

鳖。出土于金沙遗址。头前伸，四肢后缩，体扁平。

(2) 礼器

牙璋。形制和玉璋相同，出土于金沙遗址。

璧。三星堆遗址和金沙遗址均有出土。形制同于玉璧。其中包括未加工完成的饼形器。1963 年发掘月亮湾遗址、1980 年发掘三星堆遗址时都发现有经过加工的石璧半成品、残次品和生产石璧时旋下的石芯。这些说明石璧就在本地制造。

(3) 仪仗用器

戈。主要出土于三星堆 1 号、2 号祭祀坑，共计 37 件。形制基本相同，均为无胡、长援、方内，锋呈三角形。

矛。出土于三星堆 1 号祭祀坑和金沙遗址“梅苑”发掘点。三星堆有 2 件、金沙有 11 件。形制基本相同，呈尖叶形。

钺。主要出土于金沙遗址。就形制来说，可分三类：一类如金沙“梅苑”的 2001CQJC: 587 石钺，器身呈舌形，斜肩，肩以上收成銎，但銎无孔为实心，未磨出刃。器身上部饰三角形纹和波曲纹[17]。这件石钺和新繁水观音晚期 1 号墓出土的铜钺形制相似。二类为金沙遗址“兰园”发掘点 86 号墓出土的23号石钺，器身扁平，圆弧刃，平肩，方内，阑上有对称圆孔，钺身后部有一较大圆孔。就其形制而论，与中原商文化的钺相似，显然是模仿商文化的铜钺而制。三类如“兰园”64号墓出土的24号石钺，器身较长，圆刃，刃和钺身交界处凸出呈侧倒钩形，平肩，方内[18]。这种石钺和战国时期巴蜀墓葬中常见的所谓“烟荷包”式铜钺颇为相似，或许是它们的祖型。

（4）工具

石质工具在早期蜀文化遗址中经常发现，主要有磨制的和打制的，个别遗址内还有细石器出土。

三星堆遗址出土有磨制的石斧、石铲、石凿、石斤等。金沙遗址“梅苑”地点出土有石斧、石锛。新繁水观音遗址出土有磨制的石斧、石锛、石凿，打制的斧状器、刮削器[19]。成都十二桥遗址出土有磨制的石斧、石锛、石凿，打制的盘状器[20]。这种打制的盘状器根据器形和进行的模拟试验，乃是一种加工竹木器的工具[21]。雅安沙溪遗址出土的石器绝大多数为打制石器，也有细石器，磨制石器仅有数件。打制石器有有肩石斧、有肩石铲、砍砸器、刮削器、尖状器、盘状器等。细石器为石核和石叶。磨制石器有石斧、石镞[22]。

以上是早期蜀文化出土的主要石器。其中三星堆遗址1号、2号祭祀坑和仓包包祭祀坑以及金沙遗址“梅苑”发掘点出土的石器包括像生类、礼器类和工具类。从它们出土的情况看，应是属于宗教、祭祀的用途，与金器、青铜器、玉器一样，是宗教、祭祀用器的组成部分。像水观音、十二桥、雅安沙溪等遗址出土的石器，应是当时的生产工具。

**5. 陶器**

早期蜀文化的陶器，各遗址出土很丰富。陶系以夹砂褐陶和泥质灰陶为主要，并有少量的泥质橙黄陶等。随着时间的推移，夹砂灰陶也占一定比例。陶器的纹饰以绳纹最为普遍，也有篮纹、网格纹、弦纹、附加堆纹、云雷纹、重菱形纹、圆圈纹等。其制法有手制，而以轮制占主要地位。其代表性的器物如下：

小平底罐。口沿外卷，圆肩，下腹内收成小平底，最大腹径在上腹部。或大口，凸肩，下腹内收成小平底，最大径在肩腹交界处。

豆。有细高柄浅盘豆和浅盘下为筒状的高圈足豆。

盘。有浅腹敞口圈足盘和浅腹口沿外平折的大圈足盘。

鸟头柄勺。勺身圆形较深，长柄，柄末端呈鸟头形。

盉。有封口盉和大口盉。封口盉器身为杯形，顶部有小口、有盖，流斜向上伸出，三空足，宽鋬自肩部至器身和足的交界处。大口盉器身呈罐形，大口，无盖，流横向伸出，三空足，宽鋬位于腹部。封口盉应是吸收中原夏商文化因素。大口盉迄今只发现于蜀文化之中，是蜀人在中原夏商文化陶盉的基础上改造创新的陶器。

瓶。小口，深直腹，平底。

觚形器。敞口，曲腹，平底。

器盖。圆形，正面拱起，上有圆形捉手或将捉手捏成“∞”形。

尖底罐。有直口、直领、圆肩、圆腹，下腹内收成尖底者；有直口、直领、圆肩，肩以下急剧内收成尖底者；还有直口、直领、圆肩，腹部中间内凹形成双腹尖底者。

尖底杯。有敞口、高领、折肩，腹部向内收成尖底者

（此种尖底杯底部直径特小，不能直立，一般归入尖底类）；有直口、直腹，腹下部转折内收成尖底者；有直口、筒状腹，下腹逐渐内收成尖底，整个器身像一枚炮弹头。

尖底盏。腹较浅，呈盘状，尖底，口沿部有敞口或敛口。

圜底釜。发现数量少。可分两类：一类为大口、圆腹、圜底；一类为小口，颈较长，为圜腹、圜底。

圜底罐。为小口、长颈、球形腹、圜底，肩部有对称的二鋬。仅发现于新繁水观音晚期墓和金沙遗址"万博"发掘点。

**6. 其他器物**

象牙和象牙制品。出土于三星堆遗址和金沙遗址。三星堆遗址1号、2号祭祀坑出土的象牙有部分被烧过，出土时一般长80~120厘米左右，基部直径8~12厘米左右，经鉴定属于亚洲象[23]。金沙遗址出土象牙达1000余根，主要出土于"梅苑"发掘点，长的可达140~180厘米，直径7~14厘米[24]。象牙制品在三星堆2号祭祀坑出土有象牙珠200颗，还有刻划云雷纹、兽面纹及穿孔的象牙器残片。关于这些象牙的产地，江玉祥根据考古发现和结合文献资料认为"因此广汉三星堆的亚洲象牙，很可能就是中国本土所产，就在长江流域"。"我们推测三星堆遗址出土的象牙为巴蜀本地所产，也许离事实不会很远"[25]。对成都的一些遗址孢粉分析的结果，支持了这种观点。成都市指挥街遗址孢粉分析的结果是"在距今3000余年前，该地区生着茂密的森林，树木高大，系由阔叶树为主而组成的阔叶林，在密林之下以及树干上生着阴湿的蕨类植物，此外还有水源丰富的湖沼凹地存在于周围，气候温暖湿润。到了距今2500~2800年这一时期，该地区的森林依然繁茂，而针叶植物不断增多，逐渐形成了以针叶树为主的针阔叶混交林，气候较为湿暖”[26]。成都指挥街第6层孢粉分析认为“该孢粉组合反映当时的植被面貌是以阔叶树为主的阔叶林，代表温暖湿润的气候环境，并存在湖沼凹地”。第5B层孢粉分析认为“该组合反映当时的植物是很繁茂，既有针阔叶混交林，又有以菊科和水龙骨科为主的草本、蕨类植物……当时的气候是温暖润湿”[27]。成都市方池街遗址第5层孢粉样品“经鉴定包含水龙骨科、丝带蕨属、榛属及禾本科植物，此组合亦反映了温热湿润的亚热带气候”[28]。这些材料表明大约在距今3000年到2500年左右，成都平原是树木茂盛，水草丰美，气候温暖，有着良好的自然环境，密林草丛中有许多野生动物。在这样的自然条件下，成都平原及其周邻地区有亚洲象生存是完全可能的。

虎牙。三星堆遗址2号祭祀坑出土3枚。均在牙的根部有一穿孔，显然为佩饰。

野猪牙。金沙遗址“梅苑”发掘点发现上千枚，分布面积约500平方米。系在当时的地面之上加以掩埋，可能是在这里举行了某种宗教活动以后的遗留[29]。

鹿角和鹿角制品。大量发现在金沙遗址“梅苑”发掘点，与野猪獠牙分布在同一地区，有上千根之多。同时，“梅苑”发掘点还发现有用鹿角制作的箭镞和尖状器，又有鹿角制作的锥。

海贝。三星堆遗址1号、2号祭祀坑发现大量海贝，总计有4600多枚。经鉴定有环纹贝、虎斑纹贝和货贝等。

骨器。月亮湾遗址发现有骨锥、骨刀[30]。十二桥遗址发现有骨簪、骨针、骨椎、骨镞[31]。新一村遗址也发现有骨锥和骨簪[32]。

卜甲。在成都十二桥遗址、金沙遗址、新一村遗址和指挥街遗址都发现卜甲，有钻和灼痕。罗二虎认为："此外，有一现象值得注意，就是早期卜甲虽受商人的影响，却主要是商代中期以前那种较原始形制甲骨的影响，而商代晚期甲骨中出现诸种新形制，几乎未对蜀人卜甲的形制产生影响。"[33]

## （二）晚期蜀文化遗物

晚期蜀文化的遗物，就迄今发现所知，那种宗教祭祀用品已不再出现，礼器类也有较大变化，青铜器以日常生活用器为主。一些具有中原地区特色的青铜器的发现是受中原文化影响的结果。漆器是这一时期新的大量出土的器物，反映了蜀人漆器的特点。陶器也主要是实用器，与早期蜀文化陶器相比，有着重要的变化。

**1. 青铜器**

主要有礼器、生活用器、兵器、工具、服饰器、乐器和车马器等。

（1）礼器

这类器物是受中原文化、楚文化传播和影响的产物。它们已融入到蜀文化之中，其中有的就是蜀地生产的，故将其归入蜀文化的遗物。其主要有罍、鼎、敦、豆、壶、钫、缶、匜、盉、甗、勺等（图三六、三七）。

罍。在成都三洞桥战国墓[34]、新都战国木椁墓都有出土。形制为小口、圆肩，腹部"上丰下杀"，肩有双耳。罍这种器物在中原文化、楚文化中早已消失。蜀文化中出土的铜罍是西周时期流行的形制。它在蜀地因为地理环境的原因而被早期蜀

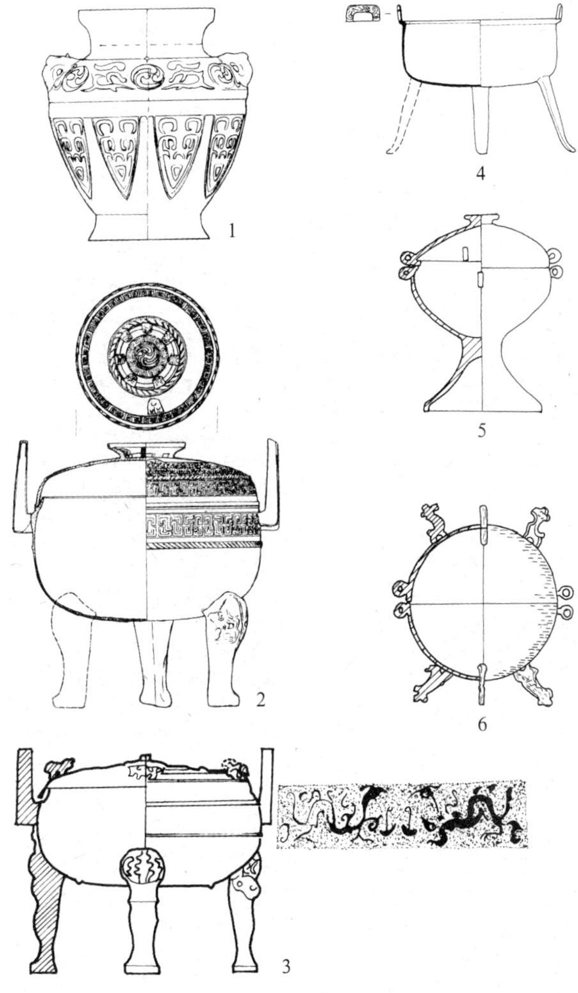

图三六　战国墓出土铜礼器（一）

1.罍　2.3.4.鼎　5.豆　6.敦

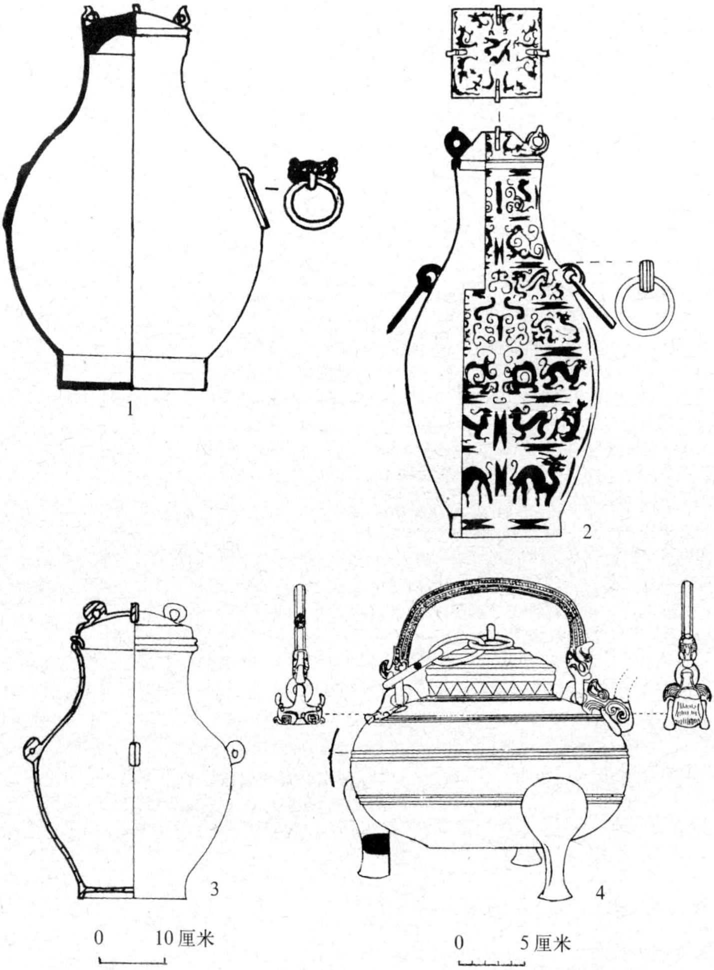


图三七 战国墓出土铜礼器（二）

1.壶 2.钫 3.缶 4.盉

文化吸收后融入自身文化之中，并流传下来。

鼎。出土于一些晚期蜀文化墓葬。就其形制而论，有中原文化的鼎，如成都羊子山 172 号墓的两件小鼎；有楚文化的鼎，如羊子山 172 号墓出土的大鼎、新都战国木椁墓出土的鼎；也有越文化的因素，如成都金沙巷战国墓出土的铜鼎[35]。

豆。指盖豆，如新都战国木椁墓、成都无线电机械工业学校战国墓[36]、成都金沙巷战国墓曾出土。盖豆为中原文化的器物，流行于春秋晚期、战国时期。

敦。成都地区战国墓中经常出土的青铜器，在成都中医学院战国墓[37]、成都西郊战国墓[38]、新都战国木椁墓均有出土。形制多为器盖、器身一样，扣合后成球形，盖与身均有三钮（足）。敦是楚文化中具有代表性的器物，为蜀人接受楚文化的结果。

壶。在成都百花潭中学 10 号墓[39]、成都西郊战国墓、新都战国木椁墓等都有出土。其形制为长颈、圆肩、椭圆形腹，肩颈间曲线变化平缓。这种形制的壶是中原文化战国时期的流行样式。这些铜壶是受中原文化的影响。

钫。成都羊子山 172 号墓和绵竹清道战国墓[40]均有出土，呈壶形而方体。钫在中原文化和楚文化墓葬均有出土。绵竹清道墓的铜钫上镶嵌蟠兽纹带，应属于中原文化的风格。

缶。绵竹清道墓、成都西郊墓、新都战国木椁墓等都有发现。形制为短颈、圆肩、鼓腹，上腹部有 4 耳，有盖，盖上有 4 耳。缶为楚文化较为典型的青铜器，有的称 4 耳壶。根据一些器物铭文中的自名，这种青铜器称缶为宜。

盉。成都羊子山 172 号墓出土。形制为小口、圆腹、平底、三蹄足、鸟首形流，肩上有龙首提梁，为具有中原文化影响的铜器。

甗。形制有上甑下鬲者，如新都战国木椁墓出土的甗；有上甑下为小口鼎形器者，如成都羊子山172号墓出土的甗。这两种形制的铜甗在中原文化和楚文化墓葬中均有出土。从这两件铜甗来看，更接近中原地区战国时期流行的铜甗。

匜。羊子山172号墓、成都西郊战国墓均有出土。这种匜为平底，系楚文化流行的器物。

勺。成都百花潭中学10号墓、绵竹清道墓都有出土，它也是外来文化的器物。

以上晚期蜀文化的青铜礼器均出土于墓葬之中，都各自具有中原文化和楚文化的因素，纹饰也都是中原文化和楚文化中流行的。这些铜器中有的为中原地区或楚地传播而来，多数为在本地铸造。它们都是蜀文化青铜器的构成部分。

（2）生活用器

生活用器主要是蜀文化本身的器物，都具有蜀文化的特色，主要有鍪、釜、釜甑、尖底盒、盘等（图三八）。

鍪。晚期蜀文化中最为普遍的一种青铜器。形制为小口、短颈、圆腹、圜底，肩部有环形辫索纹立耳或对称一大一小两个辫索纹立耳。根据出土的器物结合墓葬形制的研究，单耳者出现时间较早，约为战国早期，流行于战国、秦至汉初；双耳者出现时间较晚，约为秦代，流行于秦至西汉早期。鍪这种铜器在秦举巴蜀以后为秦人接受，在秦统一六国的过程中被带到秦国以外的地区，如在南方的广州、北方的内蒙古自治区都有发现。

釜。为大口、斜折沿、扁圆腹，有对称的辫索纹双耳，圜底。它为晚期蜀文化墓葬经常出土的器物。

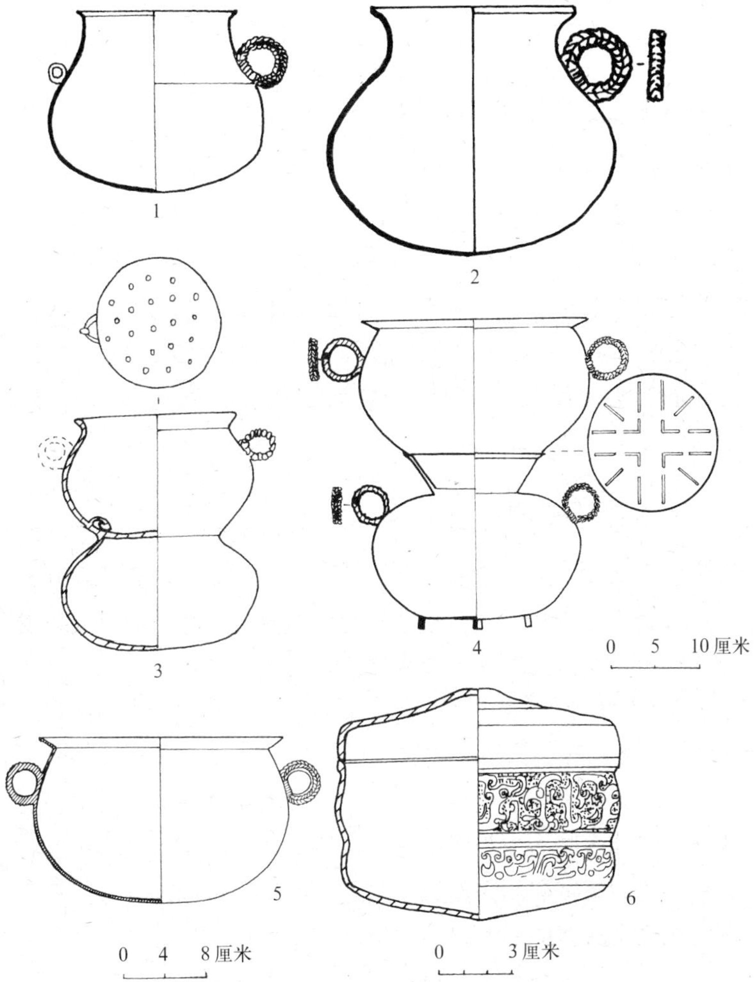


图三八　战国墓出土铜生活用器

1.2.鍪　3.4.釜甑　5.釜　6.尖底盒

釜甑。由上甑下釜组成，可分两种形式：一种为上甑下釜连成一体同时铸成，有活动箅，甑上有两个对称的辫索纹耳；一种为上甑下釜分别铸成套合使用，甑底有条形孔为箅，甑和釜各有两个辫索纹耳。前者出现和流行时间早，如成都百花潭中学10号墓、成都罗家碾战国墓[41]都有出土。它们都为战国早（前）期墓。后者出现和流行时间晚，如绵竹清道墓、成都羊子山172号墓亦有出土。它们的时代为战国晚期至秦代。后一种釜甑中有一些在釜的底部设置3个或4个矮足，时间更晚，下限可到汉初。近年又在什邡城关墓地发现这两种釜甑的过渡形式。什邡38号墓和10号墓各出土1件铜釜甑。38号墓的1件是上甑下釜先分别铸成，然后又将甑底釜口连铸在一起，留有活动箅，显然是仍采用连成一体同时铸成的那种形式。10号墓出土的1件为上甑下釜先分别铸成，然后再将甑的圈足套在釜口之内合铸在一起[42]。这些说明釜甑分铸表现了技术上的进步性，再合铸在一起仍保留了固有的传统，表现出了这种釜甑由前者到后者的过渡形式。

以上三种为晚期蜀文化的主要炊器。它们常有伴出现象，然而组合不严密，也不固定。

尖底盒。为蜀文化特有的青铜器，器身为大口、斜腹、尖底，腹中部内凹形成双腹，盖为尖顶。这种器物应是模仿早期蜀文化的尖底陶器制作而成。其盖是仿陶尖底盏，器身是模仿陶尖底罐中双腹的那一种[43]。

盘。蜀文化墓葬中出土的铜盘见于成都羊子山172号墓、新都战国木椁墓、成都金沙巷战国墓等。新都战国木椁墓和金沙巷战国墓出土的带双环耳，羊子山172号墓出土者为大口、直壁、平底。这种大口直壁铜盘在重庆市冬笋坝船棺墓和狭长坑墓出土数量多，几乎每墓都有[44]，而在广元昭化宝轮院的船棺墓和狭长坑墓中只有两墓各出1件。对于冬笋坝和宝轮院两处墓地的族属尚有不同意见。这种大口直壁盘或许为巴人之物，但在重庆市云阳李家坝东周墓[45]和重庆市小田溪土坑墓[46]又不见这类铜盘。看来这种铜盘的文化归属暂时还难以解决。

三足盘形器。这种器物少见，仅新都战国木椁墓出土1件、什邡城关79号墓出土1件。器形为大口，斜直腹较浅，腹部有对称双耳，平底较小，有3足，盖拱起，上有圆形捉手。什邡的1件失盖，器身和新都出土者相同。新都战国木椁墓发掘简报称此器为平顶合碗形的敦形器，什邡城关墓地发掘报告称三足盆。沈仲常根据顾铁符先生的竟见称此器为“铨”，但顾铁符先生说的“铨”为“器成半球形，平底，两侧有椭圆形的环。盖略平，上面有三个环形钮”[47]。器形和上述三足盘明显不同，或许不是一类器物。什邡79号墓那1件口径15.9厘米，通高也只有4.8厘米，故称为三足盘更为恰当。

（3）兵器

主要是戈、矛、钺、剑（图三九）。兵器是晚期蜀文化墓葬中经常出土的，而且数量较多。以什邡城关战国秦汉墓地为例，戈46件分别出自26座墓中，矛87件分别出自38座墓中，钺40件分别出于32座墓中，剑60件分别出于31座墓中。大、中型墓中出土兵器数量更多，如新都战国木椁墓出土的青铜兵器有戈、矛、剑、钺，仅戈就有30件之多，剑有10件（其中5件为蜀式剑），矛有5件，钺有10件。又如绵竹清道墓出土戈17件、矛37件、剑19件（其中17件为蜀式剑）、

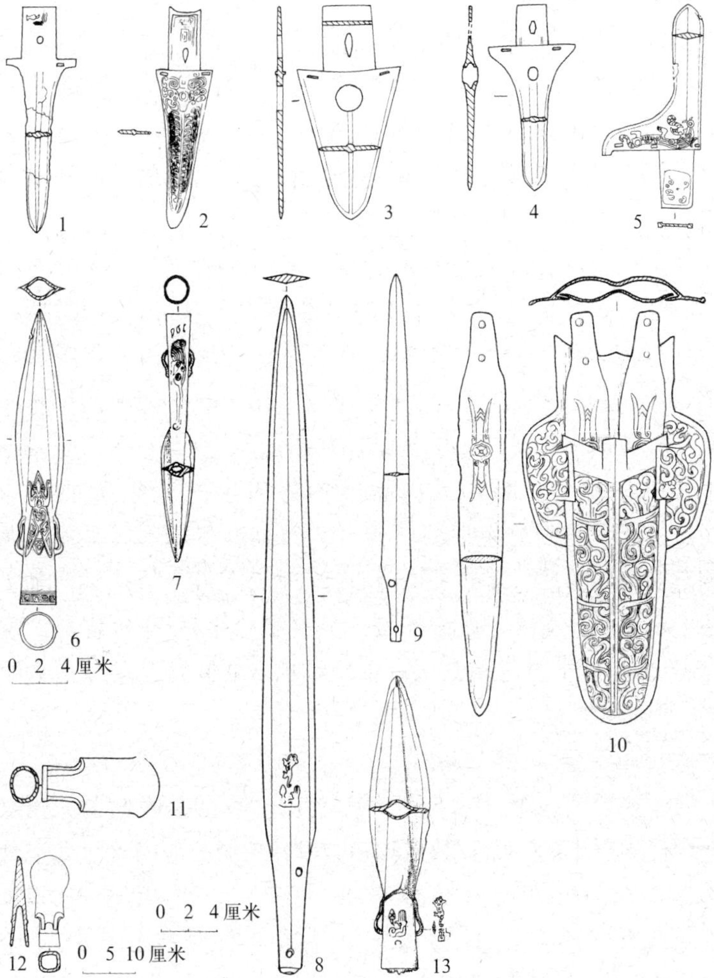


图三九 铜兵器

1－5.戈 6.7.矛 8.9.剑 10.双剑－鞘 11.12.钺 13.矛

钺3件。由此可见，随葬青铜兵器在蜀文化墓葬中是很普遍的。

戈。戈的形式很多，以无胡三角形援者居多，也有长胡者。冯汉骥先生曾将蜀戈分为五式[48]，其中第Ⅳ式形制较为特殊。其援狭长而直，援后部向上下张开似翼，有两穿而无胡，方内，有菱形或多边形穿。这式戈仅发现于蜀地，如成都南郊墓、百花潭中学10号墓、绵竹清道墓和什邡城关30号墓、74B号墓、1号墓等。这式戈可能为蜀人在接受中原式戈时所独创。在蜀戈上流行铸出各种形式的虎纹、兽面纹和圆形的斑纹。

矛。矛叶为柳叶形，可分两种形式：一种为长骹，骹长约占通长二分之一，矛叶最宽处在叶基部，骹下部有双弓形耳；一种为短骹，骹长约占矛通长的三分之一至四分之一，矛叶最宽处在矛叶中部，双弓形耳附于靠近叶基部。蜀式矛在骹上常铸有虎纹、蝉纹、手、蒂（心）纹及一些符号。

剑。为柳叶形扁茎无格剑，茎上常有二穿，剑身基部多铸有虎纹、手、蒂（心）纹及符号，有的剑身有“虎皮斑纹”。蜀式剑可以木条接柄，以钉固定，再缠以细绳，髹漆以固之。广元昭化宝轮院船棺墓和新都木椁墓都发现有这种加接木柄的剑。另外，在蜀文化墓葬中还出一种双剑一鞘的青铜剑，剑身也为柳叶形、扁茎、无格，双剑共用一个青铜剑鞘。这种双剑一鞘的青铜剑目前只发现在川西地区，如成都西郊战国墓、成都市郊、峨眉符溪、绵竹清道、芦山县、成都市三洞桥等地[49]。也有些墓中出土了中原式剑，如新都战国木椁墓。

钺。晚期蜀文化墓葬中颇有出土，可分两种形制：一种为圆刃、直腰、折肩，肩以上内收成銎，俗称“烟荷包”式铜钺；一种为弧刃、长身、折肩，肩以上内收成銎，整个器形像一把铲子。

除了上述的兵器，属于兵器的还有镞、弩机、镈、镦和胄顶。其中胄顶为其他地区所罕见。

（4）工具

工具是晚期蜀文化墓葬中经常随葬的青铜器，主要有斧（斤）、削、凿、锯、雕刀等（图四〇）。例如，什邡城关战国秦汉墓地出土有斧（斤）9件、凿10件，削17件、雕刀4件、锯4件。成都百花潭中学10号墓出土有斧4件、削2件、凿4件。绵竹清道墓出土斧（斤）3件、凿11件、削12件、锯5件，雕刀4件。一些小型墓中也常有铜工具出土，如成都市罗家碾1号墓出土斧（斤）1件、凿1件，大邑五龙4座墓中出土斧（斤）4件、雕刀1件。由此可知，铜工具是蜀文化墓葬中器物组合的一个主要内容。有学者指出在早期蜀文化墓葬中如新繁水观音晚期墓的“铜器组合重视兵器和生产工具”，“因此可以说普遍随葬青铜器工具是早期蜀墓一个重要物征”。到了晚期蜀文化，“早期蜀墓中青铜兵器和工具的组合不仅依然存在，而且发展得更加完善严密……可以推定蜀墓是以青铜兵器和工具的种类、数量以及套数多寡作为墓主身份高低的一种标志”[50]。这大约是蜀文化的特点之一。

斧（斤）。长身、弧刃，顶部有銎，銎为方形或长方形。有些在近銎处铸有花或符号。

凿。长条形、弧刃，銎呈圆形、椭圆形或半月形。还有一种无銎，器身扁平或六棱形，弧刃。

削。可分两种形制：一种为器身长条形，尖端微上翘，背微弧或直背。柄与削身区别明显，置环首。这类削在中原商周文化中常见，应为蜀文化吸收中原文化的结果。此种削在蜀文

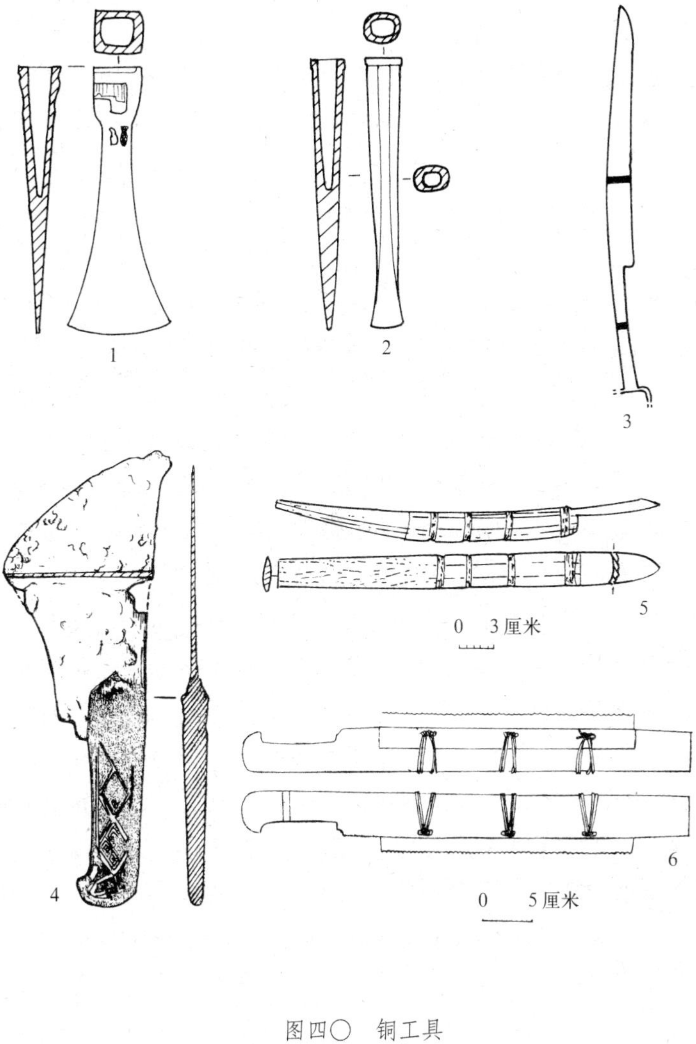


图四〇 铜工具

1.2.斧 3.4.削 5.雕刀 6.锯

化中出土颇多，说明已融入蜀文化之中，应作为蜀文化因素看待。有些削无环首。另一种为削身宽而短，略作靴形，斜弧刃，柄在削身的一端，呈长方形，断面为方形或略作柱形。此类削应为蜀文化固有的器物。

雕刀（或称刻刀）。长条形，器身扁平，一面拱形，一面内凹，尖部锋利。这类雕刀也为蜀文化特有的器物。

锯。器身呈长条形，一面有锯齿，或两面均有锯齿，为晚期蜀文化墓葬中所常见，出土时多已残断。

（5）服饰器

主要有带钩（图四一）、铜镜、璜形饰和印章。

带钩。晚期蜀文化墓葬中常有出土。从战国早期的成都市商业街船棺墓至秦代的成都羊子山 172 号墓都有出土。带钩本为中原文化春秋、战国时期及其以后常见的服饰器。据考证，带钩在春秋时期起源于中原地区[51]，蜀文化中的带钩显系受中原文化影响的结果。从发现的带钩看，有条形、琵琶形、像生形等。钩有作水禽形，也有作兽头形，钮为圆形。其中像生类带钩制作精美。广元昭化宝轮院 3 号船棺墓出土的犀牛形带钩，身为犀牛形，耳、眼、角俱全，饰金银嵌错花纹，利用犀牛角延长曲回为钩，钩作兽首形，时代为战国晚期。什邡城关墓地 50 号墓出 1 件蝉形带钩，为蝉体，双翼，双眼齐全，蝉的头部、背部及双翼均用银丝镶嵌出勾连卷云纹，制作十分逼真精美，蝉的头顶部延长前曲为钩，钩呈水禽首形，圆钮，器身长大，通长达 14.5 厘米，时代为战国末期。69 号墓出土的 1 件带钩，钩身呈甲虫形，身体为椭圆形，尾部尖，头部双眼凸出，触角向后收，头端延长伸出弯曲成钩，钩为水禽首形，圆钮，背部有精美的卷云纹、几何形纹，制作精美，通

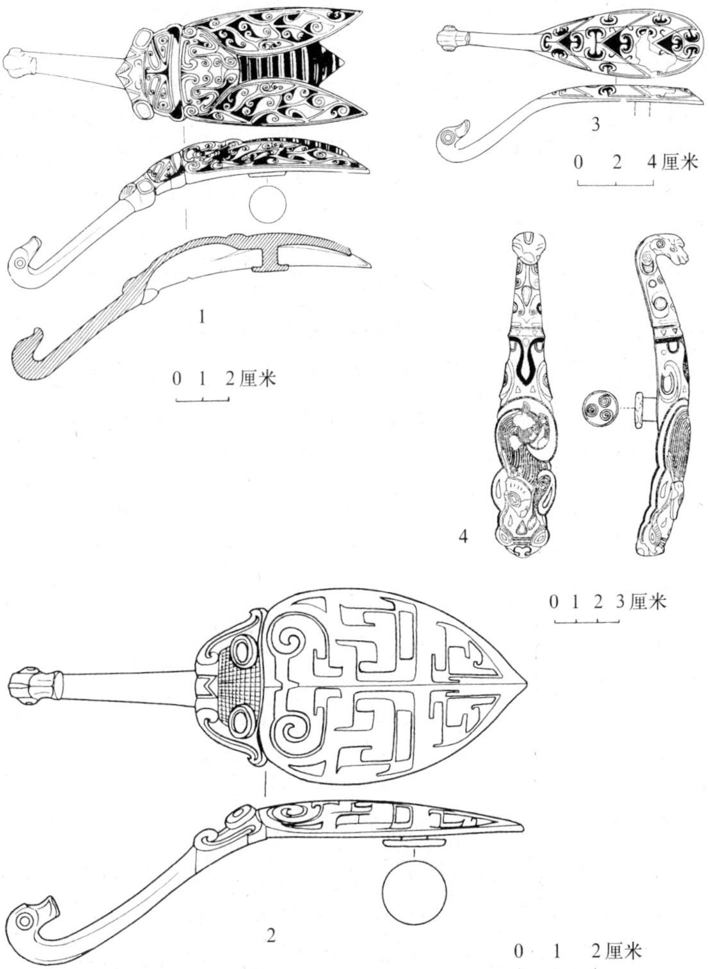


图四一　铜带钩

长 14.2 厘米。属战国早期。发掘报告称这件带钩为蝉形闭翼式，不确。因蝉的翼是不能闭合的，名为甲虫形较为妥帖。1 号墓出土 1 件带钩为瑟琶形，水禽首形钩，钩身用金丝镶嵌出卷云纹和斜三角纹，制作亦甚精美，通长 14.5 厘米，时代亦为战国早期。绵竹清道墓出土带钩 1 件，亦为甲虫式，背部饰错金银卷云花纹，通长 10 厘米，为战国晚期。成都羊子山 172 号墓出土带钩中有 1 件钩身为长条形，一端有一个浮雕的兔子，另一端伸延曲回作钩，钩呈兽首形，带钩全身布满精美的错银花纹并镶有绿松石，圆钮，通长 14.6 厘米，时代为秦。带钩虽系中原文化传播而来，但这些造型生动的像生类带钩均制作精美，纹饰华丽，一些非像生类的带钩的纹饰也很漂亮。它们是实用器，也是工艺品。像生类的带钩在蜀文化中发现较多，应是在蜀地生产。特别是蝉形纹饰在蜀式兵器尤其是矛骹上常见。

铜镜。蜀文化中发现不多。成都市京川饭店战国墓出土 1 面铜镜，镜体薄，桥形钮，镜背有一周凸弦纹将镜分为内区和外区，内区饰 3 兽纹，外区饰 5 兽纹，直径 8 厘米，时代为战国晚期[52]。成都羊子山 172 号墓出土铜镜 1 面，弦钮，钮外为 3 周弦纹，弦纹外为环状纹、羽毛纹、鳞纹、云雷纹、三角形雷纹、蜗纹构成的图案，蜗纹中心凸起成乳丁，制作极精美，直径 8.8 厘米。什邡城关 84 号墓出土铜镜 1 面，为素镜。我国铜镜出土的最早者当为青海省出土的齐家文化铜镜。商周时期在中原地区的殷墟、三门峡上村岭虢国墓地等也有铜镜出土。铜镜在战国时期较流行。蜀文化墓葬中发现的铜镜显系外来产品。成都京川饭店出土的那面铜镜可能来自中原地区。同样纹饰的铜镜在山西省长治分水岭 53 号墓曾有出土[53]。羊子山 172 号墓出土的那面铜镜的纹饰以羽状蜗纹为主。“羽状纹是楚镜中最常见的一种纹饰，主要用作四山、兽纹、菱形纹镜的地纹”[54]。羊子山 172 号墓铜镜可能来自楚文化地区。

璜形饰。为一种半圆形的铜片，上有各种纹饰，蜀文化墓葬中常有出土。有学者称其为“桥形币”，但这种铜片似不是钱币。在河南省郑州二里冈战国墓中多有出土，“共 476 件，分别出于 59 座墓中，约占全部墓葬数中的四分之一强”。“过去有人把铜璜叫做‘桥梁币’或‘磬币’，说作货币使用是无根据的”。“况铜璜出土时又多和其它装饰品堆放在一起，所以应为小装饰品而不是货币”[55]。河南洛阳战国墓出土 18 件[56]。蜀文化墓葬中出土的这种璜形铜片也应是装饰品，称璜形饰是正确的。在彭县太平乡战国墓[57]、大邑五龙乡土坑墓[58]、荥经同心村墓地[59]、什邡城关战国秦墓地和昭化宝轮院船棺墓地等均有发现。

印章。主要的是所谓“巴蜀图语”铜印章。这也是蜀文化墓葬中经常发现的小件铜器，在荥经同心村、南罗坝村、什邡城关、广元昭化宝轮院及成都市的蜀文化墓葬中均多有发现。这类印章有圆形，也有方形，一般印体较薄，背部有钮，印文多为几种图案组成。例如，“”，“”、“”、“”、“”、“”、“”、“”等。这些符号可以用不同的组合形式组成不同的图案（图四二）。成都市商业街船棺中出土的 3 枚印章为方形。1 号棺: 31 号印章，边长 4. 5 厘米，高 0. 9 厘米，桥形钮。另 1 件 36 号印章边长 2. 3 厘米，高 0. 9 厘米，鸟形钮。12 号棺: 1 号印章比 1 号棺: 31 号印章形制相同而略小。这 3 枚印章在印面上均为对称的三角形纹，与常见的印文为“巴蜀图语”者不同。其时代为战国早期，可能是较早的

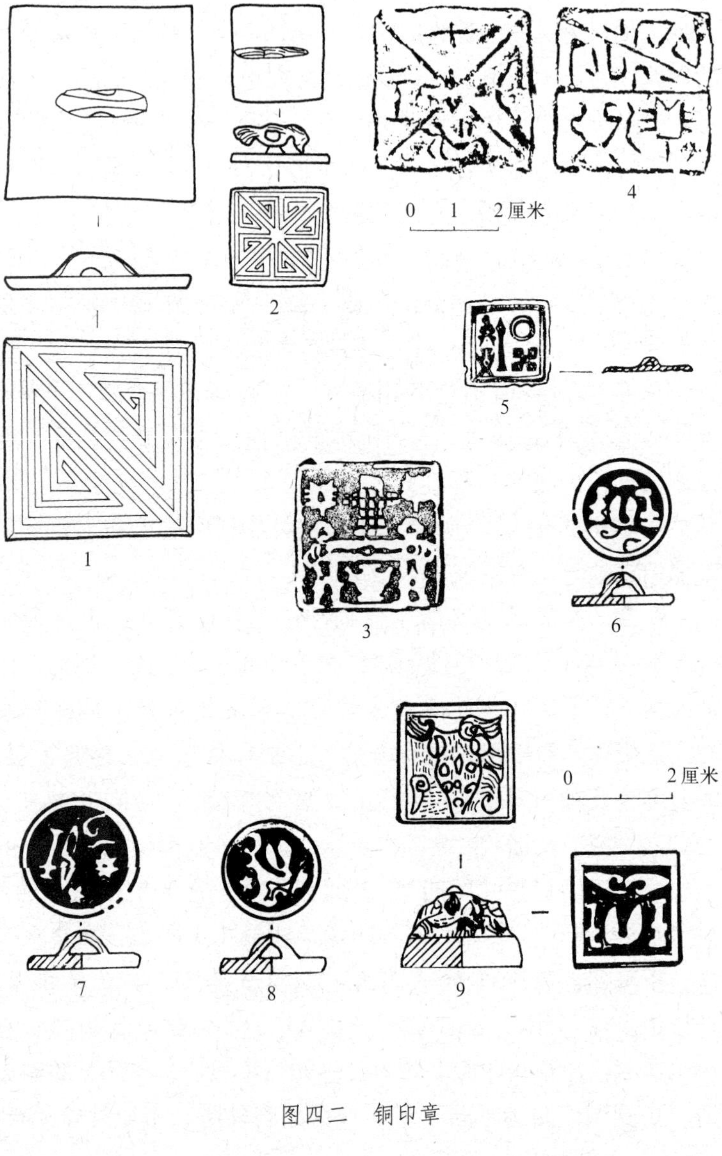


图四二　铜印章

特点。新都战国木椁墓出土 1 枚方印章，边长 3.5 厘米，高 1.4 厘米，拱背有桥形钮。印背上饰 4 组兽面纹。印文由上下两部分组成：下部两侧各立 1 人，伸手相握，手下置 1 罍；上部中间为 1 图形符号，两侧各有 1 个铎。上下两部分组成完整的图案，时代为战国中期。相似的还有蒲江县东北乡战国墓出土的 1 枚印章。该印章由印和印套两部分组成，印章置于印套之内。印为正方形，边长 2.8 厘米，高 0.5 厘米，背有桥形钮，印文由 5 个符号组成，中间为矢，左边上为铎下为罍，右边上为圆形圈下为四蒂纹。印套正方形，拱背，桥形钮，边长 3.1 厘米，高 0.85 厘米，背饰 4 组兽面纹。将印章纳入印套内，整体形状和新都战国木椁墓出土的印章形制基本相同，时代为战国晚期。什邡城关 33 号墓出土的 1 枚印章边长 3.6 厘米，残高 0.65 厘米，印面分上下两组，上组为雷纹、曲尺状纹，下组左侧为罍、右侧为铎，中间用“≀”形符号相隔，铎左下角为变形雷纹。印背 4 个符号，顺时针读为“十”、“(”、“[illegible]”、“王”。这几枚印章均为方形，印面图案有罍和铎。与一般“巴蜀图语”印章不同，是否和墓主人的身份有关，值得注意。另外，犍为县五龙乡 5 号墓出土印章 3 枚。其中 1 枚（M5:3）为圆形，直径 4.2 厘米，背有桥形钮，圆钮座，钮座外有 8 个内向连弧纹[60]。墓地年代为战国晚期，下限可达汉初。内向连弧纹为汉代铜镜上常见，出现在蜀文化的印章背部还是孤例。

（6）乐器

有编钟、铜铃和编磬等。

编钟。新都战国木椁墓出土 5 件，通高 43 ~ 46 厘米[61]。

铜铃。成都三洞桥战国墓出土铜铃 1 件，喇叭形，口径

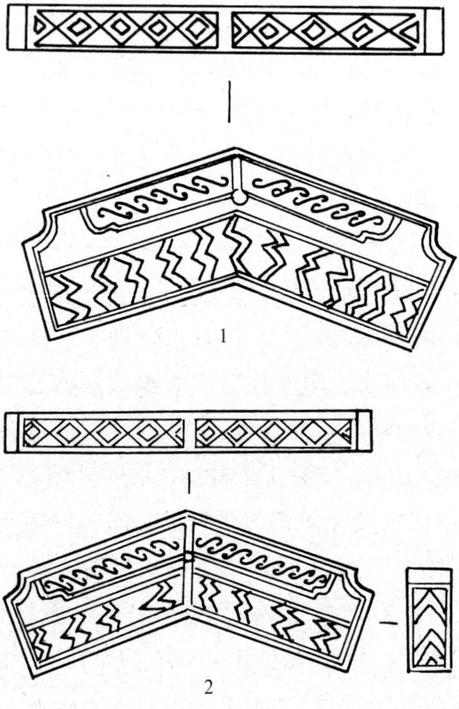


图四三　铜编磬

7.5 厘米，高 6.5 厘米，铃身饰 3 层几何形花纹[62]。荥经同心村战国墓出土铜铃 1 件，钟形，口部为椭圆形，顶上有弧形桥钮，铃内有横梁上悬乳头状铃锤，通高 5.9 厘米[63]。

编磬。成都市金沙巷战国墓出土铜编磬 2 枚，一大一小。大者长 9 厘米，宽 2.7 厘米，厚 0.9 厘米。小者长 7.6 厘米，宽 2.2 厘米，厚 0.9 厘米。均通体饰菱形纹、波浪纹等几何图案（图四三）。出土时为朱色。时代为战国晚期[64]。

（7）车马器

羊子山 172 号墓出有马衔、辔饰、銮铃、衡末饰和盖弓帽等。

**2. 漆器**

蜀文化的漆器多是日常生活用器，比较集中地发现在成都市商业街船棺墓和成都羊子山 172 号墓，其他像什邡城关墓地、新都战国木椁墓等也有零星发现。一些墓中有漆皮发现，可能也是漆器，只因自然条件原因没有保存下来。

商业街船棺墓的漆器主要是生活用器、服饰器和乐器。

（1）生活用器

主要有盘、簋、盒、案和器座（图四四）。

盘。1 件，用整木制成。形制为敞口、浅盘，底近平，喇叭形大圈足，外表髹红漆，盘面在红漆地上用黑漆绘出图案。图案中心为“十”形，其外为一圆圈，再外绘 4 条变形龙纹，最外为一内弧的方形框，中心圆圈的两侧切圆圈绘 2 个长形卷云纹。圈足为黑漆地上用朱漆绘弦纹、变形龙纹。盘径 41.5 厘米，通高 23 厘米。

簋。1 件，整木制成。敞口、深斜腹、圈足，簋底为一圆木板置于簋身和圈足的结合处，圈足上部有一周母口承托底

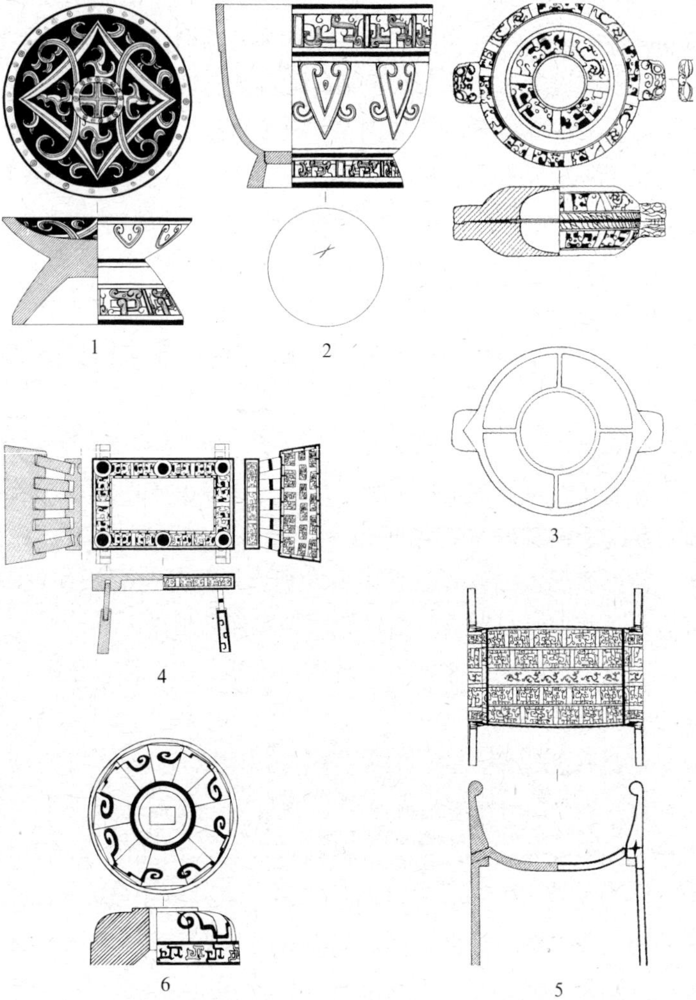

图四四　战国墓出土漆器

1.盘　2.簋　3.盒　4.案　5.案　6.器座

板，结合严密。器内外壁均髹黑漆，口部以下有一周变形龙纹，腹部饰蝉形纹（或称蕉叶纹），圈足饰变形龙纹。纹饰先用朱漆勾勒线条，再用赭色填涂。口径45厘米，通高37厘米。

盒。1件。木胎较薄，器盖、器身相同，圆形，两边有两个对称的虎头形耳。器内各有五格，中为圆形格，四周为弧形格。器身和器盖扣合紧密，器表髹黑漆朱绘花纹，盖面中心绘圆圈纹，外绘变形龙纹和走龙纹，再外为圆圈纹。盖身饰竖线纹、变形龙纹和走龙纹。器身和器盖的纹饰相同而不对称。两耳用朱漆绘出虎耳、虎眼等。口径30厘米，通高12.4厘米。

案。3件，大体可分两类：一类（原报告称A、B型）由案面、案足和足座组成。案面为长方形，两端各有5足，足座呈梯形，5足上端插入案面的5个卯内，下端插入足座的5个卯内。髹黑漆朱绘变形龙纹，先用朱漆绘出线条，再以赭色漆填涂。1件（2号棺:19）案面长72厘米，宽44.1厘米，通高38.3厘米。另1件（2号棺:9）案面长1.46米，宽45.5厘米，通高39.1厘米。另一类（原报告称C型）1件（2号棺:39）由案面、案足两部分构成。案面长方形，两端上翘再转折插入案足的卯孔内。案足各由1块整板制成，略呈梯形，中部靠上有卯孔以受案面，案面以上案足向上伸出，从侧面看呈"H"形。髹黑漆，以赭色绘走龙纹，以朱漆绘变形龙纹。案面长61厘米，宽43厘米，案足高77厘米。

器座。7件，其中5件为圆形，2件为方形，整木制成。均髹黑漆，朱绘花纹。其图案与漆案的图案相同。

其他尚出土漆器的部件多件，如案面、案足、几面等，均为黑漆地朱绘花纹，花纹内容雷同。

（2）服饰器

漆篦。1件，出自10号棺。平面略呈长方形，顶部为弧形有孔，篦齿甚密。黑漆朱绘勾勒线条上绘赭色花纹。残长6.2厘米，宽4.7厘米。

（3）乐器

漆鼓。1件，出自1号棺。为木胎、圆桶形，腹部略外鼓，左右两端蒙鼓面，有两周或一周竹（木）钉孔。有的孔内尚存留有竹（木）钉，为钉牢鼓皮的遗留。鼓皮已不存。鼓腔中部有1榫眼，内插木塞，为悬鼓用的木钮。黑漆地朱绘宽带纹一周。鼓高15.2厘米，直径11.6厘米。附鼓搥2件，木胎、整木制成。搥顶端呈扁圆球形，搥柄为圆柱形，髹黑漆。柄部直径为1.5厘米，残长分别为15.3厘米、10.1厘米。

关于商业街船棺墓出土漆器，江章华、颜劲松认为商业街船棺墓漆器以家具类生活用器和乐器为主，其风格有自身的特点。漆器上的纹饰基本上以模仿同一时期青铜器上的蟠螭纹风格或配以回首龙状纹，没有大的变化。龙纹也是青铜器上的纹饰，如河南辉县甲乙墓青铜扁壶上镶嵌红铜的龙纹、河北新乐出土青铜豆上有镶嵌红铜回首龙纹、河南淅川下寺2号墓1件青铜缶上有镶嵌红铜龙纹、1件青铜盉上有镶嵌龙纹。它们都和商业街船棺出土漆器上的龙纹很相近[65]。

宋治民也认为商业街船棺墓的漆器从器形到纹饰都具有浓厚的地方特色，而不同于楚和秦的漆器。他指出：楚国漆器主要为日常生活用器，如盒、豆、盘、卮、耳杯、几、案，另有镇墓兽和盾等。往往内髹红漆外髹黑漆，以黑色、金色等来彩绘各种花纹，以云纹、方格纹、几何纹、龙凤纹、人物、车马纹为主。秦国漆器以日常饮食器为主，有盘、盂、奁、盒、双耳长盒、扁壶等。双耳长盒和扁壶是其有特色性的器物。一般以黑漆为地，红色、褐色绘制花纹，常见涡纹、云纹、几何形纹、凤纹、鱼纹以及变形鸟纹、长颈怪兽纹等。商业街这批漆器中常见的龙纹，其形态与河南辉县甲乙墓出土的青铜扁圆壶上用红铜镶嵌的龙纹几乎完全一样。纹饰中最多的变形龙纹和中原地区青铜器上常见的窍曲纹、蟠虬纹都有一定的关系。前者如河南三门峡市上村岭虢国墓地的Ⅳ式铜鼎（1819∶5）和Ⅲ式铜盘（1061∶15）腹部上的纹饰，后者如河南辉县出土的龙纹铜鉴腹上的蟠虬纹。很明显，商业街漆器上的主要纹饰是上述青铜器上的纹饰演变而来。同时商业街漆器上的龙纹和湖北当阳曹家岗5号墓漆瑟上的兽（龙）纹也很相似。商业街漆案中的C型和湖北随州曾侯乙墓的漆几在形制方面也有相似之处[66]。

根据以上的材料，可以看出成都市商业街船棺出土的漆器有自身的特点，也吸收了外来的文化因素，可视为蜀文化的漆器。这批材料十分可贵。

成都羊子山172号墓出土的漆器，均为日常生活用器，有盒、奁等，多数保存不好，仅个别保存完整。

盒。2件，圆形。1件保存完好，盒身和盒盖形制相同，均呈碗形，上下相扣成盒。盖和盒身口沿处各有铜钔一周，盒底和盒盖上的圈足上也各有铜钔一周。铜钔上均有精美的错银花纹。盒为木胎，黑漆朱绘花纹，纹饰有兽面纹、蛙头纹、变形龙纹和凤纹、卷云纹。器盖和器身上的花纹对称。此盒制作精美华丽。通高14厘米，腹径21厘米。

奁。2件，均为木胎。刷灰后涂漆加朱绘花纹，胎已朽。

1件仅剩铜附件，有3个蹄足、3个鸟形钮饰、2个扣。另1件剩银质蹄足3个、银质钮饰3个，还有银质耳和银饰片，可能为银平脱漆奁。

另有方扣漆器3件、圆扣漆器2件，均为木胎，胎已朽，仅剩铜扣和漆皮，不辨器形。

羊子山172号墓漆器和商业街船棺墓漆器相比，显示了很大的差异。在制造技术上，羊子山172号墓漆器已经很成熟，虽均为木胎，但皆加铜扣，说明为薄板胎。相比之下，商业街船棺墓漆器多为整木制成，显得厚重而原始。在纹饰方面，羊子山172号墓漆器显得流畅，而商业街船棺漆器则图案化强。它们既有时代差异，又风格不同。羊子山172号墓漆器显现了楚文化漆器的风格，如方形漆器只有楚地有发现，漆盒上的龙纹和湖南长沙楚墓406号墓出土的漆盾上的龙纹也很相似[67]。羊子山172号墓为蜀文化墓葬，从墓葬形制和随葬器物看，墓主应为蜀人的上层。这些珍贵的漆器可能由楚地传来。

什邡城关战国秦汉墓地出土的漆器有盘、盂等，多已朽坏。

盘。2件，木胎。1件出自66号墓。形制为敞口、窄平沿、浅弧腹、大平底。口沿和腹内壁髹黑漆朱绘勾点纹带。内底朱漆为地，黑漆花纹，底中心为一头长颈怪兽，其外为3条鱼头尾相向绕兽游弋。盘外壁髹黑漆。口径45.8厘米。时代为西汉时期。另1件出自67号墓。为敞口、斜折沿、圆唇、斜折肩、浅弧腹、平底。内壁上腹髹黑漆朱绘弦纹、点纹和“S”形纹带及勾点纹、曲折纹带，下腹髹朱漆。器底黑漆朱绘弦纹和勾点纹。器外壁黑漆地朱绘勾点纹及曲折纹。口径48厘米，高7厘米。

盂（原称奁）。1 件，出自 67 号墓。为木胎、直壁、平底，内壁朱漆，外壁黑漆。

什邡城关 66 号墓出土漆盘之纹饰具有秦国漆器的风格，如湖北云梦睡虎地 11 号墓出土的 2 件漆盂的纹饰均为 2 鱼 1 凤鸟，33 号秦墓出土漆盂的纹饰亦为 2 鱼 1 凤鸟[68]。虽然鱼纹有 3 条和 2 条之分，但鱼纹的神态非常相似，尤其是鱼的背鳍、胸鳍和尾鳍的画法如出一辙，所以什邡城关 66 号墓所出漆盘应为秦器。墓葬的年代虽然到了西汉时期，但从随葬的陶器、铜器看，仍保持了浓厚的蜀文化因素，应是蜀族人的墓葬。

其他如新都战国木椁墓、成都光荣小区战国墓、广元昭化宝轮院墓地也有漆器出土。

**3. 玉器**

主要为服饰器和剑上的玉具。

（1）服饰器

璧、瑗、环。按夏鼐先生的意见统称为璧环类，发现于大邑五龙战国墓[69]和成都羊子山 172 号墓。

管。发现于犍为金井战国墓[70]和羊子山 172 号墓。

觿。发现于成都羊子山 172 号墓。

（2）剑上的玉具

有珌、彘和标首，出土于成都羊子山 172 号墓。

**4. 陶器**

晚期蜀文化的陶器以夹砂褐陶和夹砂灰陶为主，有泥质灰陶。纹饰以绳纹为主。主要为日常生活用器。器形有釜、釜甑、小口圜底罐、无把豆、尖底盏和缶等（图四五）。

釜。有小口釜和大口釜之分。前者为敞口束颈、鼓腹、圜

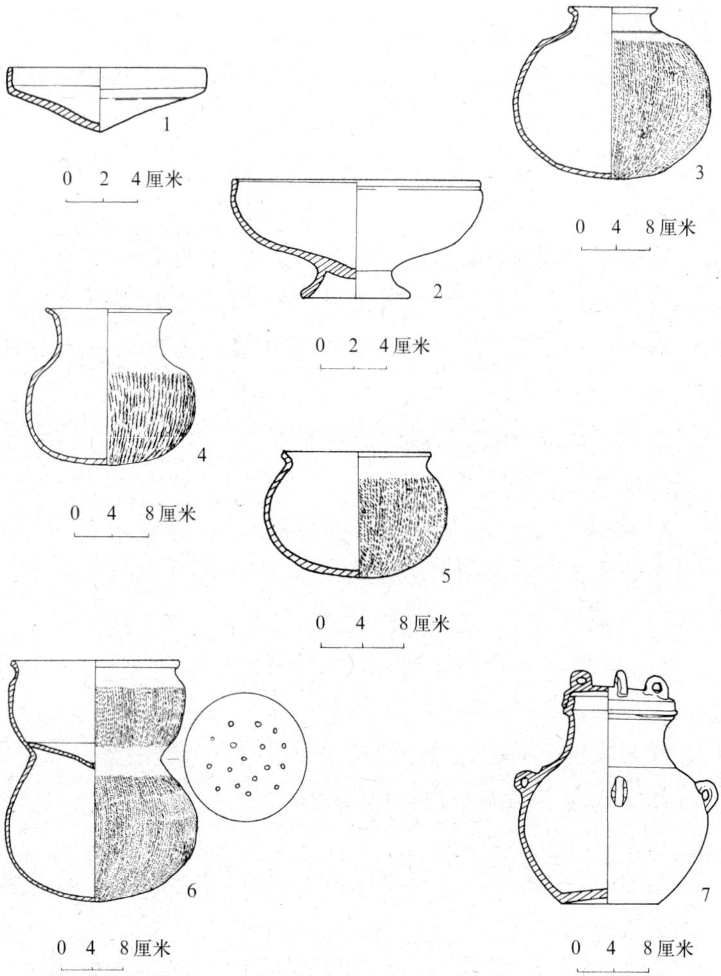


图四五　战国墓出土陶器

1.尖底盏　2.豆　3.圆底罐　4.釜　5.釜　6.釜甑　7.缶

底；后者为大口、浅腹，圜底近平。有学者将前者定为巴蜀文化陶釜Ⅰ型，后者定为巴蜀文化陶釜Ⅱ型[71]。这两型陶釜在早期蜀文化的十二桥文化时期即已出现，分别见十二桥遗址和指挥街遗址。到晚期蜀文化时仍十分流行，为主要陶器之一。

釜甑。上甑下釜，连成一体。甑呈罐状，大口、束颈、圆肩、鼓腹。釜为圆腹、圜底。甑与釜交界处置以尖底的箅。什邡城关、犍为金井、大邑五龙皆有这种陶釜甑出土。它是一种蒸煮两用的炊器。

罐。小口，口沿外折或外侈，有颈、圆肩、圆腹、圜底，是晚期蜀文化流行的陶器之一。

豆。分有柄豆和无柄豆，以无柄豆出土最多。有柄豆的豆柄不如早期蜀文化高柄豆的柄高。陶豆也为晚期蜀文化流行的陶器之一。其中有柄豆是早期蜀文化的高柄豆演变而来。另外有个别带盖的豆，豆身敛口，腹部较深。蒲江东北乡[72]和犍为五龙乡有这种盖豆出土[73]。这种盖豆为中原东周时期流行。蜀文化盖豆和中原文化盖豆相比，有自身的特点，但总的来说是受中原文化的影响。

尖底盏。在晚期蜀文化中仍有不少出土。它是由早期蜀文化的尖底盏延续下来的一种陶器。其特点为直口、浅腹、尖底。

缶。在晚期蜀文化中有一定数量的出土。有的称四耳壶，器形类壶而有四耳。根据一些器形相同的铜器上的铭文自名为缶，所以这种陶器命名为缶是恰当的。缶在楚文化中出土较多，是流行的陶器之一。这种缶是由楚文化传入的。

其他陶器尚有瓮、盆、钵和器盖等。

以上陶器主要为实用器。它们也往往伴出，但没有严密而

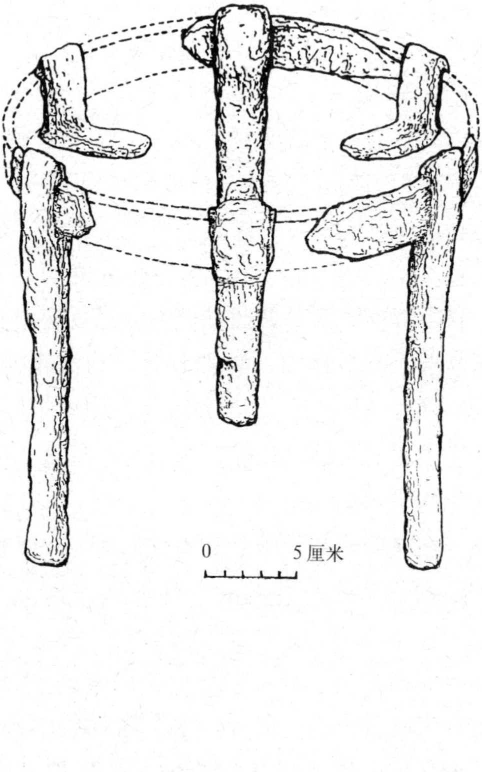


图四六　铁三脚架

固定的组合形式。

**5. 钱币**

半两钱在什邡城关战国秦汉墓地、郫县红光公社战国墓、大邑五龙土坑墓、成都北郊战国墓[74]以及彭州市太清乡龙泉村战国墓都有出土。这些半两钱的直径多在3厘米以上。据“半两”二字的书体，应为秦统一六国以前铸造的钱币。有少数钱直径在3厘米以下，其时代可能为秦至汉初。

**6. 铁器**

晚期蜀文化出土铁器多在战国中期以后，有兵器、工具和生活用器。

兵器。有剑。

工具。有斧、锛、镰、犁铧、臿、削。

生活用器。有铁三脚架（图四六）和鍪。

这些铁器出土于大邑五龙3号、18号、19号墓和成都北郊战国墓、什邡城关战国秦汉墓地、成都羊子山172号墓等，以工具为多。羊子山172号墓的大铜鼎有一足为补上的铁足。

**7. 其他器物**

有木器、竹器、骨器、料器、金器、琉璃器等。具体器物有木盘、梳、竹编器、骨印章、骨锥、骨簪、料珠、金珠、琉璃珠、琉璃印章和炭精等。

**注　释**

[1] 成都文物考古研究所《金沙——再现辉煌的古蜀王都》，四川人民出版社2005年版；肖璘、杨军昌、韩汝玢《成都金沙遗址金属器的实

验分析与研究》，《文物》2004 年第 4 期。
[2] 成都文物考古研究所《金沙——再现辉煌的古蜀王都》10 页，四川人民出版社 2005 年版。
[3] 引文均见曾中懋《广汉三星堆一号、二号祭祀坑出土铜器成分的分析》，《四川文物》广汉三星堆遗址研究专辑（1989 年）。
[4] 夏鼐《中国文明的起源》，《文物》1985 年第 8 期。
[5] 金正耀等《成都金沙遗址铜器研究》，《文物》2004 年第 7 期。
[6] 郭宝钧《商周铜器群综合研究》146 页，文物出版社 1981 年版；马承源等《中国青铜器》240 页，上海古籍出版社 1988 年版。
[7] 河南省文物工作第一队《郑州白家庄商代墓葬发掘简报》，《文物参考资料》1995 年第 10 期。
[8] 转引自郭宝钧《商周铜器群综合研究》18 页，文物出版社 1981 年版。
[9] 魏京武《陕南巴蜀文化的考古发现和研究》，《三星堆与巴蜀文化》，巴蜀书社 1993 年版。
[10] 四川省文物考古研究所《三星堆一号祭祀坑出土玉器残片鉴定报告》，《三星堆祭祀坑》，文物出版社 1999 年版。
[11] 四川省文物考古研究所《三星堆一、二号祭祀坑出土玉石器岩石类型薄片鉴定报告》，《三星堆祭祀坑》，文物出版社 1999 年版。
[12] 成都文物考古研究所等《金沙村遗址玉石器材料鉴定及初步研究》，《金沙淘珍》，文物出版社 2002 年版。
[13] 夏鼐《商代玉器的分类、定名和用途》，《考古》1983 年第 5 期。
[14] 同［13］。
[15] 同［11］。
[16] 同［12］。
[17] 同［2］108 页；成都市文物考古研究所《成都金沙遗址 I 区“梅苑”东北地点发掘一期简报》，《成都考古发现（2002）》，科学出版社 2004 年版。
[18] 同［2］109 页、110 页；成都文物考古研究所《成都市金沙遗址“兰园”地点发掘简报》，《成都考古发现（2001）》，科学出版社 2003 年版。
[19] 四川省博物馆《四川新繁水观音遗址试掘简报》，《考古》1959 年第 8 期。
[20] 四川省文管会等《成都十二桥商代建筑遗址第一期发掘简报》，《文

物》1987 年第 12 期。

[21] 傅正初《成都方池街蜀文化遗址出土石器的微痕研究》,《南方民族考古》第 5 辑，四川科学技术出版社 1993 年版。

[22] 四川省文管会等《雅安沙溪遗址发掘及调查报告》,《南方民族考古》第 3 辑，四川科学技术出版社 1991 年版；四川省文物考古研究院《2005 年雅安沙溪遗址发掘简报》,《四川文物》2007 年第 3 期。

[23] 四川省文物考古研究所《三星堆祭祀坑》150 页、417 页，文物出版社 1999 年版。

[24] 同［2］。

[25] 江玉祥《广汉三星堆出土的象牙》,《三星堆与巴蜀文化》，巴蜀书社 1993 年版。

[26] 罗二虎等《成都指挥街遗址孢粉分析研究》,《南方民族考古》第 2 辑，四川科学技术出版社 1990 年版。

[27] 四川大学博物馆等《成都指挥街周代遗址发掘报告》,《南方民族考古》第 1 辑，四川大学出版社 1987 年版。

[28] 王毅《成都市巴蜀文化遗址的新发现》,《巴蜀历史民族考古文化》，巴蜀书社 1991 年版。

[29] 同［2］。

[30] 马继贤《广汉月亮湾遗址发掘追记》,《南方民族考古》第 5 辑，四川科学技术出版社 1993 年版。

[31] 同［20］。

[32] 成都市文物考古研究所《成都十二桥遗址新一村发掘简报》,《成都考古发掘（2002)》，科学出版社 2004 年版。

[33] 罗二虎《成都地区卜甲的初步研究》,《考古》1988 年第 12 期。

[34] 成都市文物管理处《成都市三洞桥青羊小区战国墓》,《文物》1989 年第 5 期。

[35] 成都市文物考古工作队《成都金沙巷战国墓清理简报》,《文物》1997 年第 3 期。

[36] 成都市博物馆《成都出土一批战国铜器》,《文物》1990 年第 11 期。

[37] 成都博物馆考古队《成都中医学院战国土坑墓》,《文物》1992 年第 1 期。

[38] 四川省博物馆《成都西郊战国墓》,《考古》1983 年第 7 期。

[39] 四川省博物馆《成都百花潭中学十号墓发掘记》,《文物》1976 年第 3

期。
[40] 王有鹏《四川绵竹船棺墓》,《文物》1987 年第 10 期。
[41] 罗开玉、周尔太《成都市罗家碾二座蜀文化墓葬》,《考古》1993 年第 2 期。
[42] 四川省文物考古研究院《什邡城关战国秦汉墓地》,文物出版社 2006 年版。
[43] 宋治民《尖底陶器初论》,《考古与文物》1998 年第 2 期。
[44] 四川省博物馆《四川船棺葬发掘报告》,文物出版社 1960 年版。
[45] 四川大学历史文化学院考古系《云阳李家坝东周墓地发掘报告》,《重庆库区考古报告集》(1997 年卷),科学出版社 2001 年版。
[46] 四川省博物馆等《四川涪陵小田溪战国土坑墓清理报告》,《文物》1974 年第 5 期;四川省文管会《四川涪陵小田溪四座战国墓》,《考古》1985 年第 1 期。
[47] 顾铁符《有关信阳楚墓铜器的几个问题》,《文物参考资料》1958 年第 1 期。
[48] 冯汉骥《关于"楚公冢"戈的真伪并略论巴蜀时期的兵器》,《文物》1961 年第 11 期。
[49] 同[38];同[34];周日琏《四川芦山出土的巴蜀文物器物》,《考古》1991 年第 10 期。
[50] 霍巍、黄伟《蜀人的墓葬分期》,《巴蜀历史民族考古文化》226 页、228 页,巴蜀书社 1991 年版。
[51] 王仁湘《带钩概论》,《考古学报》1985 年第 3 期。
[52] 成都市博物馆考古队《成都京川饭店战国墓》,《文物》1989 年第 2 期。
[53] 山西省文管会《山西长治分水岭战国墓第二次发掘》,《考古》1964 年第 3 期。
[54] 高至喜《论楚镜》,《文物》1991 年第 5 期。
[55] 河南省文化局文物工作队《郑州二里冈》70 ~ 71 页,科学出版社 1959 年版。
[56] 中国社会科学院考古研究所唐城队《1984 ~ 1986 年洛阳市区周墓发掘简报》,《考古》1989 年第 9 期。
[57] 四川省文管会《四川彭县发现船棺葬》,《文物》1985 年第 5 期。
[58] 四川省文管会《四川大邑五龙乡土坑墓清理简报》,《考古》1987 年

第 7 期。
［59］四川省文物考古研究所《荥经县同心村巴蜀船棺葬发掘报告》，《四川考古报告集》，文物出版社 1998 年版。
［60］四川省博物馆《四川犍为县巴蜀土坑墓》，《考古》1983 年第 9 期。
［61］四川省博物馆《新都战国木椁墓》，《文物》1981 年第 6 期。
［62］同［34］。
［63］同［59］。
［64］同［35］。
［65］江章华、颜劲松《成都商业街船棺出土漆器及相关问题探讨》，《四川文物》2003 年第 6 期。
［66］宋治民《成都商业街墓葬的问题》，《四川文物》2003 年第 6 期。
［67］中国科学院考古研究所《长沙发掘报告》彩色图版壹至叁，科学出版社 1957 年版。
［68］孝咸地区亦工亦农考古训练班《湖北云梦睡虎地十一号秦墓发掘简报》，《文物》1976 年第 6 期；云梦县文物工作组《湖北云梦睡虎地秦汉墓发掘简报》，《考古》1981 年第 1 期。
［69］四川省文管会《四川大邑五龙战国巴蜀墓葬》，《文物》1985 年第 5 期。
［70］四川省文管会《四川犍为金井巴蜀土坑墓清理简报》，《文物》1990 年第 5 期。
［71］李明斌《巴蜀文化陶釜略论》，《考古与文物》1996 年第 1 期。
［72］四川省文管会等《蒲江县战国土坑墓》，《文物》1985 年第 5 期。
［73］同［60］。
［74］成都市文物考古工作队《四川成都北郊战国、东汉及宋代墓葬发掘简报》，《考古》2001 年第 5 期。

# 五　蜀文化分期编年研究

蜀文化跨度大，包括了三星堆文化、十二桥文化和战国时期的考古学文化，下限可到西汉初年。对它的分期编年研究是一项十分重要的基础性工作。自从20世纪80年代广汉三星堆遗址、成都十二桥遗址发现以来，就开始对这一问题进行了热烈地讨论。有些问题已达到共识，有些问题还有不同意见，分歧较大。总的来看，目前有关蜀文化分期编年的框架正在建立之中。

## （一）三星堆文化的分期和年代

三星堆遗址1980~1981年度的发掘报告首先提出了三星堆文化的命名。发掘报告将遗址分为三期：第一期泥质灰陶占大多数，器形有镂孔圈足豆、翻口高领广肩罐等。第二期以夹砂褐陶为主，泥质褐陶次之，新出现的器形有喇叭形大口罐、小平底罐、高柄豆、盉、鸟头形把勺等。第三期主要为夹砂褐陶，次为泥质褐陶，但泥质陶所占比例比第二期减少，器形更为复杂，主要有高柄豆，小平底罐、圈足盘、鸟头形把勺、盉、高领罐、广肩罐、壶等。第一期$^{14}C$测年数据为距今4075±100年，树轮校正为距今4500±150年，三期陶片上的云雷纹同中原殷商时期铜器上的纹饰很相近，因此遗址年代在新石器时代晚期至相当于夏商的时期[1]。发掘报告指出1982年4

月和12月的发掘中发现在第三期地层之上还压有出尖底陶器的文化层。这便是三星堆遗址的第四期。

孙华根据三星堆遗址的地层关系和对器物类型学的研究，并结合月亮湾遗址的材料，将遗址分为三期六段：第一期为原发掘报告的第一期，第二期为原发掘报告的第二期、第三期，第三期为压在原报告第三期之上的出尖底陶器的文化层，即一般称为三星堆遗址的第四期。他将第一期归入以绵阳边堆山遗址命名的边堆山文化，第二期命名为三星堆文化，第三期归入十二桥文化，并将第二期分为三段、第三期分为两段。这一分期和命名是对三星堆文化进一步深入研究的结果，已得到学术界的认同。以出土陶器而言，第一期以泥质灰陶为主，夹砂陶较少，陶色以灰陶为主，器类以镂孔圈足豆和折沿器为特色。第二期以夹砂陶占大多数，泥质陶较少，陶色以褐色为主，器类繁多，主要有大圈足盘、小平底盘、鬲形器、器盖、封口盉、小平底盆（罐）等。第三期陶质陶色不明，器类以为数众多的尖底器最具特色，大圈足盘、小平底盘、鬲形器已不存在，小平底盆（罐）和封口盉的形制也发生变化。至于它们的年代，孙华指出第一期上限是龙山时代晚期，而其下限则可能是龙山时代末期甚至是二里头文化初期了。第二期（著者按：即三星堆文化）上限是二里头文化晚期至二里冈文化时期，下限可至殷墟第一期前段。第三期（属十二桥文化）相当于殷墟第一期后段至第三期。整个遗址跨越了龙山时代、夏代和商代三个时代[2]。

《三星堆祭祀坑》一书重新对三星堆遗址进行了分期：第一期以夹砂褐陶为主，器形主要有锯齿形口沿罐、花边口沿罐、大翻领圆腹罐、圈足豆等，是龙山文化时期四川盆地有代表性的地方文化，绝对年代在距今 4800 ~ 4000 年左右。第二期以夹砂褐陶为主，有一定数量的泥质灰陶和橙黄陶，器形主要有小平底罐、高柄豆、盉、平底盘、圈足盘、鸟头器柄、器盖等。第三期以夹砂陶为主，陶色有灰褐和灰黑两种，器形除了第二期的器物外新出现了尊形器、觚形器、甗形器等，年代相当二里冈上层一期、二期（郑州白家庄期）至殷墟早期（一期、二期）。第四期以夹砂灰褐陶为主，泥质灰陶比例大大增加，此期大致沿用第三期的器类，但器形变化较大，小平底罐几乎都变成了小平底钵，另一些向尖底杯演变，自第三期的晚段盏形器和器座增多，年代相当于殷墟晚期（三期、四期）至西周早期[3]。这里所说的第一期属于宝墩文化，第二期和第三期为三星堆文化，第四期属于十二桥文化。

江章华、王毅、张擎著文将成都平原上的先秦文化分为四个发展阶段，即宝墩文化、三星堆文化、十二桥文化、上汪家拐遗存[4]。其中将三星堆文化分为三期：第一期以 1986 年发掘的三星堆遗址第 12 层、第 11 层和 1980 年发掘的Ⅲ区第 4 层、第 3 层为代表，陶器以夹砂陶为主约占 70%，泥质陶仅占 30%，夹砂陶中以褐陶为主，次为橙黄陶，主要器形有小平底罐、绳纹花边深腹罐、高柄豆、盉、鬲形器、鸟头把勺、圈足盘、器盖等。第二期以 1986 年发掘的第 9 层、1980 年发掘的Ⅲ区第 2 层和月亮湾第 2 层为代表，陶器中泥质陶的比例下降，夹砂陶增多，达 80% 以上，仍以褐陶为主，次为橙黄陶，泥质陶中橙黄陶少见。器形仍沿用一期的小平底罐、高柄豆、盉、鬲形器、鸟头把勺、圈足盘等。此外新出现凸肩小平底壶、长颈壶、觚等，小平底罐的腹部开始变浅，出现竹节状豆柄等。第三期以 1986 年发掘的第 8A、8B、8C 层为代表，陶器中夹砂陶仍占最多数，泥质陶进一步减少，夹砂褐陶仍是最主要的陶系。器形基本延续第二期的器物群，并有变化。小平底罐的腹部更浅，肩变为圆肩，肩颈口径相近，盉的器身变矮胖，觚的口径变大，豆柄多样，鸟头把勺柄部装饰精细而繁缛。它们的年代据出土器物结合$^{14}C$测年数据，其上限跨到二里头文化四期，早于二里冈上层，将三星堆文化的年代上限推定在二里头文化四期比较合适。三星堆文化的下限，根据十二桥文化是紧接三星堆文化发展而来的，而十二桥文化的上限能确定在殷墟三期左右，故三星堆文化的下限可以推定在殷墟二期。

赵殿增对三星堆遗址的分期同于《三星堆祭祀坑》一书的分期。关于它们的年代，结合$^{14}C$测年，一期距今4800～4000年左右；二期距今4000～3600年左右；三期大体范围在距今3600～3200年左右；四期距今2875±70年，高精度校正为公元前1023～前947年，相当于商末周初[5]。

以上是关于三星堆文化年代讨论的几种主要的意见。

## （二）十二桥文化的分期和年代

十二桥文化的分期是在成都十二桥遗址和新繁水观音遗址等分期的基础上进行的。

关于十二桥遗址的分期，基本上有四种意见：第一种为发掘简报的意见，认为遗址第13层为早期，相当于商代早期；第12层为中期，相当于殷墟一期；第11层、第10层为晚期，相当于商末周初。第二种为孙华的意见，认为遗址第13层为一期一段，年代不晚于殷墟二期；第12层、第11层为一期二段，为殷墟三期；第 10 层为二期，时代为春秋早期至战国初期。第三种为江章华的意见，认为第 13 层为一期一段，时代为殷墟三期；第 12 层为一期二段，时代为殷墟四期到周初；第 11 层、第 10 层为第二期，时代为西周前期。第四种为宋治民的意见，认为第 13 层、第 12 层为遗址早期，时代为西周后期；第 11 层、第 10 层为遗址晚期，时代为春秋。

关于新繁水观音遗址的分期，也有三种意见：第一种为发掘简报的意见指出早期墓葬为早期，相当于殷商时期；第 3 层（上部、下部）为中期，时代为殷末周初；晚期墓葬为晚期，时代为西周或春秋。第二种为李伯谦的意见，认为早期墓葬和第 3 层下部为遗址早期，时代不晚于商代晚期；第 3 层上部和晚期墓葬为遗址晚期，时代为商代晚期。第三种为宋治民的意见，认为早期墓葬和第 3 层下部为遗址早期，时代为西周后期；第 3 层上部和晚期墓葬为遗址晚期，时代为春秋时期[6]。

李明斌结合考古新材料将十二桥遗址分为三期：第一期以十二桥遗址第 13 层、第 12 层为代表，陶系以夹砂灰陶为主，泥质灰陶次之，器形有小平底罐、鸟头把勺、盉、尖底罐、尖底杯、尖底盏、豆和绳纹圜底釜等，是十二桥遗址的繁荣期；第二期以十二桥遗址的第 11 层、第 10 层为代表，陶器中夹砂灰陶大量增加，出现少量的夹砂黑陶，陶器种类减少，小平底罐趋于消失，常见陶器组合有尖底盏、尖底杯和豆；第三期为新一村遗址的第 6、7、8 层，陶系以夹砂灰陶和夹砂褐陶为主，常见器物组合为小口圜底釜、深腹罐、喇叭口罐、尖底盏、尖底罐、敛口瓮、侈口瓮和盆等，是十二桥遗址发展过程中又一个高峰期。他将水观音遗址分为两期：早期以第 3 层下部和所属墓葬（即早期墓）为代表，典型陶器有小平底罐、尖底罐、尖底钵、豆、盉、器盖等，未见铜器；晚期以第3层上部和所属墓葬（即晚期墓）为代表，除了早期的陶器，还出土有青铜戈、矛、钺、镞、刀和斧等，另有圜底罐。他将雅安沙溪遗址也分为两期：早期为第4层及此层下的诸遗迹单位，典型陶器组合为侈口小平底罐，折棱尖底杯和尖底盏等；晚期为第3层及此层下的诸遗迹单位，典型陶器有口微侈小平底罐、尖底杯、底部接近成圜底的尖底盏和瓶形器座等。依据对这些遗址的分期，他将十二桥文化分为三期：第一期包括十二桥遗址第一期、水观音遗址、月亮湾遗存第二期、羊子山土台遗址、金沙村和岷江小区遗址；第二期包括十二桥遗址第二期、彭州市青龙村遗址（含竹瓦街窖藏）和雅安沙溪遗址等；第三期目前只发现十二桥遗址的第三期遗存。关于它们的年代，十二桥文化第一期为殷墟至西周前期。十二桥文化第二期为西周后期，下限可至春秋初期。十二桥文化第三期为春秋时期[7]。

江章华将十二桥文化分为两期四段：第一期早段为十二桥文化的形成期，是三星堆文化向十二桥文化的过渡时期。以十二桥遗址的Ⅰ、Ⅱ区13层、12层和新繁水观音遗址早期墓葬与第3层以及羊子山土台下的堆积为代表。三星堆遗址1982年发掘的第3层属于这一时期。陶器以夹砂褐陶为主，器形有小平底罐、高柄豆、瓶、壶、鸟头把勺、盉、尖底杯、尖底盏、高领罐、波浪口花边罐、敛口瓮、广肩瓮、盆和器盖等。第一期晚段为十二桥文化的成熟期，以十二桥遗址Ⅰ、Ⅱ区11层、10层和新繁水观音遗址晚期墓葬以及成都抚琴小区遗址为代表。陶器以夹砂灰陶为主，代表性器形有小平底罐、尖底罐、尖底杯、尖底盏、敛口罐、敛口广肩瓮、盆、各式圈足器和釜等。第二期早段为十二桥文化的发展期，以新一村遗址第 8 层为代表。陶器以夹砂灰陶为主，典型器物有喇叭口罐、尖底盏、尖底罐、瓮、敛口广肩罐、盆等。第二期晚段为十二桥文化逐渐走向衰落的时期，以新一村遗址第 7 层、第 6 层为代表。陶器中夹砂褐陶又增多，成为最主要的陶系，器形中釜、罐、瓮和敛口广肩罐明显增多，喇叭口罐、尖底罐、尖底盏、盆等依然存在。关于十二桥文化的年代，第一期为殷末周初（早段）至西周前期（晚段），第二期为西周后期（早段）至春秋（晚段）[8]。

## （三）战国考古学文化的分期和年代

战国时期的蜀文化，有学者称为青羊宫文化，或称上汪家拐遗存。对这一时期考古学文化，各个发掘报告和发掘简报都进行了分期和年代的推断。在这个基础之上，一些学者作了综合地分析和研究。其主要的有下面各种意见：

《四川船棺葬发掘报告》一书的作者，在该书的推论部分将重庆冬笋坝船棺墓的时代定为“它们入葬的时期，应在秦举巴蜀以后，其中最晚的可到西汉初年，换言之即不出公元前 3 世纪之外。因其中所出的钱币，绝无有可认为是高后的‘半两’的。特别是陶器，平底器虽然增多，但尚未演变成四川其他处西汉初期墓葬中的形式”。“宝轮院的船棺墓大体上当与此批墓葬同时”。“狭长坑墓的时代，其中最早的可与晚期的船棺同时……其大概年代当不出公元前 3 世纪后半叶和 2 世纪初叶”[9]。

《什邡城关战国秦汉墓地》一书的作者，根据墓葬形制和出土器物将墓地分为六期：第一期的年代为战国早期，即公元前5世纪末至公元前4世纪初，前段为战国早期早段，上限有可能到春秋战国之际，后段为战国早期后段。第二期的年代应在战国中期，即公元前4世纪初至公元前4世纪末（秦入巴蜀前后），前段为战国中期早段，后段为战国中期晚段。第三期的年代为战国晚期（下限为战国晚期中段），即公元前4世纪末至公元前3世纪中叶（秦入巴蜀以后至秦统一以前），前段为战国晚期早段，后段为战国晚期中段。第四期的年代为战国末期至秦代，即公元前3世纪中叶至公元前3世纪末叶，前段为战国末期，后段为秦代。第五期、第六期当在西汉早期和中期。

像这些分期断代的研究，为战国时期蜀文化分期、年代的研究打下了基础。

宋治民将战国至秦代蜀文化墓葬分为两期：战国早期以成都百花潭中学10号墓为代表。墓葬形制为狭长形竖穴土坑墓。出土陶器有尖底盏。铜器中的釜甑为上甑下釜连成一体同时铸成，铜尖底盒（简报称奁形器），铜鼎的形制介于洛阳中州路东周墓第二期、第三期铜鼎之间，铜壶和洛阳中州路东周墓第四期2717号墓铜壶及汲县山彪镇1号墓所出铜壶极为相似。秦代墓以羊子山172号墓为代表。出土的铜鼎和湖北云梦睡虎地11号秦墓、湖北宜昌前坪28号墓所出铜鼎完全一样。铜釜甑为上甑下釜分别铸成套合使用、釜底有4个小矮足，与昭化宝轮院、涪陵小田溪秦墓出土的铜釜甑完全相同。铜钫与云梦睡虎地秦墓及西汉早期墓所出基本一样。铜鍪为一大一小双耳。陶器中的茧形壶为秦器，附圈足。出土陶器15件有13件为小口圜底罐。因此，172号墓的时代当为秦代墓葬，下限可到西汉初[11]。

霍巍、黄伟将蜀文化墓葬分为早、中、晚三期。其早期蜀墓属于早期蜀文化，中期和晚期蜀墓属于战国时期至西汉早、中期。这里只介绍中期、晚期蜀墓的分期。中期蜀墓主要有新都战国木椁墓、成都百花潭中学10号墓、成都西郊战国墓等大中型墓和成都南郊土坑墓、成都无线电机械工业学校战国墓、成都枣子巷战国墓、大邑五龙战国墓、蒲江战国墓、彭县“船棺葬”等一批较小的墓葬。在这些墓葬中，早期蜀墓的主要文化因素得到继承和延续，同时又出现了诸多新的文化因素，文化特征呈现出丰富多彩的面貌。与早期蜀墓相比，新增加了具有强烈地方色彩的铜器釜、鍪、甑、印章及巴蜀式铜剑。其葬制也发生了很大的变化。墓坑增大而且规整，普遍使用葬具，墓葬形式显得十分复杂，有木椁墓（如新都木椁墓）、船棺墓（如大邑五龙4号墓）、长方形土坑墓（如成都西郊战国墓）和狭长形土坑墓（如大邑五龙3号墓）等，并且普遍使用白膏泥封填墓葬。中期蜀墓的年代范围为战国早、中期。晚期蜀墓分为前后两段：前段为战国晚期至秦，后段为西汉早、中期。晚期蜀墓前段主要有成都羊子山172号墓、犍为县巴蜀土坑墓、成都金牛区战国墓、成都天迴山战国土坑墓、郫县战国土坑墓、郫县船棺墓等。这时由于秦人灭蜀和秦代统一，使中原文化对蜀地的影响大为加强，蜀墓自身的文化因素受到了强烈的冲击而有所减弱。中期的狭长形土坑墓和“独木舟式”船棺墓已趋于消失。墓坑长宽比例变小，约为2:1。陶器中尖底盏已基本不见。铜印章较流行，开始出现铁器，但未见钱币。晚期蜀墓后段主要有成都洪家包、成都东北郊等地的土坑和木椁墓、成都石羊木椁墓、绵阳和绵竹木板墓、大邑西汉土坑墓以及越西华阳村土坑墓等。这时墓葬形制均为竖穴土坑墓，墓坑长宽之比约为2∶1，墓坑底部葬具周围一般都有白膏泥。此时新出现木板墓。随葬器物中圜底陶釜、豆形器和铜鍪以及铜剑等还保留着蜀文化的特点，但直口、方唇、平底罐则已是中原地区西汉早期墓葬中常见的器物。从出土的半两钱看为西汉早期，而大邑西汉土坑墓已为西汉中期[12]。

刘雨茂认为川西的战国船棺葬依其葬具的形制和随葬器物组合方式，可以将其划分为早、中、晚三个不同的发展阶段。早期有成都百花潭中学10号墓、大邑五龙4号墓。其独木舟形的葬具系由独木凿成，制作粗糙，船棺两头截齐。随葬器物中陶器多夹砂灰陶，器形以尖底器和圜底器为主。铜器存在着兵器和工具的组合方式，容器中新出现了带辫索状耳的鍪和釜。采用白膏泥涂抹墓坑四壁及葬具，作为密封之用。中期有新都战国木椁墓、彭县太平公社木椁墓、蒲江县战国墓、郫县晨光公社战国墓和绵竹县战国墓。其船棺从外形看仍然是两头截齐的，细微处有变化，棺的两端已穿孔，船舱挖得较深，圆弧形舱室平面呈圆角方形，有盖。中期偏晚出现了船棺一端平齐、一端上翘的做法，显示了一种过渡形式。随葬陶器均夹砂灰陶，只有各种罐和豆。铜器较多，依然是兵器和工具的组合。晚期主要有成都市西郊抚琴、青羊小区发现的战国墓葬。从船棺外形上看发展为一头平齐一头上翘，船舱挖得更大更深。其本身又可实用又可作为葬具，内置小棺，使船棺实际上变成了船椁，并且分成了头、中、脚厢三个部分。这一变化应该是由船棺葬向以后的木椁墓过渡的一个中间环节。随葬器物同样为铜兵器与工具的组合。陶器为夹砂灰陶，器形有尖底盏、圜底罐、圈足豆和器盖[13]。

毛求学将成都地区战国墓葬分为船棺葬、竖穴土坑墓、土坑木椁墓三类。结合随葬器物，每类墓葬都分为早、中、晚三期[14]。

江章华、张擎将川西蜀文化战国时期墓葬分为成都平原和川西南地区。在成都平原地区，将战国至秦的墓葬分为四期。战国早期有成都百花潭中学10号墓、成都西郊战国墓等。多为狭长形竖穴土坑墓。随葬器物陶器有尖底盏、大口釜、小口高领釜、缶和平底罐。铜容器有鍪、尖底盒、罍、球形敦、上下连铸的釜甑、鼎等。铜兵器常见直腰式钺，矛多见长骹，戈中三角形援无胡者多见，剑多见窄身无虎皮斑纹或剑身较短和宽茎上两穿居正中者。战国中期以新都战国木椁墓、成都金沙巷2号墓为代表。这一时期除大型墓外，仍然盛行狭长形竖穴土坑墓，葬具有船棺和木板。随葬器物中陶器主要有圜底罐、小口釜、大口釜、矮圈足豆、中柄豆、圜底和平底钵等。铜容器常见有鍪、釜、釜甑、壶、罍、缶、盘、匜、敦、豆、鼎、甗等。铜兵器中钺变为束腰式，剑以虎皮斑纹宽身剑为主，矛多见短骹式。战国晚期以大邑五龙墓葬为代表。仍然盛行狭长形竖穴土坑墓，开始出现长方形竖穴土坑墓，多无葬具，船棺仍然存在，出现小型木椁墓。随葬器物中陶器主要有矮圈足豆、带柄豆、上下连体的釜甑、小口瓮、大口釜、釜形鼎等。铜容器主要是上下分铸的釜甑、肩颈分界明显的鍪和双耳釜等。铜兵器以戈、矛、剑、钺为常见，开始出现改装式剑。部分墓出土半两钱和少量铁器。秦代墓以大邑五龙乡19号墓和什邡城关一部分墓为代表。盛行长方形竖穴土坑墓。随葬器物中陶器主要为大口瓮、小口瓮、釜形鼎、折腹盆、甑、小口高领罐、豆、釜等。铜容器有釜甑、鍪等，铜兵器中改装式剑和中原式剑增多。出现铁剑及大量铁工具。川西南地区又分为荥经和犍为两个小地区。荥经地区以同心村、南罗坝等墓葬为代表，分为三期：一期以南罗坝村墓葬为代表，均为长方形竖穴土坑墓，墓坑不很规整，不见葬具。随葬陶器中有小口釜、大口釜、豆和钵。铜容器有釜、鍪、盆，铜兵器有戈、矛、剑、钺。时代为战国中期。二期分为早、晚两段。早段以同心村甲类墓为代表，为狭长形竖穴土坑墓。随葬器物中陶器有小口球腹釜、大口釜、弧腹平底钵、中柄豆、大圈足豆等。铜容器有釜、甑、鍪、缶等，铜兵器有戈、矛、剑等。晚段以同心村乙类墓为代表，为狭长形竖穴土坑墓。随葬器物中陶器主要有小口釜、侈口束颈釜、矮圈足豆、弧腹平底钵、圜底钵、缶等。铜容器有釜、鍪、钵、盆，铜兵器有戈、矛、剑等。时代早段为战国晚期偏早，晚段为战国晚期偏晚。三期以同心村丙类墓为代表，为狭长形竖穴土坑墓。随葬器物中陶器有双耳釜、折腹钵、盆、大口罐、小口瓮、大口瓮、矮圈足豆、尖圜底釜。铜容器少有釜、鍪，铜兵器有戈、矛、剑。漆器有奁、盒、双耳长盒等。铁器多见，有鍪、铜耳铁鍪、环柄刀、铜柄铁刀等。时代为秦代。犍为地区以金井乡和五联乡墓葬为代表，为长方形竖穴土坑墓。随葬器物中陶器以釜、罐、豆、钵、盒、鼎为代表性器物。铜容器有釜、鍪、釜甑等，铜兵器有剑、矛、钺。时代为战国晚期[15]。

战国时期遗址的分期主要是对成都上汪家拐街遗址和成都青羊宫遗址的分期。

孙华将上汪家拐街遗址分为两段，遗址第5层、8号灰坑为第一段，6号灰坑、第4B层为第二段。青羊宫遗址第3层、第4层为第一期，第2层为第二期。两处遗址的上汪家拐街第一段和青羊宫第一期相当于为战国早、中期；上汪家拐街第二段和青羊宫第二期相当于战国晚期至秦代[16]。

江章华、王毅、张擎将战国时期蜀文化遗址称为上汪家拐遗存，分为三期：一期以第5层、8号灰坑为代表；二期以6号灰坑为代表；三期以第4B层为代表。青羊宫遗址与上汪家拐三期相当。它们的年代是一期为战国早期，二期为战国中期，三期为战国晚期至西汉初年[17]。

李明斌将战国时期的遗址和墓葬进行了统一的分期。他认为上汪家拐遗址的第4B层应属西汉前期。属于战国遗存的有遗址第5层、第6层、6号灰坑、7号灰坑和8号灰坑。这些地层单位从出土器物看可分两组：1组为第5层、第6层，陶器以釜、鼎为组合；2组以6号、8号灰坑为代表，陶器组合为豆、釜、鼎、尖底盏和器盖。两组陶器组合基本一致，而且形态特征表明它们前后依次发展，年代紧密相连，均属同一时间刻度。青羊宫遗址第3层、第4层与上汪家拐街遗址第2组年代相当。成都地区战国时期墓葬分为甲类墓——竖穴土坑墓以成都中医学院墓为代表；乙类墓——独木棺墓以成都百花潭中学10号墓、新都战国木椁墓为代表；丙类墓——木椁墓以大邑五龙1号、2号墓为代表。三类墓共分为三期五段：第一期包括Ⅰ、Ⅱ段，陶器组合为尖底盏、豆、釜，铜器有中胡有牙戈、柄孔不在脊线上的柳叶形剑、锋刃与骹比例相当有系的矛、大耳鍪和釜甑，时代为战国早期。第二期为Ⅲ段，陶器以尖底盏、豆、釜、盒为组合，铜器有形式多样的戈、剑、矛、钺等兵器及鍪、鼎、敦、壶、缶、甑等容器，时代为战国中期。第三期包括第Ⅳ、Ⅴ段，陶器组合为鼎、豆、釜，铜器有中胡无牙戈、穿孔不在中脊线及仅有1穿的柳叶形剑、宽刃矛、圆刃钺，铜容器以釜、小耳鍪为常见，时代为战国晚期至秦统一。遗址和墓葬的年代关系为第一期，百花潭中学——中医学院期，为战国早期或略晚；第二期，新都马家期，为战国中期；第三期，上汪家拐期，为战国中晚期之际；第四期，蒲江东北——大邑五龙（1号、2号墓）期，为战国晚期至秦统一[18]。

以上是各家对战国时期蜀文化分期和年代研究的大体情况。他们写作的时间有早有晚。各家的意见有共同之处，也有差异的地方，有些意见在新材料发现后需要修正。这些反映了学术研究的历程，也是学术研究进一步深入所不可避免的。通过不同意见的讨论才能达到共识，通过进一步的讨论必然能建立科学的战国时期蜀文化的年代学。

## （四）蜀文化的分期和编年

这是将蜀文化的各个时期，即三星堆文化时期、十二桥文化时期、战国文化时期统一进行分期和编年的研究。这三个时期是一脉相承，有继承有发展，是蜀文化在不同历史时期的发展和演变。

宋治民在其发表的论文《早期蜀文化分期的再探讨》[19]、《蜀文化尖底陶器初论》[20]和《蜀文化尖底陶器续论》[21]的基础上，将蜀文化拉通作了分期和编年的研究。首先将成都平原上蜀文化时期各遗址和墓葬出土的陶器分为三组：以小平底罐、高柄豆、圈足盘、鸟头柄勺为基本组合的为第一组；以尖底陶器的出现而小平底罐、高柄豆依然存在，圈足盘业已消失这样的组合为第二组；以圜底釜、圜底罐、尖底盏、无柄豆为主要组合的为第三组。这三组陶器有两组地层叠压关系，三星堆遗址的发掘报告在主要收获部分已讲得很清楚“1984 年 4 月和 12 月我们配合砖厂取土，又在三星堆西南约 300 米处发掘了 100 平方米的面积（简报正在整理中）。这里文化层堆积较薄（约 1 米），仅有两层。下层的堆积同三星堆晚期的堆积完全一致。上层所出土的陶器与新繁水观音遗址所出相同，尤其是水观音的细泥尖底杯、尖底罐等典型器在上层大量出现”[22]。这就说明出尖底器的地层晚于不出尖底器的地层。出尖底器的这一地层以后被称为三星堆遗址第四期文化。第二组叠压关系如成都中医学院战国土坑墓，出土陶器有尖底盏、圜底釜。发掘简报介绍墓葬所处的地层关系是“此墓开口于浅黄色土层。其上层为汉代文化层，出有绳纹瓦当等物；其下层为黄色粘土，再下层为青灰色土层，青灰土中出有小平底陶罐、尖底陶杯、陶高柄豆等商周器物”[23]。这一地层关系说明小平底罐、尖底杯、高柄豆这一组合早于尖底盏、圜底釜这一组合。这些地层叠压关系说明这三组陶器组合的相对早晚关系。这种早晚的演变是渐进的，即第一组组合中的小平底罐、高柄豆在第二组组合中仍然存在，而第三组组合中流行的圜底釜在第二组组合中已开始出现，第二组组合中的尖底盏在第三组组合中依然有出土。这三组陶器所代表的文化是一脉相承的继承与发展关系。它们既有继承与发展，又有明显的阶段性。这就为蜀文化的分期和编年研究打下了基础。以这三组陶器及共同伴出的陶器，结合地层关系进行谱系研究，发现各种器物前后之间的演变是有规律的（图四七）。这些陶器在口部、肩部、腹部和底部都有变化。根据这些变化将它们分为五期七段：一期包括一段、二段，二期为三段，三期包括四段、五段，四期为六段，五期为七段。蒙文通先生说："孟子说'观水有术必观其澜'。观史亦然，须从波浪壮阔处着眼。浩浩长江，波涛万里，须能把握它的几个大转折处，就能把长江说个大概。读史也须能把握历史的变化处，才能把历史说个大概。"[24]蒙先生这里说的是历史学研究，对考古学的研究也同样有指导意义。蜀文化陶器的演进从早到晚有几处较大的变化：第一个较大的变化是在第三段，出现了大口盉（流）。第二个大的变化是在第四段，出现了尖底器、圜底器，而圈足盘消失。第三个大的变化是在第六段，主要是尖底陶器的变化，它们的尖底都不规整。第四个大的变化是在第七段，许多器物消失了，只有尖底盏、豆、圜底釜延续了下来。这时出现了铜尖底盒。它是由尖底陶罐加上尖底盏演变而来。这几处变化区别明显又有联系。在这几处大的变化之中，每一段器物的形制都有细小的变化，结合地层关系可知这是时代先后的变化。这五期中第一期以三星堆遗址二期、三期为代表，为三星堆文化；第二期以月亮湾二期为代表，包括成都羊子山土台基址的上层，应归属三星堆文化；第三期以十二桥遗址、三星堆1号、2号祭祀坑为代表，包括新繁水观音遗址、成都指挥街遗址、雅安沙溪遗址等，为十二桥文化；第四期以金沙遗址、新一村遗址为代表，包括岷江小区等遗址，亦应归属于十二桥文化；第五期以成都上汪家拐街遗址、青羊宫遗址以及众多战国墓葬为代表。它们的年代是第一期根据陶器中的盉和陶器上的云雷纹，定为商代；第二期根据陶器上的重菱纹和其他纹饰与陕西长安沣西张家坡遗址出土陶器纹饰相比，将其定为西周前期；第三期出土陶器变化大，定为西周后期至春秋；第四期从尖底器底部的变化看，应晚于第三期，定为春秋后期；第五期陶器的器类大减，结合出土铜器，定为战国时期。这个分期较为粗疏，每期都包括若干年在内。待有更多的新材料出土后还可以进一步细分[25]。

以上关于蜀文化的分期和编年研究，可以说是见仁见智，众说纷纭。它反映出20世纪80年代以来学术界对蜀文化研究的一个方面。

## 注　释

[1] 四川省文管会等《广汉三星堆遗址》，《考古学报》1987年第2期。

[2] 孙华《试论广汉三星堆遗址的分期》，《南方民族考古》第5辑，四川科学技术出版社1993年版。

[3] 四川省文物考古研究所《三星堆祭祀坑》424页，文物出版社1999年版。

[4] 江章华、王毅、张擎《成都平原先秦文化初论》，《考古学报》2002年第1期。

[5] 赵殿增、李明斌《长江上游的巴蜀文化》188～192页，湖北教育出版社2004年版。

[6] 同［5］278页、286页。

[7] 同［5］316～325页。

[8] 江章华、李明斌《古国寻踪》177～183页，巴蜀书社2002年版；同［4］。

[9] 四川省博物馆《四川船棺葬发掘报告》83页，文物出版社1960年版。

[10] 四川省文物考古研究院《什邡城关战国秦汉墓地》，文物出版社2006年版。

[11] 宋治民《略论四川战国秦墓葬分期》，《中国考古学会第一次年会论文集》，文物出版社1980年版。

[12] 霍巍、黄伟《蜀人墓葬的分期》，《巴蜀历史民族考古文化》，巴蜀书

社 1991 年版。
[13] 刘雨茂《试论川西发现的船棺葬》,《华西考古研究》(一),成都出版社 1991 年版。
[14] 毛求学《试论川西地区战国墓葬分期》,《华西考古研究》(一),成都出版社 1991 年版。
[15] 江章华、张擎《巴蜀墓葬分区分期初论》,《四川文物》1999 年第 3 期。
[16] 孙华《成都十二桥遗址群分期初论》,《四川考古论文集》,文物出版社 1996 年版。
[17] 同 [4]。
[18] 李明斌《成都地区战国考古学遗存初步研究》,《四川文物》1999 年第 3 期。
[19] 宋治民《早期蜀文化分期的再探讨》,《考古》1990 年第 3 期。
[20] 宋治民《蜀文化尖底陶器初论》,《考古与文物》1998 年第 2 期。
[21] 宋治民《蜀文化尖底陶器续论——兼谈成都金沙遗址的时代》,《四川文物》2005 年第 6 期。
[22] 四川省博物馆《广汉三星堆遗址》,《考古学报》1987 年第 2 期。
[23] 成都市博物馆考古队《成都中医学院战国土坑墓》,《文物》1992 年第 1 期。
[24] 蒙默《蒙文通学记》1 页,三联书店 1993 年版。
[25] 宋治民《蜀文化研究之反思——为纪念三星堆祭祀坑发现二十周年而作》,《四川文物》2006 年第 4 期。

# 结束语

## （一）蜀文化是长江上游的文明中心

根据大量考古资料，蜀文化是包括了三星堆文化时期、十二桥文化时期和战国时期。在这一系列的考古学文化中有些地方还有一定的缺环，如十二桥文化时期，还需要更多的考古新发现和对一些材料的重新认识，但这个历史框架应该是成立的。作为一个考古学文化，蜀文化是成都平原上土生土长的青铜文化。它孕育、发源于新石器时代的宝墩文化，在发展演进的过程中不断吸收其他文化因素，从而形成了丰富多彩的青铜文化。古蜀文明的产生是本地区宝墩文化生产力不断发展的结果，但同时也受到了外来文化的影响和刺激，

宝墩文化发现多座用堆筑、夯打技术修建的城墙。这些城墙不挖槽，不设环壕，显然和大体同时的中原地区龙山文化城墙的建筑方法有一些差异，显现出了地方特色。另外，在宝墩文化晚期的郫县古城遗址中部，还发现了一座大型的房屋遗址，平面呈长方形，长 50 米，宽 11 米，面积达 550 平方米，建筑考究，房内有 5 个用卵石垒筑的长方形台子。这座房屋显然是为某种宗教仪式而修建的[1]。这些都说明在宝墩文化时期已经产生了某些文明因素，“说明以成都平原为中心的长江上游地区，在中国早期文明发展中与全国其他地方基本是同步发展的，并且进行着不同程度的文化交流。长江上游地区是中

国早期文明的一个重要区域”[2]。

进入三星堆文化时期，蜀文化已出现规模宏大的城址，发现了众多的青铜器、玉器等，虽尚无文字发现，但应已进入文明。三星堆城址面积大约3.6平方公里，始建于三星堆遗址二期，经遗址三期，至四期废弃。1998～1999年在月亮湾的发掘中发现一组叠压关系。99GSYT201的地层关系共分为14层，其中第9层压在夯土城墙之上，夯土本身压在第10层之上。第10层包含的陶片具有三星堆文化和宝墩文化的鱼凫村三期文化的特征。第11层以下为宝墩文化。由此可见，三星堆城址的城墙是压在宝墩文化之上。从城墙的结构和构筑的情况看，相比宝墩文化的城墙有很明显地进步。特别是部分城墙使用土坯垒砌，这在城墙建筑中是目前发现最早的[3]。

青铜器除了铜牌以外，主要出土在1号、2号祭祀坑内。对于1号坑、2号坑本身的年代尚有分歧，但对坑内出的青铜器大约为商代晚期这一点并无疑义。三星堆遗址仓包包和广汉高骈乡出土的4件铜牌饰显然是源于二里头文化的偃师二里头遗址。从其器形看呈现出一种简化形式和地方特色[4]。两坑所出青铜器中具有地方特色的神树、人像面具等为在本地铸造，属于中原文化系统的青铜尊、瓿等也带有地方特点，也是在本地生产。从这些青铜器的器形、纹饰的复杂、多样和繁缛等方面看，铸造青铜器的技术已很娴熟，已形成高度发达的文明。当然并不排除在蜀文化的发展中受到中原文明的影响。

三星堆出土众多玉器除了中原文化常见的玉器种类，也有一部分体现了本地的特色。例如，出土的牙璋中射部“V”形的那一种就应是本地的产品。还有一种玉器，器形像戈，但锋部又开叉，阑部有齿。有的将其归属璋类（如《三星堆祭祀坑》)，有的将其归属戈类（如《金沙——再现辉煌的古蜀王都》)，也有的称其为戈形器（如《金沙淘珍》)。就这类玉器的形制而论，既有牙璋的特点也有戈的特点，应是牙璋和戈混合的产物。迄今为止，这种玉器仅在蜀文化中发现。除了三星堆遗址，金沙遗址也有发现，是玉牙璋和玉戈在蜀文化中流传、发展和演变的结果，当然为蜀地生产。三星堆文化、十二桥文化除了青铜器，玉器也很发达。夏鼐先生指出：殷墟文化还有它的一些自已独有的特点。玉石雕刻便是这种特点之一，属中国文明的个性[5]。蜀文化的许多玉器都带有中原商周文化玉器的特点，也有一部分有自身的特点，所以说蜀文明虽有自已的个性，但它是中华文明的组成部分，是华夏文明的一个地方型文明。

三星堆城址的布局和区划分工虽然目前尚不清楚，但冯汉骥先生早就指出“根据我们解放后多次在广汉调查和试掘的情况来看，这里文化层的堆积很厚，范围相当广泛。很可能此处原来是古蜀国一个重要的政治经济中心，而发现玉器的地点，即为其手工业作坊所在地，历年来出土的玉石成品、半成品和石坯，应该就是这个作坊的遗物”[6]。有学者指出：“这两个祭祀坑中埋入的器物，能明显地看出各坑器物与器物间的差距。它们都不是专为这两次祭祀而铸造的祭祀品和用器，而是原来在宗庙中各自经过数十载乃至上百载的使用过程中积累下来的宗庙用器。”[7]更有学者指出：“1 号坑出土的遗物更像是一个宗庙内陈列的器物，青铜人头像是蜀国各部族首领的形象，金杖是权力的象征，其他器物主要是祭器或礼器。因此 1 号坑或许是宗庙器物埋葬坑。而 2 号坑的出土遗物则主要反映了太阳崇拜。象征太阳的太阳神器，或许包括鸟和人眼造型；

象征太阳升降之所的神树。这些都是被崇拜被祭祀的对象……因此2号坑出土的遗物，可能是神庙中的陈列品，而这个神庙可能就是太阳神庙。2号坑或许应为神庙祭祀器物埋葬坑。”[8]他们据此认为三星堆文化是宗庙和神庙并存。这些政权和神权并存，构成三星堆文化和夏、商、周文化的差异。

十二桥文化的大型木构宫殿建筑、成都羊子山土台建筑、成都金沙遗址的各个功能区如宫殿区、祭祀区和居住区等都表明十二桥遗址、金沙遗址不是一般的遗址。它们应和羊子山土台作为一个整体来看，由此构成这一时期的政治、经济、文化（包括宗教）的中心。

根据考古发现和研究，三星堆文化的三星堆遗址、十二桥文化的十二桥遗址和金沙遗址都具备了都邑的条件和功能。蜀文化是长江上游的文明中心得到了考古学的支持。

## （二）蜀文化和周围考古学文化的关系

### 1. 三星堆文化时期

（1）与汉中盆地宝山文化的关系。宝山文化分布于陕西省南部的汉中地区，是相当于商代的一种地方考古学文化[9]。从出土陶器看，其主要器物和组合与三星堆文化相比是各有特点。三星堆文化的小平底罐、圈足盘、三足形器、鸟头柄勺、瓶、平底盘等均不见于宝山文化。而宝山文化的高颈小平底尊、扁腹壶、有鋬圈足尊、高圈足形杯、釜、圈足罐等也不见于三星堆文化。这些说明它们是不同的考古学文化。有些器物如高柄豆、高柄豆形器座在两地都有发现，但它们在器形上也有差异。如果说它们相互有影响也说得通。在铜器方面，宝山文化出土铜器中属于中原文化的有鬲、鼎、簋、瓿（原称罍）、尊、提梁卣、壶、觚、爵、罍、觥、盘等。三星堆文化的青铜器属于中原文化的仅有尊、瓿（原称罍）和盘，其种类远少于宝山文化。宝山文化的铜瓿从形制看是属于商文化二里冈期白家庄墓葬出土的铜瓿（原称罍）[10]。只是器形比白家庄墓的瓿高大。这种器物由郭宝钧先生和马承源先生考证为瓿。三星堆文化的铜瓿就形制来说，与宝山文化铜瓿相似，只是三星堆铜瓿的兽面纹有云雷纹作地纹，宝山文化铜瓿的兽面纹无云雷纹作地纹。三星堆铜瓿的肩部有立鸟、羊头，而宝山文化铜瓿无有。这是它们的不同之处。三星堆铜瓿比白家庄墓的铜瓿高大，而和宝山文化铜瓿大小相近。可以说三星堆铜瓿是在继承白家庄墓铜瓿的基础上有所发展，或者说是在继承宝山文化铜瓿而在纹饰上有进一步发展。三星堆文化的这种铜瓿在中原地区未有发现，而在南方的湖北[11]、湖南[12]、江西[13]等地有发现，另在陕西有发现[14]，可能是在我国南方继续流行。再如尊，郭宝钧先生认为铜尊系仿制陶器，圆形，圜底无足不易立（见《商周青铜器群综合研究》第 147 页）。宝山文化的城洋青铜器的 A 型尊为敞口、束颈、圆肩、圆腹、圜底、圈足，如果去掉圈足就像一个圜底罐。根据郭先生的意见，这种 A 型尊可能就是圜底陶罐演化而来，是尊的早期形式。三星堆文化和宝山文化的铜尊、铜盘的形制大体相同。尊、瓿、盘都为商文化的铜器。大约这些铜器先传播、影响到汉中盆地的宝山文化，然后又南传影响到成都平原的蜀文化。当然并不排除商文化的影响由长江中游溯江而上到达成都平原，或溯汉水而上然后到达成都平原。有很大可能四川盆地西部和外面的联系有多条通道，而不是只限于某一通道。

（2）与中原夏、商文化的关系。蜀和中原夏、商虽然距离遥远，但他们之间很早便有交往。《尚书·牧誓》曾记述蜀人参加武王伐纣的联军。20世纪50年代在彭州竹瓦街发现的第一座青铜器窖藏出土的铜器中，有两件觯均有铭文：一为“覃父癸”，一为“牧正父己”。徐中舒先生考证这两件铜器为殷代两个家族的铜器，是蜀人参加武王伐纣的最直接有力的物证[15]。三星堆出土铜器中有一种铜牌饰，仓包包祭祀坑出土3件，另有广汉高骈乡出土1件[16]，为一种基本呈长方形的铜牌。这类铜牌在二里头文化的河南偃师二里头遗址也有发现[17]。对比两地发现的铜牌，二里头铜牌造型和纹饰显得生动流畅，而三星堆铜牌却显得呆板，纹饰图案化强，属于一种蜕化的形式。它们显然仿自二里头铜牌而在蜀地铸造。三星堆1号、2号祭祀坑出土青铜器中的尊、瓿（原称罍）、方瓿、盘以及1号坑出土的圆肩、扁圆腹、器形较矮的瓿等均有中原文化的因素。玉器中的牙璋、戈、璧环类器，为中原文化因素。陶器中的盉、高柄豆等也有中原夏、商文化的因素，陶器纹饰中的云雷纹、重菱形纹等也应是受到中原文化的影响。蜀文化接受中原文化的器物是有选择的。在众多的商文化铜器中，只选择了尊、瓿、方瓿和盘等几种，而那些出现频率较高的爵、觚、鼎、簋等却被蜀文化扬弃。这大约与蜀人的社会意识和习俗等有关。

（3）与长江中游地区的关系。从已发现的考古材料看，蜀文化的三星堆文化时期与长江中游的重庆市、湖北西部地区相互的影响不是很大。重庆市三峡库区和湖北西部发现的三星堆文化因素并不多，主要有小平底罐、鸟头柄勺。在小平底罐中也只有那种圆肩、腹部较深的器形和三星堆文化有一定的关系。那种大口、肩部突出、器身较矮的小平底罐和三星堆文化的小平底罐区别甚为明显。这种小平底罐在十二桥文化中却有大量出土。至于众多的尖底器则不属于三星堆文化的器物。出土的器盖两地皆有，目前还说不清楚是谁影响了谁。重庆忠县中坝遗址Ⅱ发掘区发掘简报的结论说小平底罐、高柄豆具有三星堆文化因素[18]。另外，三星堆遗址仁胜村土坑墓出土的玉锥形器[19]和三星堆遗址、金沙遗址出土的玉琮应是来自长江下游的良渚文化。尤其是金沙遗址出土的十节长玉琮从器形到纹饰都与良渚文化同类器物非常相似，并且经检测其玉料也不是成都周围所产。估计这件玉琮应是从良渚文化直接传来，在蜀文化中流传下来。从长江下游到长江上游的成都平原，当然要经过长江中游地区。但也有另一种可能，即良渚文化的玉器传入中原地区为中原文化吸收，再传播到蜀文化中。

**2. 十二桥文化时期**

十二桥文化是三星堆文化以后蜀文化的又一个发展时期。十二桥文化的许多器物是由三星堆文化演变而来。它们之间有地层叠压关系[20]。十二桥文化时期，蜀文化也和其他地区的考古学文化有交往和影响。

（1）汉水上游地区。《城洋青铜器》一书说“大约在接近商代末期，宝山文化的族体至少有一部分北迁到关中地区，发现于今宝鸡渭河南岸地区的‘強国’墓葬等即为在此立足、发展的文化遗存”。“是主要续存于西周早期的遗存”。“还要提及的是，两周时期城洋一带的考古学文化仍具有地方特点”[21]。果真如此，则在宝山文化有一部分先民在向北迁移的时候，在汉中地区仍有一部分人在原地生活并与十二桥文化继续发生交往和影响。从十二桥文化的许多陶器看是深受宝山文化的影响，如十二桥遗址出土的Ⅰ型3式尖底杯、Ⅰ型1式豆都和宝山文化同类型器物十分相像。另外，十二桥遗址的Ⅰ型1式尖底杯为直口、高领、折肩，斜腹内收成极小的平底，不易直立，故称尖底杯。这式尖底杯和宝山文化的A型小底尊形杯有相似之处，也和湖北西部清江香炉石遗址为代表的B型、C型尖底杯相似[22]。十二桥这种Ⅰ型1式尖底杯可能由小平底罐演变而来。有学者指出：三星堆遗址四期（著者按：属十二桥文化）“小平底罐几乎完全演变成小平底钵，另有向尖底杯演进的”[23]。在这个演变的过程中，可能受到宝山文化的A型小底尊形杯的影响。因为宝山文化中小底尊形杯不仅出土数量多，而且贯穿宝山文化的早晚，为其代表性的陶器之一。这类尖底杯不见于三星堆文化，是在十二桥文化中才出现的。

属于十二桥文化的彭县竹瓦街青铜器窖藏出土两批铜器，其中铜罍9件。有6件为中原地区的形制，器形为“广肩而锐下”，肩有两耳，下腹一侧有鼻（鋬）。另3件器形“有类乎圆壶”，圆肩弧腹，肩有两耳。这种罍和商周时期常见的罍形制略异。青铜罍在殷墟文化中出现于二期[24]，以后到西周时期依然流行，在四川则一直到战国时期仍有发现。竹瓦街这6件铜罍形体高大，形制与《城洋青铜器》中的B型、D型罍相似，尤其与D型罍几乎完全一样。唯竹瓦街罍有盖，而城洋罍无，还有它们的纹饰不同。另3件罍的形制也见于陕西宝鸡地区強国墓葬的纸坊头強伯墓、茹家庄強伯墓。它们各出土1件[25]。十二桥文化竹瓦街窖藏铜罍很可能是接受了城洋青铜罍和強国青铜罍的影响，或由中原地区通过汉水上游地区传至成都平原。

十二桥文化的竹瓦街窖藏、新繁水观音墓葬都出土有三角形援无胡铜戈。这类戈的起源地目前有三种说法：第一种起源于中原地区；第二种起源于汉水上游地区；第三种起源于泾渭三角地带。这三种说法都有一定的道理，目前还没有统一的结论。在《城洋青铜器》中无胡三角形援戈有83件之多，数量可观。它们对蜀文化中的铜戈应有影响，特别是冯汉骥先生定为Ⅲ式蜀戈的那种援呈正三角形的铜戈。就是无胡三角形援戈不是起源于汉水上游地区，该地区对蜀文化铜戈的影响也是存在的。

（2）中原地区。从目前材料看，十二桥文化和中原文化只有一些间接的关系。竹瓦街铜罍虽然可能来自汉水上游的宝山文化，但这种罍最早发现于中原商文化的殷墟二期，也有可能是通过汉水上游地区传至成都平原的。三角援无胡戈在殷墟也有发现。这些可视为与中原商、周文化存有某些关系。

（3）长江中游地区。如果说蜀文化的十二桥文化时期和中原商、周文化的关系，目前材料尚显薄弱，那么它与长江中游地区的关系却相当密切。配合三峡水库的建设，在三峡库区进行了大规模地考古发掘，发现许多文化因素和十二桥文化关系密切。例如，忠县哨棚嘴遗址[26]、忠县中坝遗址[27]、万州中坝子遗址[28]、云阳李家坝遗址[29]等。这些遗址出土了小平底罐、圜底釜、尖底盏、尖底杯等，另有高柄豆、高柄豆形器座。其中圜底釜向东可以追溯到湖北清江香炉石遗址[30]，再向东可到江陵的荆南寺遗址[31]。尖底杯也是香炉石遗址的常见器物之一。关于高柄豆，邹衡认为是二里头文化传播至三星堆[32]，可能通过长江中游地区。高柄豆形器座在忠县哨棚嘴、万州中坝子等遗址有发现，在湖北的秭归县也有发现[33]，并被称为灯形器。长江中游地区和成都平原在十二桥文化时期应是有联系和交往的。

**3. 战国文化时期**

战国时期，蜀文化墓葬材料较多，遗址发掘较少。它们和其他地区的关系主要是北方的中原地区和秦、东方的楚和巴。

（1）中原地区和秦国。蜀的北方为秦。周东迁以后，今日的陕西关中地区为秦所有，春秋时期发展成大国。这一时期，蜀的势力也比较强大，向北达到陕西汉中地区。秦蜀在南郑多次发生接触和战争。《华阳国志·蜀志》所说的蜀的疆域“北与秦分”，据蒙文通先生考证其时代应在“秦穆公前后，而不到周初”[34]。蜀曾一度占领南郑，并攻秦至雍，即《华阳国志·蜀志》所说的“卢帝攻秦至雍”。雍为秦的都城，即使在迁都咸阳以后，其宗庙仍在雍。这已为考古材料所证实。由此可见，蜀势力之强大。这些交往包括战争与和平往来。在《史记》、《华阳国志》等文献材料中颇有记载。蜀通过秦与中原地区也发生了交往。考古发掘资料中多有中原文化系统的器物出土。例如，铜器中成都百花潭中学10号墓的鼎、壶，新都木椁墓的盖豆、壶、罍、瓿，成都三洞桥墓的罍，绵竹清道墓的豆、壶、钫，羊子山172号墓的小铜鼎、钫、盉等都为中原文化、秦文化中流行的器物。即使有的可能在蜀地生产，也是仿制中原文化和秦文化的。出土的无胡三角形援铜戈，尽管其渊源有几种意见，它们来自蜀的北方应无问题。

出土陶器也有不少是来自中原和秦国。例如，大邑五龙战国墓出土一种陶钵，4号墓出土12件。这种陶钵在河南郑州二里冈战国墓中共出土41件，称为Ⅰ式碗，时代从战国早期至汉初[35]。陕西清涧李家崖7号墓也出有这种陶钵，称为Ⅱ

式钵，时代为战国早期[36]。盖豆出土的有蒲江东北乡战国墓，犍为金井、五联战国墓。陶盖豆为中原地区常见陶器，与鼎、壶组成一套颇有时代、地域特点的组合。成都羊子山172号墓出土的1件陶茧形壶则是秦的典型器物。另外，什邡城关的漆盘也应为秦器。

同时，蜀文化的一些器物也为中原地区和秦吸收。例如，铜鍪是晚期蜀文化常见的，秦举巴蜀后流入秦国，在秦统一全国的过程中被带至各地，在湖北云梦、广州[37]、内蒙古[38]都有出土。甚至蜀文化的铜矛，在北方草原地区的甘肃庆阳也曾有出土[39]。

（2）楚国和巴地。春秋时期楚成为南方大国，从出土器物看，楚不完全奉行周制，如列鼎多偶数。蜀和楚中间虽隔有巴，但蜀楚之间仍有许多接触。《史记·六国年表》和《楚世家》都记载“（楚）肃王四年，蜀伐楚取兹方”，于是“楚为扞关以距之”。蒙文通先生考证认为“就说明肃王前后是西侵巴境的时期，巴蜀就必须联合起来，对抗楚的侵略”[40]。蜀曾一度占据汉中地区西部，在这里和楚有接触。正因为蜀楚之间有过许多接触，故在成都平原上发现了许多楚器。例如，新都木椁墓出土的铜鼎、敦，成都西郊墓出土的铜敦、缶，绵竹清道墓出土的铜敦，羊子山172号墓出土的大铜鼎、炉，荥经同心村墓出土的铜缶，简阳战国窖藏出土的铜缶[41]，什邡城关墓地出土的铜敦。这些都是楚文化有代表性的铜器。

陶器有犍为五联墓出土的缶，什邡城关墓地25号、51号墓出土的缶。

漆器有羊子山172号墓出土的漆盒、奁等。

巴和蜀边境相邻，犬牙交错，双方接触更多。巴和蜀许多器物相同，如铜容器中的鍪、釜、釜甑，铜兵器中的剑、钺，陶器中的小口圜底罐、圜底釜、无把豆。巴蜀交往很多，相互影响是很自然的。

(3)“西南夷”地区。西南夷是古代中原地区的人们对我国西南地区各民族的称呼。司马迁在《史记》中曾为西南夷立传，大约指今日甘肃西南部，四川岷江上游地区、雅砻江流域、安宁河流域，云南的滇池地区、洱海地区，贵州西部地区。因为蜀是当时西南地区最先进的，所以不能不对西南夷地区产生影响。“西南夷”一般沿用司马迁的说法。这里叙述的事远在司马迁以前。为了叙述方便，仍然借用“西南夷”这一称谓。

岷江上游地区：此为石棺葬分布的地区。茂县牟托1号石棺墓出土有蜀式铜剑、戈，年代为战国[42]。茂汶城关共发掘46座石棺墓，出土蜀文化器物有铜鍪、釜、铁鍪[43]。

安宁河流域：此为大石墓分布地区。1977年大渡河以南的峨边县发现7柄蜀式剑，为窖藏出土，7柄剑长短有序[44]。越西县华阳村两座用白膏泥封固的墓葬，出土一批铜器，其中有蜀文化的铜釜、鍪、印章，时代为汉初[45]。用白膏泥封固的做法也应来自蜀。另外，在会理县的瓦石田出土1件三角形援无胡戈的石范[46]。盐源的柏林山、昭觉县城、竹核也发现有蜀式戈。

滇池地区：这里是滇人的活动地区。蜀文化对这一地区的影响主要是兵器中的戈。滇文化的戈有自身的特点，主要为无胡戈。这一点可能受蜀文化的影响，时代为战国晚期[47]。

贵州省西部地区：以赫章、威宁为中心的黔西北地区，学术界多认为是夜郎的范围。这里发现的无胡戈，形制和蜀式戈相似，也和滇文化戈相似，还发现有蜀式铜剑和仿蜀式剑的铁剑[48]。

从以上材料看，“西南夷”各民族都不同程度地受到了蜀文化的影响。蜀文化作为中原与西南地区交往的桥梁起到了重要的作用。

## （三）蜀的历史是中国古代史的组成部分

中国是一个统一的多民族的国家。古代中国也是这样。在历史进程中各民族通过交往、融合，有一些古代民族已经不存在了。这是历史的事实。在研究中国古代史的时候，就不能不研究各民族的历史。在研究先秦史的时候就不能不研究蜀的历史。李学勤指出：“可以断言，如果没有对巴蜀文化的深入研究，便不能构成中国文明起源和发展的完整图景。考虑到巴蜀文化本身的特色以及与中原、西部、南方各古代文化间具有的种种关系，中国文明研究中的不少问题，恐怕必须由巴蜀文化求得解决。”[49]20世纪以来，大量考古材料的出土和对这些材料的研究，从物质文化方面勾画出了古蜀历史丰富多彩的画卷。不但了解古代蜀人的生产、生活等方面的情况，也通过物质文化的研究了解当时人们的精神生活。

古蜀地区很早就与中原地区有联系。三星堆文化时期青铜器铸造使用陶范，一些容器或中空的器物使用复合范[50]，显然属于华夏的文化传统[51]。蜀文化铜器固然有自身的特点，但一开始便接受了中原文化的影响，陶器方面也是如此。到晚期蜀文化不但接受了中原文化和楚文化的影响，制作了不少铜器和陶器及其他器物，在埋葬制度方面也接受了中原文化和楚文化的影响。这说明在社会意识方面也受到中原文化和楚文化的影响。蜀文化作为中国古代文化的组成部分不但有物质基础，也有思想基础。古代蜀文明是商周文明的组成部分，应把古蜀历史的研究纳入到整个先秦史的研究当中。

## （四）蜀文化研究的展望

20世纪后半叶，四川考古学研究和全国一样进入了黄金时代[52]。一系列重要的考古发现，使得古蜀历史的研究跳出了传说的体系，开辟了一条新的研究途径。这就是以古代蜀人在生产、生活各方面留下的遗迹和遗物以及与生产、生活密切相关的环境、植被等方面的信息来研究古代蜀的历史。三星堆遗址的发掘、金沙遗址的发掘展现了早期蜀文化已是高度发达的文明，并且具有中华文明的特点。晚期蜀文化在当时人们的生产、生活、埋葬制度、礼仪方面也提供了丰富的信息。迄今为止，三星堆遗址有很大部分没有发掘，金沙遗址也正在发掘之中，相信会有更多材料出土。今后关于蜀文化的研究会更进一步深入，任务也会加重，年轻的考古学家也会在工作的实践中锻炼和成长。

关于蜀文化研究有以下一些意见：

第一，尽快公布考古发掘资料。这是进一步研究的基础。在蜀文化研究中学者们在许多问题上有不同意见，这是正常现象。只有通过讨论才能达到共识，而新材料的公布可以验证各家的意见。

第二，加强对成都平原上新石器文化的研究。这对探索蜀文化的渊源很重要。特别是对鱼凫村三期文化的研究，因为它是介于宝墩文化和三星堆文化之间的遗存，是宝墩文化向三星堆文化演变的纽带。目前已有学者提出了“鱼凫村文化”的命名[53]，是一个很好的开端。这一文化命名的提出，对宝墩文化和三星堆文化的深入研究十分有利。

第三，关于蜀文化的分期和编年研究。学者们意见分歧较大，但是基本的发展序列已达到大同小异。大的框架已基本确立，只是在各期的年代上分歧明显。相信讨论的不断深入，最终会达到一致或基本一致的意见。应当注意的是月亮湾遗址二期文化。月亮湾遗址是三星堆遗址的一部分，发掘于1963年。因众所周知的原因，发掘报告未及时发表，直到20世纪90年代才由马继贤以追记的形式公布了发掘资料[54]。从月亮湾二期文化的陶器看，既有三星堆的圈足盘，又有十二桥文化的大口盉，其小平底罐和三星堆文化的小平底罐在器形上也有变化。十二桥文化盛行的陶器纹饰重菱形纹在成都平原上最早出现于月亮湾二期文化。这些表明它是介于三星堆文化和十二桥文化之间，在蜀文化分期和年代的研究上有重要意义。由于发掘时间早，发掘面积也不大，材料公布又晚，对它的认识远远不够，今后应加强这方面的研究。

第四，加强薄弱环节的研究。蜀文化研究中，西周和春秋时期无论是考古材料或是对它们的认识都很不足。在蜀文化中相当于商代的材料较为丰富，相当于战国时期的材料也很多，唯独相当于西周、春秋时期的材料少。在成都平原上，这一历史时期不可能是空白。一方面可能是田野工作不平衡，西周、春秋时期遗址和墓葬发现较少；另一方面也可能对这一时期的材料还没有认识到，还没有将它们识别出来。这就需要在两方面都加强工作。

第五，处理好文献材料和考古材料的关系。有关蜀人的文献记载属于后人整理的传说资料。这些材料虽说有历史的“素地”，但神话成分也较浓，所以要处理好它们的关系。苏秉琦先生指出：“现在史前考古已有了长足的发展，本身就可以大体复原远古时期漫长的历史，传说资料反而只起参照作用。若从整理传说史料本身来说，史前考古资料则已成为不可忽视的最可靠的参照系。”[55]这段话在研究蜀文化中也是适用的。传说中的蚕丛、柏灌、鱼凫，蒙文通先生认为蚕丛、柏灌、鱼凫都是一代之名，只有杜宇才是一人之名，他这一代称为蒲泽（卑）[56]。这些传说中的人物应是每一个时代领袖人物中的佼佼者。这和成都平原上宝墩文化、蜀文化的考古发现是吻合的。那就是远古时期，以成都平原为中心，四川盆地西部已有人们在这里繁衍生息。正是他们创造了蜀文化。

第六，用考古学的方法论研究蜀文化中的外来文化因素。分析哪些是来自中原的文化因素，哪些是秦文化、楚文化因素。这样将有利于对蜀文化和外界交往的正确理解。

## 注　释

[1] 成都文物考古研究所等《四川省郫县古城遗址 1997 年发掘简报》，《文物》2001 年第 3 期。

[2] 赵殿增、李明斌《长江上游地区的巴蜀文化》170 页，湖北教育出版社 2004 年版。

[3] 三星堆发掘材料尚未公布。同［2］215～217 页；孙华《四川盆地的青铜时代》305～306 页，科学出版社 2000 年版。

[4] 宋治民《蜀文化研究之反思——纪念三星堆祭祀坑发现二十周年而

作》，《四川文物》2006 年第 4 期。

［5］夏鼐《中国文明的起源》，《文物》1985 年第 8 期。

［6］冯汉骥、童思正《记广汉出土的玉器》，《文物》1980 年第 12 期。

［7］陈德安、魏学锋、李维刚《三星堆——长江上游文明中心探索》20 页，四川人民出版社 1998 年版。

［8］施劲松《三星堆器物坑再审视》，《考古学报》2004 年第 2 期。

［9］西北大学文博学院《城固宝山》，文物出版社 2002 年版；西北大学文博学院等《城洋青铜器》，科学出版社 2006 年版。

［10］河南省文物工作一队《郑州白家庄商代墓葬发掘简报》，《文物参考资料》1955 年第 10 期。

［11］彭锦华《湖北沙市郊区出土的大型铜尊》，《江汉考古》1987 年第 4 期。

［12］岳阳市文管所《岳阳新出土商周青铜器》，《湖南考古辑刊》第 2 辑（1984 年）。

［13］江西省文物考古研究所《江西新干大洋洲商墓发掘简报》，《文物》1991 年第 10 期。

［14］陕西省考古研究所《高家堡戈国墓》78 页，三秦出版社 1995 年版。

［15］徐中舒《四川彭县濛阳镇出土的殷代二觯》，《文物》1962 年第 6 期。

［16］四川省文物考古研究所三星堆工作站《三星堆遗址真武仓包包祭祀坑调查简报》，《四川考古报告集》，文物出版社 1998 年版；敖天照、王有鹏《四川广汉出土商代玉器》，《文物》1980 年第 9 期。

［17］中国社会科学院考古研究所二里头队《1981 年偃师二里头墓葬发掘简报》，《考古》1984 年第 1 期；中国社会科学院考古研究所二里头队《1984 年秋河南偃师二里头遗址发现的几座墓葬》，《考古》1986 年第 4 期；中国社会科学院考古研究所二里头队《1987 年偃师二里头遗址墓葬发掘简报》，《考古》1992 年第 4 期。

［18］四川省文物考古研究所《忠县中坝遗址Ⅱ区发掘简报》，《重庆库区考古报告集》（1998 年卷），科学出版社 2003 年版。

［19］四川省文物考古研究所三星堆工作站《四川广汉三星堆遗址仁胜村土坑墓》，《考古》2004 年第 10 期。

［20］四川省文管会等《广汉三星堆遗址》，《考古学报》1987 年第 2 期。

［21］西北大学文博学院等《城洋青铜器》245 页、247 页，科学出版社 2006 年版。

[22] 湖北省清江隔河岩考古队《湖北清江香炉石遗址的发掘》，《文物》1995 年第 9 期。

[23] 陈德安《三星堆遗址》，《四川文物》1991 年第 1 期。

[24] 刘一曼《安阳殷墟青铜礼器组合的问题》，《考古学报》1995 年第 4 期。

[25] 尹盛平《西周的強国与太伯、仲雍奔“荆楚”》，《陕西省文博考古科研汇报会论文选集》，陕西省文物事业管理局 1982 年编辑。

[26] 北京大学考古文博院三峡考古队《忠县㽏井沟遗址群哨棚嘴遗址发掘简报》，《重庆库区报告集》（1997 年卷），科学出版社 2001 年版；北京大学考古学研究中心等《忠县哨棚嘴遗址发掘报告》，《重庆库区考古报告集》（1999 年卷），科学出版社 2006 年版。

[27] 同 [18]。

[28] 西北大学考古队《万州中坝子遗址发掘报告》，《重庆库区考古报告集》（1997 年卷），科学出版社 2001 年版。

[29] 四川大学考古系《云阳李家坝遗址发掘报告》，《重庆库区考古报告集》（1997 年卷），科学出版社 2001 年版。

[30] 同 [22]；陶器分型见宋治民《试论蜀文化和巴文化》，《考古学报》1999 年第 2 期。

[31] 何驽《荆南寺遗址夏商时期遗存分析》，《考古学研究》（二），北京大学出版社 1994 年版。

[32] 邹衡《三星堆文化与夏商文化的关系》，《四川考古论文集》，文物出版社 1996 年版。

[33] 杨华《三峡先秦考古学文化》173 页，武汉出版社 2003 年版。

[34] 蒙文通《巴蜀古史论述》54 页，四川人民出版社 1981 年版。

[35] 河南省文化局文物工作队《郑州二里冈》，科学出版社 1959 年版。

[36] 陕西省考古所陕北队《陕西清涧李家崖东周墓发掘简报》，《考古与文物》1987 年第 3 期。

[37] 广州市文管会《广州市文管会 1955 年清理古墓工作简报》，《文物参考资料》1957 年第 1 期；麦英豪《广州华侨新村西汉墓》图版拾贰·6，《考古学报》1958 年第 2 期。

[38] 崔璿《秦汉广衍故城及其附近的墓葬》图十四，《文物》1977 年第 5 期。

[39] 刘得桢等《甘肃庆阳春秋战国墓的清理》，《考古》1988 年第 5 期。

[40] 同 [34] 54～56 页。
[41] 四川省博物馆等《四川省简阳出土战国青铜器》，《文物资料丛刊》第3辑，文物出版社1980年版。
[42] 茂县博物馆等《四川茂县牟托一号石棺墓及陪葬坑清理简报》，《文物》1994年第3期。
[43] 四川省文管会等《四川茂汶羌族自治县石棺葬发掘报告》，《文物资料丛刊》第7辑，文物出版社1983年版。
[44] 宋治民《大渡河南岸发现蜀式青铜剑》，《考古与文物》1985年第6期。
[45] 四川凉山州博物馆《四川越西华阳村发现蜀文物》，《文物资料丛刊》第7辑，文物出版社1983年版。
[46] 唐翔《会理成河流域古文化遗存》，《四川文物》1992年第4期。
[47] 云南省博物馆《云南晋宁石寨山古墓葬发掘报告》，文物出版社1959年版；云南省博物馆《云南江川李家山古墓葬发掘报告》，《考古学报》1975年第2期。
[48] 宋世坤《贵州青铜戈、剑的分期和断代》，《中国考古学会第四次年会论文集》，文物出版社1985年版。
[49] 李学勤《三星堆考古研究》序，四川人民出版社2004年版。
[50] 曾中懋《三星堆二号祭祀坑出土铜器成分的分析》，《四川文物》广汉三星堆遗址研究专辑（1989年）。
[51] 同 [5]。
[52] 夏鼐《新中国的考古发现和研究》前言，文物出版社1984年版。
[53] 李明斌《再论鱼凫村遗址第三期文化遗存的性质》，《华夏考古》待刊。
[54] 马继贤《广汉月亮湾发掘追记》，《南方民族考古》第5辑，四川科学技术出版社1993年版。
[55] 苏秉琦《华人·龙的传人·中国人——考古寻根记》112页，辽宁大学出版社1994年版。
[56] 同 [34] 42页、44页。

# 参考文献


**专著与论集**

1. 四川省博物馆《四川船棺葬发掘报告》，文物出版社 1960 年版。

2. 童恩正《古代的巴蜀》，四川人民出版社 1979 年版。

3. 中国社会科学院考古研究所《殷墟妇好墓》，文物出版社 1980 年版。

4. 徐中舒《论巴蜀文化》，四川人民出版社 1981 年版。

5. 蒙文通《巴蜀古史论述》，四川人民出版社 1981 年版。

6. 顾颉刚《论巴蜀与中原的关系》，四川人民出版社 1981 年版。

7. 冯汉骥《冯汉骥考古学论文集》，文物出版社 1985 年版。

8. 徐中舒主编《巴蜀考古论文集》，文物出版社 1987 年版。

9. 四川大学博物馆等《南方民族考古》第 1 辑，四川大学出版社 1987 年版。

10. 中国社会科学院考古研究所《殷墟发掘报告》，文物出版社 1987 年版。

11. 卢连城、胡生智《宝鸡弜国墓地》，文物出版社 1988 年版。

12. 《庆祝苏秉琦考古五十五年论文集》，文物出版社 1989 年版。

13. 四川省文物考古研究所《四川文物》广汉三星堆遗址研究专辑（1989 年）。

14. 童恩正《中国西南民族考古论文集》，文物出版社 1990 年版。

15. 四川大学博物馆等《南方民族考古》第 2 辑，四川大学出版社 1990 年版。

16. 四川大学博物馆等《南方民族考古》第 3 辑，四川科学技术出版社 1991 年版。

17. 李绍明、林向、徐南洲主编《巴蜀历史民族考古文化》，巴蜀书社 1991 年版。

18. 罗开玉，罗伟先主编《华西考古研究》（一），成都出版社 1991 年版。

19. 四川省文物考古研究所《四川文物》三星堆古文化研究专辑（1992 年）。

20. 四川大学博物馆等《南方民族考古》第 5 辑，四川科学技术出版社 1993 年版。

21. 李绍明、林向、赵殿增主编《三星堆与巴蜀文化》，巴蜀书社 1993 年版。

22. 成都市博物馆《文物考古研究》，成都出版社 1993 年版。

23. 四川省文物考古研究所《四川考古报告集》，文物出版社 1996 年版。

24. 四川省文物考古研究所《四川考古论文集》，文物出版社 1996 年版。

25. 四川省文物考古研究所《四川考古研究论文集》，《四川文物》1996 年增刊。

26. 陈德安、魏学锋、李维刚《三星堆——长江上游文明中心探索》，四川人民出版社 1998 年版。

27. 宋治民《蜀文化与巴文化》，四川大学出版社 1998 年版。

28. 四川大学考古专业《四川大学考古专业创建三十五周年纪念文集》，四川大学出版社 1998 年版。

29. 李伯谦《中国青铜文化结构体系研究》，科学出版社 1998 年版。

30. 四川省文物考古研究所《三星堆祭祀坑》，文物出版社 1999 年版。

31. 成都文物考古研究所《成都考古发现（1999）》，科学出版社 2001 年版。

32. 四川大学考古系《四川大学考古专业创建四十周年暨冯汉骥教

授百年诞辰纪念文集》，四川大学出版社 2001 年版。

33. 成都文物考古研究所《成都考古发现（2000）》，科学出版社 2002 年版。

34. 江章华、李明斌《古国寻踪》，巴蜀书社 2002 年版。

35. 孙华《四川盆地的青铜时代》，科学出版社 2002 年版。

36. 西北大学文博学院《城固宝山》，文物出版社 2002 年版。

37. 成都文物考古研究所等《金沙淘珍》，文物出版社 2002 年版。

38. 成都文物考古研究所《成都考古发现（2001）》，科学出版社 2003 年版。

39. 孙华、苏荣誉《神秘的王国》，巴蜀书社 2003 年版。

40. 杨华《三峡先秦考古文化》，武汉出版社 2003 年版。

41. 成都文物考古研究所《成都考古发现（2002）》，科学出版社 2004 年版。

42. 赵殿增、李明斌《长江上游的巴蜀文化》，湖北教育出版社 2004 年版。

43. 宋治民《宋治民考古文集》，科学出版社 2004 年版。

44. 林向《巴蜀考古论集》，四川人民出版社 2004 年版。

45. 赵殿增《三星堆文化研究》，四川人民出版社 2004 年版。

46. 成都文物考古研究所《金沙——再现辉煌的古蜀王都》，四川人民出版社 2005 年版。

47. 成都文物考古研究所《成都考古发现（2003）》，科学出版社 2005 年版。

48. 四川省文物考古研究院《什邡城关战国秦汉墓地》，文物出版社 2006 年版。

49. 成都文物考古研究所《成都考古发现（2004）》，科学出版社 2006 年版。

50. 三星堆研究院等《三星堆研究》第一辑，天地出版社 2006 年版。

51. 西北大学文博学院等《城洋青铜器》，科学出版社 2006 年版。

**考古报告与简报**

1. 林名钧《广汉古代遗物之发现及其发掘》，《说文月刊》第3卷7期（1942年）。

2. 四川省文管会《成都羊子山172号墓发掘报告》，《考古学报》1956年第4期。

3. 四川省文管会《成都羊子山土台遗址清理报告》，《考古学报》1957年第4期。

4. 四川省博物馆《四川新繁水观音遗址试掘简报》，《考古》1959年第8期。

5. 四川省博物馆《成都青羊宫遗址试掘简报》，《考古》1959年第8期。

6. 王家祐《记四川彭县竹瓦街出土的铜器》，《文物》1961年第11期。

7. 四川省博物馆《成都百花潭中学10号墓发掘记》，《文物》1976年第3期。

8. 四川省博物馆《新都战国木椁墓》，《文物》1981年第6期。

9. 四川省博物馆《四川彭县西周窖藏铜器》，《考古》1981年第6期。

10. 荥经古墓发掘小组《四川荥经古城坪秦汉墓》，《文物资料丛刊》第4辑，文物出版社1981年版。

11. 四川省博物馆等《青川县出土秦更修田律木牍——四川省青川县战国墓发掘简报》，《文物》1982年第1期。

12. 四川省博物馆《成都西郊战国墓》，《考古》1983年第7期。

13. 四川省博物馆《四川犍为巴蜀土坑墓》，《考古》1983年第9期。

14. 四川省文管会等《四川荥经曾家沟战国墓第一、二次发掘》，《考古》1984年第12期。

15. 四川省文管会等《四川大邑五龙战国巴蜀墓葬》，《文物》1985

年第5期。

16. 四川省文管会等《蒲江战国土坑墓》,《文物》1985年第5期。

17. 四川省文管会等《广汉三星堆遗址》,《考古学报》1987年第2期。

18. 四川省文管会等《四川省大邑县五龙乡土坑墓清理简报》,《考古》1987年第7期。

19. 王有鹏《四川绵竹县船棺葬》,《文物》1987年第10期。

20. 四川省文管会等《成都十二桥商代建筑遗址第一期发掘简报》,《文物》1987年第12期。

21. 四川大学博物馆等《成都指挥街周代遗址发掘报告》,《南方民族考古》第1辑,四川大学出版社1987年版。

22. 四川省文管会等《四川荥经曾家沟21号墓清理简报》,《文物》1989年第5期。

23. 四川省文管会等《四川犍为金井乡巴蜀土坑墓清理简报》,《文物》1990年第5期。

24. 四川省文管会等《雅安沙溪遗址发掘及调查报告》,《南方民族考古》第3辑,四川科学技术出版社1991年出版。

25. 成都市博物馆考古队《成都中医学院战国土坑墓》,《文物》1992年第1期。

26. 成都市考古队等《成都上汪家拐街遗址发掘报告》,《南方民族考古》第5辑,四川科学技术出版社1993年版。

27. 马继贤《广汉月亮湾发掘追记》,《南方民族考古》第5辑,四川科学技术出版社1993年版。

28. 荥经严道古城博物馆《四川荥经南罗坝村战国墓》,《考古学报》1994年第3期。

29. 成都市考古队《成都西郊金鱼村发现战国土坑墓》,《文物》1997年第3期。

30. 成都文物考古研究所《成都商业街船棺、独木棺墓葬发掘报告》,《成都考古发现(2000)》,科学出版社2002年版。

31. 四川省文物考古研究所三星堆工作站《四川广汉市三星堆遗址仁胜村土坑墓》,《考古》2004 年第 10 期。

**论文**

1. 徐中舒《四川彭县濛阳镇出土的殷代二觯》,《文物》1962 年第 2 期。

2. 孙华《试论三星堆遗址的分期》,《南方民族考古》第 5 辑,四川科学技术出版社 1993 年版。

# 后 记

2007年6月，文物出版社约我写一本小书《蜀文化》。这本书是《20世纪中国文物考古发现和研究丛书》中的一种，是一本综述性的书。我在四川大学考古系讲授《战国秦汉考古》三十多年，其中战国考古就涉及巴蜀文化。另外，我工作、学习、生活在巴蜀大地之上，所以多年来有意关注巴蜀文化的发现和研究，也积累了一定的资料。接受这一任务后，我历时七个多月完成了书稿。

写作开始时便觉得要写好这本书，并不像原来想得那么简单。本书虽为综述性的，但又不能写成一本流水帐。《丛书》序说这“是一套学科发展史和学术研究史丛书”。根据这些要求和《丛书》的宗旨，本书要反映出蜀文化的基本文化面貌和其本身演变发展的轨迹，要有一定的广度和深度，同时也要反映出蜀文化研究的现状。因此，我在写作中着重思考了以下几方面的问题：第一，全面介绍蜀文化的重要考古发现和它们在蜀文化研究中的意义。第二，要反映出蜀文化的特色。作为考古学文化，蜀文化有不同于其他考古学文化的面貌。这是一个考古学文化应有的基本条件。第三，蜀文化时间跨度大，上起商周，下至汉初。在漫长的岁月中，蜀文化自身有着演变、发展的过程。从考古材料看，它们演变的脉络清楚。既有从早到晚继承发展的连续性，又有明显的阶段性。这反映出古代蜀民族本身历史的发展。第四，蜀文化在自身发展中不断吸收外来的文化因素，并将这些文化因素融入自身之中，成为蜀文化的组成部分。这就为蜀文化最终融入汉文化中打下了基础。它反映了中华民族多元一体格局的形成既有物质基础，也有深厚的思想基础。第五，蜀文化的研究起步相对较晚，对一些问题的看法很不统一，有些分歧还较大，可以说是众说纷纭。这是学术研究不可避免的必经的历程，也是很正常的。因此，需要介绍各家的主要意见。以上几点，贯穿在本书的全部内容之中。

另外，还有两个问题需要提及：第一，从学术研究史的角度，应对各家的学术思想进行探讨和分析。限于作者的学力和目前条件，这方面基本未涉及，只有留待以后再说，内心颇感不安。第二，考古学文化不仅研究物质文化，也要通过遗迹、遗物的研究来探讨当时人们的精神生活。这方面也基本未涉及。因为蜀文化是相对独立的考古学文化，对它的遗迹、遗物所反映古代蜀人的精神生活缺乏可参考的资料，又不宜套用中原文化的文献资料。这也是本书的不足之处。

在写作过程中得到四川省文物考古研究院和成都市博物院的大力支持与帮助，承蒙允许使用他们的文物照片。本书彩图和插图由四川省文物考古研究院的江聪先生、王静女士完成。文物出版社的周成先生为本书出版付出了辛勤的劳动。对以上单位和个人表示衷心的感谢！

2008 年 5 月 18 日

封面设计/　张希广
责任印制/　陈　杰
责任编辑/　周　成

**图书在版编目（CIP）数据**

蜀文化/宋治民著．-北京：文物出版社，2008.10
（20世纪中国文物考古发现与研究丛书）
ISBN 978-7-5010-2494-0
Ⅰ．蜀…　Ⅱ．宋…　Ⅲ．巴蜀文化-研究　Ⅳ．K872.71
中国版本图书馆CIP数据核字（2008）第075691号

20世纪中国文物考古发现与研究丛书
**蜀　文　化**
宋治民/著

文物出版社出版发行
（北京市东直门内北小街2号楼）
邮　政　编　码　100007
http：//www.wenwu.com
E-mail：web@wenwu.com
北京美通印刷有限公司印刷
新　华　书　店　经　销
850×1168　1/32　印张：9.75　插页：1
2008年10月第1版　2008年10月第1次印刷
ISBN 978-7-5010-2494-0　定价：28元